RUPERT SCHOLZ / JOSEF AULEHNER

Umweltstrategien im Verpackungsrecht

Schriften zum Umweltrecht

Herausgegeben von Prof. Dr. Michael Kloepfer, Berlin

Band 86

Umweltstrategien im Verpackungsrecht

Mehrwegquote, Zwangspfand oder Lizenzierung?

Von

Rupert Scholz
Josef Aulehner

Duncker & Humblot · Berlin

Die Deutsche Bibliothek – CIP-Einheitsaufnahme

Scholz, Rupert:
Umweltstrategien im Verpackungsrecht : Mehrwegquote
Zwangspfand oder Lizenzierung? / von Rupert Scholz ; Josef
Aulehner. – Berlin : Duncker und Humblot, 1998
(Schriften zum Umweltrecht ; Bd. 86)
ISBN 3-428-09166-3

Fremddatenübernahme und Druck:
Berliner Buchdruckerei Union GmbH, Berlin
Printed in Germany

ISSN 0935-4247
ISBN 3-428-09166-3

Gedruckt auf alterungsbeständigem (säurefreiem) Papier
entsprechend ISO 9706 ♾

Vorwort

Das Recht der Verpackungsverordnung gehört inzwischen zu den umstrittensten Feldern des aktuellen Umweltschutzrechts. Verpackungen produzieren in hohem Maße Abfälle, der Gesetzgeber sucht deshalb immer wieder, neue Instrumentarien oder Strategien zu entwickeln, die dieser Abfallflut wirksam begegnen könnten. Angefangen von der Begründung des Dualen Systems bis zu den neuen Überlegungen von (gesteigerten) Mehrwegquoten, Zwangsbepfandungen und Lizenzierungszwängen: das Spektrum jener Instrumentarien und immer wieder neu experimentierenden Strategien ist ebenso weit wie problematisch. Diese Problematik gründet sich ebenso auf Zweifel an der real umweltschützenden Effektivität solcher Instrumentarien oder Strategien wie auf deren ökonomischen Verträglichkeit und insbesondere auf deren auch rechtliche, namentlich verfassungsrechtliche Anfechtbarkeit.

Diese Fragen sind Gegenstand der hier vorgelegten Untersuchung, die auf einem Rechtsgutachten beruht, das die Verfasser im Auftrage des Fachverbandes Kartonverpackungen für flüssige Nahrungsmittel e.V. (FKN) erstattet haben.

München, Frühjahr 1998

Rupert Scholz
Josef Aulehner

Inhaltsverzeichnis

Dritter Teil

Erster Teil

Untersuchungsgegenstand

Mehrwegquoten sind die in § 9 II 1 VerpackV a.F.[1] vorgeschriebenen Anteile von Mehrwegverpackungen für Getränke. Der Anteil der Mehrwegverpackungen darf hierbei im einzelnen Bundesland den 1991 dort bestehenden Anteil nicht unterschreiten; bundesweit darf die Mehrwegquote 72 % bzw. bei Mehrwegverpackungen für pasteurisierte Konsummilch 17 % nicht unterschreiten. Werden diese Mehrwegquoten nicht eingehalten, entfällt die in § 9 I VerpackV vorgesehene Befreiung von der Pfanderhebungspflicht für Einwegverpackungen nach § 7 VerpackV.

Die von der Bundesregierung am 21. 5. 1997 beschlossene, bislang noch nicht in Kraft getretene Novelle der VerpackV (VerpackV n.F.)[2] läßt die durch ein Zwangspfand sanktionierten Mehrwegquoten grundsätzlich unberührt. Neben redaktionellen Änderungen sieht § 9 II VerpackV n.F. namentlich einen Widerruf der Freistellung in einem modifizierten Verfahren sowie die Gleichstellung von Schlauchbeutel-Verpackungen aus Polyethlen mit Mehrwegverpackungen vor.

Neben den durch ein Zwangspfand sanktionierten Mehrwegquoten der VerpackV a.F. wie n.F. werden namentlich Umweltlizenzen und Umweltabgaben für Einweg-Verpackungen als alternative oder kumulative Modelle zur Diskriminierung von Einweg- und zur Privilegierung von Mehrwegverpackungen diskutiert. In diesem Zusammenhang wurde jüngst ein „Konzept für eine Verordnung zur Förderung von ökologisch vorteilhaften Getränkeverpackungen“[3] vorgelegt. Mindestens theoretisch denkbar wären darüber hinaus auch ein Verbot von Einweggebinden oder bloße freiwillige Selbstverpflichtungen[4].

---

1 Verordnung über die Vermeidung von Verpackungsabfällen (Verpackungsverordnung – VerpackV) vom 12. 6. 1991, BGBl. I, S. 1234. – Zur Unterscheidung der derzeit geltenden VerpackV von der von der Bundesregierung am 21. 5. 1997 beschlossenen Novelle der VerpackV wird erstere als VerpackV a.F., letztere als VerpackV n.F. bezeichnet.

2 Verordnung über die Vermeidung und Verwertung von Verpackungsabfällen (Verpackungsverordnung – VerpackV) in der von der Bundesregierung am 21. 5. 1997 beschlossenen Fassung, abgedruckt in BT-Drs. 13/7761, S. 7ff. – im folgenden als VerpackV n.F. abgekürzt.

3 Konzept für eine Verordnung zur Förderung von ökologisch vorteilhaften Getränkeverpackungen vom 14. 1. 1997, Az. WA II 4-30114-5/0 – im folgenden als GetränkeverpackungsVO-Konzept abgekürzt.

4 Zu den instrumentellen Optionen einer Förderung ökologisch sinnvoller Getränkeverpackungen vgl. den gleichnamigen Bericht des ifo-Instituts von 1996.

Die Verfassungs- und Rechtmäßigkeit der durch ein Zwangspfand sanktionierten Mehrwegquoten und der Lizenzierung von Einweg-Getränkeverpackungen ist Gegenstand der nachstehenden Untersuchung. Die maßgeblichen rechtlichen Fragen können nur beurteilt werden, wenn deren rechtliche Regelungen geklärt und ihre ökologischen und ökonomischen Aspekte untersucht sind.

Zweiter Teil

Rechtliche Regelungen der Mehrwegquoten

Während Umweltlizenzen und Umweltabgaben für den Verpackungsbereich bislang nur diskutiert werden, sind die Mehrwegquoten in untergesetzlichen Normen festgelegt, die ihrerseits auf einer gesetzlichen Grundlage fußen. Die nationalen Regelungen sind dabei auch im Zusammenhang mit der einschlägigen EG-Richtlinie zu betrachten.

A. Verpackungsverordnung, Verordnung über die Rücknahme und Pfanderhebung von Getränkeverpackungen aus Kunststoffen, Getränkemehrweg-Verordnung und Zielfestlegungen als untergesetzliche Normen

I. Derzeitige Regelung

1. Die Verpackungsverordnung

a) Mehrwegquoten und Zwangspfand

Die Mehrwegquoten und das hieran anknüpfende Zwangspfand sind derzeit im einzelnen in den §§ 7 und 9 VerpackV a.F. geregelt:

Gemäß § 7 VerpackV a.F. sind Vertreiber, welche flüssige Lebensmittel in Getränkeverpackungen, die keine Mehrwegverpackungen sind, mit einem Füllvolumen ab 0,2 l abgeben, verpflichtet, von ihrem Abnehmer ein Pfand in Höhe von 0,50 DM einschließlich Umsatzsteuer je Getränkeverpackung zu erheben. Für Verpackungen, die keine Mehrwegverpackungen sind, beträgt das Pfand mindestens 0,50 DM einschließlich Umsatzsteuer; ab einem Füllvolumen von 1,5 l ist ein Pfand von mindestens 1,00 DM einschließlich Umsatzsteuer zu erheben. Das Pfand ist von jedem weiteren Vertreiber auf allen Handelsstufen bis zur Abgabe an den Endverbraucher zu erheben. Bei Rücknahme der Verpackungen (§ 6 I und II VerpackV a.F.) ist das Pfand jeweils zu erstatten.

Dieses Zwangspfand entfällt gemäß § 9 I VerpackV a.F., sofern im Einzugsgebiet des letzten Vertreibers ein System nach § 6 III VerpackV a.F. eingerichtet ist und die für die Abfallwirtschaft zuständige oberste Landesbehörde oder die von ihr bestimmte Behörde dies durch Allgemeinverfügung festgestellt hat. Diese Voraussetzung erfüllt heute insbesondere die Duales System Deutschland AG.

Die von § 9 I VerpackV a.F. vorgesehene Freistellung vom Zwangspfand gilt gemäß § 9 II VerpackV a.F. für Verpackungen für die Getränke Bier, Mineralwasser, Quellwässer, Tafelwässer, Trinkwässer und Heilwässer, Erfrischungsgetränke mit Kohlensäure, Fruchtsäfte, Fruchtnektare, Gemüsesäfte und Erfrischungsgetränke ohne Kohlensäure, Wein (ausgenommen Perl-, Schaum-, Wermut- und Dessertweine) nur solange, wie der Anteil für Mehrwegverpackungen dieser Getränke im jeweiligen Einzugsgebiet nicht unter den im Jahre 1991 im Einzugsgebiet bestehenden Anteil, unabhängig davon aber insgesamt im Geltungsbereich des Abfallgesetzes nicht unter 72 % sinkt; bei Mehrwegverpackungen für pasteurisierte Konsummilch beträgt der entsprechende Anteil 17 %. Die Bundesregierung entscheidet drei Jahre nach Inkrafttreten der VerpackV über die notwendige Erhöhung und Differenzierung der Mehrweganteile.

b) Abfallwirtschaftliche Ziele und Begriffsbestimmungen

Die in den §§ 7, 9 VerpackV a.F. angeordneten Mehrwegquoten und das Zwangspfand stellen eine Konkretisierung der in § 1 VerpackV a.F. geregelten Ziele der VerpackV a.F. dar. Danach sind Abfälle aus Verpackungen dadurch zu vermeiden, daß Verpackungen nach Volumen und Gewicht auf das zum Schutz des Füllgutes und auf das zur Vermarktung unmittelbar notwendige Maß beschränkt werden.

Gemäß § 2 I Nr. 2 VerpackV a.F. ist Vertreiber i. S. d. der VerpackV und damit Adressat des Zwangspfandes und der Mehrwegquoten, wer gewerbsmäßig oder im Rahmen wirtschaftlicher Unternehmen oder öffentlicher Einrichtungen im Geltungsbereich des Abfallgesetzes Verpackungen oder Erzeugnisse, aus denen unmittelbar Verpackungen hergestellt werden, oder Waren in Verpackungen, gleichgültig auf welcher Handelsstufe, in Verkehr bringt.

Getränkeverpackungen im Sinne der VerpackV sind dabei nach § 3 II VerpackV a.F. geschlossene und überwiegend geschlossene Behältnisse wie Beutel, Dosen, Flaschen, Kartons, Schläuche aus Materialien jeder Art für flüssige Lebensmittel im Sinne des § 1 I LMBG[1], die zum Verzehr als Getränke bestimmt sind, ausgenommen Joghurt und Kefir.

Gemäß § 3 III VerpackV a.F. sind Mehrwegverpackungen i. S. d. VerpackV a.F. Behältnisse, die nach Gebrauch einer mehrfachen erneuten Verwendung zum gleichen Zweck zugeführt werden.

---

1 Gesetz über den Verkehr mit Lebensmitteln, Tabakerzeugnissen, kosmetischen Mitteln und sonstigen Bedarfsgegenständen (Lebensmittel- und Bedarfsgegenständegesetz – LMBG) i.d.F.d. Bekanntmachung vom 8. 7. 1993.

Das für § 9 II VerpackV a.F. entscheidende Einzugsgebiet des Herstellers oder Vertreibers ist nach § 3 IV VerpackV a.F. das Gebiet des Landes, in dem die Waren in Verkehr gebracht werden.

2. Zielfestlegungen der Bundesregierung

Mehr als 2 Jahre vor Inkrafttreten der VerpackV a.F. hatte die Bundesregierung auf der Grundlage des § 14 II 1 AbfG[2] und in Umsetzung von Art. 3 I der Richtlinie 85/339/EWG[3] Ziele zur Vermeidung, Verringerung oder Verwertung von Abfällen aus Verpackungen für Getränke festgelegt[4]. Zur Vermeidung von Abfällen aus Getränkeverpackungen waren danach bis 30. 6. 1991 einzelne Quoten für Mehrweganteile von 5 Getränkearten zu erreichen. Falls diese in Ziffer 1 der Zielfestlegungen festgelegten Ziele nicht fristgemäß erreicht werden, wurde in Ziffer 5 der Zielfestlegungen der Erlaß einer Rechtsverordnung angedroht.

Diese angedrohte Verordnung – die VerpackV a.F. – wurde noch vor Fristablauf und unabhängig von einer Prüfung, ob die in den Zielfestlegungen vorgeschriebenen Einzelquoten erreicht worden waren, erlassen. Die Einzelquoten wurden hierbei in die heute in § 9 II 1 VerpackV a.F. festgelegte Durchschnittsquote umgerechnet und durch die Einzelquote von 17 % für pasteurisierte Konsummilch ergänzt[5].

3. Verordnung über die Rücknahme und Pfanderhebung von Getränkeverpackungen aus Kunststoffen

Die Verordnung über die Rücknahme und Pfanderhebung von Getränkeverpackungen aus Kunststoffen[6] ist gemäß § 14 VerpackV a.F. am 1. 1. 1993 außer Kraft getreten und entfaltet heute keine Bedeutung mehr.

---

2 Abfallgesetz – AbfG vom 27. 8. 1986, BGBl. I S. 1410.

3 Zu § 14 II 1 AbfG und zu Art. 3 I der Richtlinie 85/339/EWG vgl. unten sub 2. Teil. B. I. bzw. sub 2. Teil. C. I.

4 Bekanntmachung der Zielfestlegungen der Bundesregierung zur Vermeidung, Verringerung oder Verwertung von Abfällen aus Verpackungen für Getränke vom 28. 4. 1989 (BAnz. 1989, S. 2237). – Vgl. dazu z. B. A. Philipp, Duales System, Rücknahmepflicht und Pfandregelung, 1993, S. 20ff.

5 Zum Erlaß der VerpackV a.F. noch vor Ablauf der in den Zielfestlegungen vorgeschriebenen Frist und ohne Prüfung der Erreichung der festgelegten Einzelquoten vgl. Strecker/Berndt, Kommentar zur Verpackungsverordnung, 1992, S. 152f. sowie insgesamt zum Zustandekommen der VerpackV vgl. S. M. Hirschfeld, Staatlich initiierte Monopole und Verfassungsrecht – das Beispiel Verpackungsverordnung, 1997, S. 38ff.; Kursawa-Stucke/Liebert/Jensen, Der Grüne Punkt und die Recycling-Lüge, 1994, S. 47ff.

6 Verordnung über die Rücknahme und Pfanderhebung von Getränkeverpackungen aus Kunststoffen vom 20. 12. 1988 (BGBl. I S. 2455).

II. Zukünftige Regelungen

Als zukünftige Regelungen sind die VerpackV n.F.[7] und das zwischenzeitlich vorliegende GetränkeverpackungsVO-Konzept anzuführen.

1. VerpackV n.F.

Einen ersten Entwurf einer Novelle der VerpackV verabschiedete die Bundesregierung am 6. 11. 1996[8]. Der Bundestag stimmte diesem Entwurf am 12. 12. 1996 mehrheitlich zu. Der Umweltausschuß des Bundestages hatte am 11. 12. 1996 mit der Mehrheit von Union und Liberalen mehrere Änderungsanträge der SPD ebenso abgelehnt wie einen Antrag von Bündnis 90 / Die Grünen, die Verordnung „grundlegend zu überarbeiten“[9]. Am 25. 4. 1997 beschloß der Bundesrat, diesem ersten Entwurf einer Novelle zur VerpackV nicht zuzustimmen[10].

Am 21. 5. 1997 beschloß die Bundesregierung einen zweiten Entwurf einer Novelle der VerpackV[11], der hier als VerpackV n.F. bezeichnet wird und am 26. 6. 1997 den Bundestag passierte. Nachdem der Bundesrat dem ersten Novellierungsentwurf seine Zustimmung versagt hatte, nahm die Bundesregierung in den nun vorliegenden zweiten Novellierungsentwurf – die VerpackV n.F. – insbesondere die Vorschrift der geltenden VerpackV a.F. wieder auf, derzufolge die Tätigkeit dualer Systeme auf die vorhandenen Sammel- und Verwertungssysteme der öffentlich-rechtlichen Entsorgungsträger abzustimmen ist. Der erste Novellierungsentwurf hatte diese Vorschrift im Gegensatz zur geltenden VerpackV a.F. nicht enthalten. Darüber hinaus reagiert der zweite Entwurf – die VerpackV n.F. – durch die Aufnahme von Regelungen zur Kennzeichnung von Verpackungen und zur Zurückdrängung von Verpackungen mit umweltschädlichen Materialien auf die Forderungen des Umweltausschusses des Bundesrates[12].

Die VerpackV n.F. behält die Systematik der VerpackV a.F. grundsätzlich bei und beschränkt sich auf bloße Detailkorrekturen. § 8 I VerpackV n.F. übernimmt

---

7 Zu den Grundzügen der geplanten Novelle der Verpackungsverordnung vgl. A. Merkel, Bay.Bgm. 1997, 132 ff.

8 Entwurf einer Verordnung über die Vermeidung und Verwertung von Verpackungsabfällen (Verpackungsverordnung – VerpackV) in der von der Bundesregierung am 6. 11. 1996 beschlossenen Fassung, abgedruckt in BT-Drs. 13 / 5999.

9 Vgl. die Beschlußempfehlung und den Bericht des Umweltausschusses, BT-Drs. 13 / 6518 sowie „woche im bundestag“, Heft 23 / 96 vom 18. 12. 1996, S. 15.

10 Beschluß des Bundesrates, BR-Drs. 264 / 97.

11 Entwurf einer Verordnung über die Vermeidung und Verwertung von Verpackungsabfällen (Verpackungsverordnung – VerpackV) in der von der Bundesregierung am 21. 5. 1997 beschlossenen Fassung, abgedruckt in BT-Drs. 13 / 7761; im folgenden abgekürzt als VerpackV n.F. Vgl. dazu jüngst ausführlich A. Finckh, Regulierte Selbstregulierung im Dualen System, 1998, S. 355 ff.

12 BT-Drs. 13 / 7761, S. 6.

die derzeit noch in § 7 VerpackV a.F. geregelte Pfanderhebungspflicht für Getränkeverpackungen mit nahezu vollständig identischem Inhalt. Von redaktionellen Modifikationen abgesehen soll allein das bislang bestehende Mindestfüllvolumen von 0,2 l nicht in § 8 I VerpackV n.F. aufgenommen werden.

Weitgehend deckungsgleich sind auch § 9 I VerpackV a.F. und § 9 I VerpackV n.F., die eine Freistellung vom Zwangspfand dann vorsehen, wenn sich Hersteller oder Vertreiber an einem in § 6 III VerpackV a.F. bzw. § 6 III VerpackV n.F. vorgesehenen dualen System beteiligen. Die Unterschiede zwischen diesen Vorschriften resultieren aus der Änderung des § 6 III VerpackV a.F.[13] § 6 III VerpackV n.F. beschränkt – im Gegensatz zur derzeit noch geltenden Regelung des § 6 III VerpackV a.F. – die Freistellung von der Rücknahmepflicht für Verkaufsverpackungen nach § 6 I, II VerpackV n.F. bzw. gemäß § 6 I, Ia, II VerpackV a.F. auf Verpackungen, für die sich Hersteller oder Vertreiber an einem endverbrauchernahen System beteiligen. Im Unterschied zur bisher geltenden Regelung soll damit klargestellt werden, daß nur für die konkrete Verpackung, für die der Tatbestand der Beteiligung an einem dualen System gegeben ist, die Befreiung von der Rücknahmepflicht eintritt[14].

§ 9 II VerpackV n.F. übernimmt ebenfalls das schon § 9 II VerpackV a.F. zugrunde liegende Regelungsprogramm. Die von den Mehrwegquoten erfaßten Getränke sind weitgehend identisch. Die Neufassung der VerpackV beschränkt sich auch insoweit weitgehend auf redaktionelle Änderungen. § 9 II VerpackV n.F. übernimmt auch die beiden Bezugsgrößen, von denen schon § 9 VerpackV a.F. die Freistellung vom Zwangspfand abhängig machte: Neben der im jeweiligen Einzugsgebiet im Jahr 1991 bestehenden Mehrwegquote darf im gesamten Geltungsbereich der VerpackV eine Mehrwegquote von 72 % nicht unterschritten werden. Für pasteurisierte Konsummilch sieht die VerpackV n.F. ebenso wie die VerpackV a.F. einen niedrigeren Mehrweganteil vor: Die VerpackV n.F. verlangt im Gegensatz zu der VerpackV a.F. die eine Mehrwegquote von 17 % festlegte, einen Anteil von 20 %. Diese Erhöhung der Mehrwegquote für pasteurisierte Konsummilch korrespondiert mit einer anderen Änderung der VerpackV in diesem Bereich: § 9 II 5 VerpackV n.F. ordnet nämlich im Hinblick auf neuere ökologische Untersuchungen Einweg-Schlauchbeutel-Verpackungen aus Polyethylen (PE) den Mehrwegverpackungen zu. Diese Schlauchbeutel-Verpackungen für pasteurisierte Konsummilch hatten bislang einen Marktanteil von ca. 3 %[15].

---

13 Auf den Zusammenhang zwischen der vorgesehenen Änderung des § 6 III VerpackV a.F. durch § 6 III VerpackV n.F. wird auch in der Begründung des Entwurfs der VerpackV n.F. ausdrücklich hingewiesen (siehe hierzu BT-Drs. 13 / 7761, S. 25 sowie zum ersten Novellierungsentwurf BT-Drs. 13 / 5999, S. 22.).

14 Vgl. so ausdrücklich BT-Drs. 13 / 7761, S. 24 sowie zum ersten Novellierungsentwurf BT-Drs. 13 / 5999, S. 21.

15 Siehe dazu auch BT-Drs. 13 / 7761, S. 25 sowie zum ersten Novellierungsentwurf BT-Drs. 13 / 5999, S. 22.

Eine Änderung soll nach der VerpackV n.F. darüber hinaus das Verfahren bei einem Unterschreiten der Mehrwegquoten erfahren. § 9 II 1 VerpackV n.F. sieht eine zweite Erhebung erst 12 Monate nach der erstmaligen Feststellung der Nichteinhaltung des Mehrweganteils vor; § 9 III 2 VerpackV a.F. schreibt hierfür nur 6 Monate vor. Nach § 9 III 4 VerpackV a.F. wurde bei einer Unterschreitung der Mehrwegquoten auch in der zweiten Erhebung automatisch die Pfanderhebungspflicht ausgelöst. Nach § 9 II 2 VerpackV n.F. soll diese Rechtsfolge erst nach einem Widerruf der Entscheidung nach § 6 III VerpackV n.F. eintreten. § 9 II 4 VerpackV n.F. gibt darüber hinaus die Möglichkeit, von dem Widerruf Verpackungen bestimmter Getränkebereiche auszunehmen.

2. GetränkeverpackungsVO-Konzept

Das GetränkeverpackungsVO-Konzept vom 14. 1. 1997[16] sieht die Einführung von Umweltlizenzen für Einweg-Getränkeverpackungen vor.

Gemäß II.1. GetränkeverpackungsVO-Konzept dürfen Abfüller lizenzpflichtige Getränkeverpackungen in den Bereichen Mineralwasser, Erfrischungsgetränke mit CO_2, Fruchtsäfte (incl. anderer Frucht- und Gemüsegetränke ohne CO_2), Bier, Wein und Milch nur in der Menge in Verkehr bringen, für die sie über eine entsprechende Lizenz verfügen. Die vom jeweiligen Abfüller in Verkehr gebrachte Getränkemenge und die verfügbare Lizenzmenge eines jeden Jahres sind zum 01. 04. des folgenden Jahres gegenüber der zuständigen Behörde nachzuweisen. Der Nachweis ist durch Wirtschaftsprüfertestat zu bestätigen. Lizenzen für das Inverkehrbringen von lizenzpflichtigen Getränkeverpackungen sind dauerhaft verbriefte Rechte. Sie lauten auf 1.000 l pro Jahr.

Abfüller ist gemäß I. 3. a.E. GetränkeverpackungsVO-Konzept, wer Getränkeverpackungen mit flüssigen Lebensmitteln befüllt oder importiert.

Nach II. 2. GetränkeverpackungsVO-Konzept bemißt sich die Menge an ausgegebenen Lizenzen für jeden Getränkebereich nach der in den Jahren 1995 und 1996 durchschnittlich jährlich in lizenzpflichtige Getränkeverpackungen abgefüllten Getränkemenge im jeweiligen Bereich (Basismenge). Die Erstausgabe der Lizenzen erfolgt separat für jeden Getränkebereich durch kostenlose Vergabe (sog. Grandfathering). Die Lizenzen werden an die einzelnen Abfüller gemäß der Anteile an der Basismenge zugeteilt. Der überwiegende Teil der Lizenzen (95 %) wird als unbefristete Rechte vergeben. Ein Anteil von 5 % der Lizenzen wird als befristetes Recht ausgestaltet. Die Befristung beträgt ein Kalenderjahr. Die Erstausgabe dieses Teils ist ebenfalls kostenlos und erfolgt proportional zu den Anteilen

---

16 Konzept für eine Verordnung zur Förderung von ökologisch vorteilhaften Getränkeverpackungen vom 14. 1. 1997, Az. WA II 4 - 30114 - 5 / 0. Vgl. dazu auch Frankfurter Allgemeine Zeitung vom 3. 3. 1997, S. 15

der einzelnen Abfüller an der Basismenge. Ab dem zweiten Jahr wird diese Lizenzmenge jährlich für die Nutzung des darauf folgenden Jahres versteigert.

Das GetränkeverpackungsVO-Konzept sieht die Organisation der Erstausgabe durch die beteiligten Wirtschaftskreise vor, die durch Bund und Länder nur kontrolliert werden soll.

Darüber hinaus haben die beteiligten Wirtschaftskreise den Handel mit Lizenzen zu organisieren. Dabei ist sicherzustellen, daß

- durch den Lizenzhandel keine Marktzutrittsschranken errichtet werden,
- der durchschnittliche Lizenzpreis monatlich, aufgeteilt nach den Getränkebereichen, in geeigneter Weise öffentlich bekannt gegeben wird,
- Angebot und Nachfrage der Lizenzen, aufgeteilt nach den Getränkebereichen, in geeigneter Weise öffentlich bekannt gegeben werden.

Ausweislich der Definitionen in I. 3. sind Mehrweg-Getränkeverpackungen Getränkeverpackungen, die dazu bestimmt sind, nach Gebrauch mehrfach zum gleichen Zweck wiederverwendet zu werden; Einweg-Getränkeverpackungen sind hingegen solche Getränkeverpackungen, die hierzu nicht bestimmt sind.

Ökologisch vorteilhafte Getränkeverpackungen sind nach dem GetränkeverpackungsVO-Konzept Mehrweg-Getränkeverpackungen und bestimmte Einweg-Getränkeverpackungen, die bei einer gesamtökologischen Bewertung unter besonderer Berücksichtigung des Abfallaufkommens vergleichbaren Mehrweg-Getränkeverpackungen im jeweiligen Getränkebereich mindestens gleichwertig sind.

Lizenzpflichtige Getränkeverpackungen definiert I. 3. Spiegelstrich 5 GetränkeverpackungsVO-Konzept als Einweg-Getränkeverpackungen, die bei einer gesamtökologischen Bewertung unter besonderer Berücksichtigung des Abfallaufkommens signifikant schlechter bewertet werden als vergleichbare Mehrweg-Getränkeverpackungen im jeweiligen Getränkebereich.

Die ökologische Bewertung von Getränkeverpackungen erfolgt gemäß II. 3. durch gesamtökologische Beurteilungen (Ökobilanzen) unter besonderer Berücksichtigung des Abfallaufkommens. Die hierfür maßgeblichen Ökobilanzen werden von der Bundesregierung in Auftrag gegeben.

Im Hinblick auf Mehrweg-Getränkeverpackungen schreibt I. 1. a.E. GetränkeverpackungsVO-Konzept vor, diese seien so zu gestalten, daß hohe Umlaufzahlen und eine hohe Ausnutzung der Transportkapazität erzielt werden können. Hierzu sind Mehrweg-Getränkeverpackungen einschl. Kästen (Transportgebinde) zu vereinheitlichen.

Als Ermächtigungsgrundlage für das GetränkeverpackungsVO-Konzept werden § 7 I Nr. 4 und 6 und § 23 Nr. 3 und 4 KrW- / AbfG angegeben.

B. Das Abfallgesetz bzw. das Kreislaufwirtschafts- und Abfallgesetz

I. Das AbfG als frühere Rechtsgrundlage für die VerpackV

Das in der VerpackV a.F. angeordnete Zwangspfand fußte auf § 14 II 3 Nr. 3 AbfG. Danach konnte die Bundesregierung soweit dies zur Vermeidung oder Verringerung von Abfallmengen oder zur umweltverträglichen Entsorgung erforderlich ist, insbesondere soweit dies durch Zielfestlegungen nach § 14 II 1 AbfG nicht erreichbar ist, bestimmen, daß bestimmte Erzeugnisse, insbesondere Verpackungen und Behältnisse nach Gebrauch zu umweltschonender Wiederverwendung, Verwertung oder sonstiger Entsorgung durch Hersteller, Vertreiber oder von diesen bestimmte Dritte zurückgenommen werden müssen und daß die Rückgabe durch geeignete Rücknahme- und Pfandsysteme sichergestellt werden muß. Im Hinblick auf die Mehrwegquoten erlaubte § 14 II 3 Ziff. 2 AbfG unter den gleichen Erforderlichkeits-Voraussetzungen eine Anordnung, daß bestimmte Erzeugnisse, insbesondere Verpackungen und Behältnisse, nur in bestimmter, die Abfallentsorgung spürbar entlastender Weise, insbesondere in einer die mehrfache Verwendung oder die Verwertung erleichternden Form in Verkehr gebracht werden dürfen.

II. Das Kreislaufwirtschafts- und Abfallgesetz als derzeitige Rechtsgrundlage für die VerpackV

Das Gesetz zur Förderung der Kreislaufwirtschaft und Sicherung der umweltverträglichen Beseitigung von Abfällen (Kreislaufwirtschafts- und Abfallgesetz – KrW-/AbfG)[17] sieht ebenfalls Rechtsgrundlagen für die Einführung eines Zwangspfandes auf Einwegverpackungen vor.

Die Vorschriften des KrW-/AbfG, die zum Erlaß von Rechtsverordnungen ermächtigen oder solche Ermächtigungen in anderen Gesetzen ändern, treten gemäß Art. 13 S. 1 des Gesetzes zur Vermeidung, Verwertung und Beseitigung von Abfällen[18] am Tage nach dessen Verkündung in Kraft und ersetzen das AbfG.

Gemäß § 24 I Ziff. 2 KrW-/AbfG kann die Bundesregierung zur Festlegung von Anforderungen der in § 22 KrW-/AbfG geregelten Produktverantwortung durch Rechtsverordnung bestimmen, daß Hersteller oder Vertreiber bestimmte Erzeugnisse zurückzunehmen und die Rückgabe durch geeignete Maßnahmen, insbesondere durch Rücknahmesysteme oder durch Erhebung eines Pfandes sicherzustellen

---

[17] Art. 1 des Gesetzes zur Vermeidung, Verwertung und Beseitigung von Abfällen vom 27. 9. 1994 (BGBl. I S. 2705).

[18] Gesetz zur Vermeidung, Verwertung und Beseitigung von Abfällen vom 27. 9. 1994 (BGBl. I S. 2705).

haben. § 23 Ziff. 1 KrW-/AbfG ermächtigt die Bundesregierung zudem durch Rechtsverordnung zu bestimmen, daß bestimmte Erzeugnisse, insbesondere Verpackungen und Behältnisse nur in bestimmter Beschaffenheit oder für bestimmte Verwendungen, bei denen eine ordnungsgemäße Verwertung oder Beseitigung der anfallenden Abfälle gewährleistet ist, in Verkehr gebracht werden dürfen. § 23 Ziff. 3 KrW-/AbfG ermöglicht weiterhin eine Bestimmung, daß bestimmte Erzeugnisse nur in bestimmter, die Abfallentsorgung spürbar entlastender Weise, insbesondere in einer die mehrfache Verwendung oder die Verwertung erleichternden Form in Verkehr gebracht werden dürfen.

Die Produktverantwortung, deren Anforderungen durch die Bundesregierung durch Rechtsverordnungen gemäß §§ 22 IV, 23, 24 KrW-/AbfG konkretisiert werden, wird in § 22 KrW-/AbfG allgemein wie folgt beschrieben: Gemäß § 22 I 1 KrW-/AbfG trägt, wer Erzeugnisse entwickelt, herstellt, be- und verarbeitet oder vertreibt, zur Erfüllung der Ziele der Kreislaufwirtschaft die Produktverantwortung. Hierzu sind Erzeugnisse gemäß § 22 I 2 KrW-/AbfG möglichst so zu gestalten, daß bei deren Herstellung und Gebrauch das Entstehen von Abfällen vermindert wird und die umweltverträgliche Verwertung und Beseitigung der nach deren Gebrauch entstandenen Abfälle sichergestellt ist. Gemäß § 22 II Nr. 1 KrW-/AbfG umfaßt die Produktverantwortung insbesondere die Entwicklung, Herstellung und das Inverkehrbringen von Erzeugnissen, die mehrfach verwendbar, technisch langlebig und nach Gebrauch zur ordnungsgemäßen und schadlosen Verwertung und umweltverträglichen Beseitigung geeignet sind.

C. Verpackungsverordnung und Europarecht

I. Die früher einschlägige EG-Richtlinie 85/339/EWG des Rates vom 27. 6. 1985 über Verpackungen für flüssige Lebensmittel

Über den soeben dargestellten nationalen Rechtsgrundlagen des Zwangspfandes für Einweg-Getränkeverpackungen entwickelt sich ein europarechtlicher Bezugsrahmen[19]. Die früher einschlägige, auf Art. 235 EGV basierende EG-Richtlinie[20]

---

19 Vgl. hierzu K. Becker-Schwarze, Steuerungsmöglichkeiten des Kartellrechts bei umweltschützenden Unternehmenskooperationen, 1997, S. 42 ff. Ausführliche Darstellung der Rechtsvorschriften der Europäischen Gemeinschaften in: Amt für amtliche Veröffentlichungen der Europäischen Gemeinschaften, Gemeinschaftsrecht im Bereich des Umweltschutzes, Bd. 6: Abfall, 1996 und bei L. Krämer, in: v.d.Groeben/Thiesing/Ehlermann, Kommentar zum EWG-Vertrag, Bd. 3, 4. Aufl. 1991, vor Art. 130r – Art. 130t Rdnrn. 35 ff. – Allgemein zum europäischen Umweltrecht z. B. R. Breuer, Entwicklungen des europäischen Umweltrechts – Ziele, Wege, Irrwege, 1993.

20 EG-Richtlinie des Rates vom 27. 6. 1985 (Abl. EG Nr. L 176/18) über Verpackungen für flüssige Lebensmittel (85/339/EWG). – Vgl. dazu z. B. Öko-Institut e.V., Jenseits vom „Grünen Punkt“, 1995, S. 149 ff.

des Rates vom 27. 6. 1985 über Verpackungen für flüssige Lebensmittel setzte sich zum Ziel, die Auswirkungen der Verpackungabfälle auf die Umwelt zu verringern[21]. Um dieses Ziel zu verwirklichen, mußten die Mitgliedstaaten Programme zur Verringerung des Gewichts und / oder Volumens der Verpackungen von flüssigen Lebensmitteln, die später endgültig zu beseitigenden Hausmüll bilden, aufstellen. Die von den Mitgliedstaaten zur Durchführung der Richtlinie 85 / 339 / EWG getroffenen Maßnahmen mußten den Bestimmungen des Vertrages, insbesondere denen über den freien Warenverkehr entsprechen. Art. 2 lit. c) der Richtlinie 85 / 339 / EWG definierte Mehrwegverpackungen als Verpackungen, die dazu bestimmt sind, nach ihrer Benutzung zurückgegeben und erneut gefüllt zu werden. Pfandsystem war gemäß Art. 2 lit. d) der Richtlinie 85 / 339 / EWG ein System, bei dem der Käufer dem Verkäufer einen Geldbetrag zahlt, der bei Rückgabe der Verpackung erstattet wird. Gemäß Art. 3 I der Richtlinie 85 / 339 / EWG erstellten die Mitgliedstaaten Programme zur Verringerung des Gewichts und / oder Volumens der für flüssige Lebensmittel bestimmten Verpackungen, die sich in dem endgültig zu beseitigenden Hausmüll befinden. Art. 4 I lit. e) der Richtlinie 85 / 339 / EWG schrieb vor, daß die Mitgliedstaaten im Rahmen der von Art. 3 der Richtlinie 85 / 339 / EWG vorgesehenen Programme und unter Einhaltung der den freien Warenverkehr betreffenden Bestimmungen des Vertrages entweder durch Rechts- und Verwaltungsvorschriften oder im Wege freiwilliger Vereinbarungen Maßnahmen treffen, die unter anderem darauf abzielen, den Anteil von Mehrwegverpackungen und / oder verwerteten Verpackungen zu erhalten und, soweit möglich, zu erhöhen und / oder den Anteil von Einwegverpackungen oder nicht verwerteten Verpackungen zu senken, soweit die gewerbliche Tätigkeit und die Marktumstände dies erlauben.

II. EG-Richtlinie 94 / 62 / EG des Europäischen Parlamentes und des Rates über Verpackungen und Verpackungsabfälle vom 20. 12. 1994

Mit Wirkung vom 31. 12. 1994 löste die auf Art. 100a EGV gestützte EG-Richtlinie 94 / 62 / EG des Europäischen Parlaments und des Rates vom 20. 12. 1994[22] die EG-Richtlinie 85 / 339 / EWG ab. Ausweislich der 2. Erwägung zu dieser Richtlinie ist die Verringerung der Gesamtmenge an Verpackungen die beste Art, Verpackungsabfall zu vermeiden. Andererseits wird in der 6. Erwägung zu dieser Richtlinie hervorgehoben, daß die Verpackungen von grundlegender sozialer und wirtschaftlicher Bedeutung sind und die Verringerung der Menge an Verpackungen die Qualität der Erzeugnisse und die Gesundheit der Verbraucher nicht beeinträchtigen darf. Das Verhältnis von Ein- und Mehrwegverpackungen ist in der 8. Erwägung geregelt: Danach sind wiederverwendbare Verpackungen und verwertbarer

21 4. Erwägung

22 EG-Richtlinie 94 / 62 / EG des Europäischen Parlaments und des Rates vom 20. 12. 1994, ABl. Nr. L 365 / 10.

Verpackungsabfall als gleichwertige Methoden zur Verringerung der Umweltbelastung durch Verpackungen anzusehen, solange Lebenszyklusuntersuchungen keine klare Option für einen der beiden Verpackungstypen rechtfertigen. Um die Wiederverwendung bzw. Verwertung zu gewährleisten, sind – so die 8. Erwägung der Richtlinie weiter – in den Mitgliedstaaten Rückgabesysteme für gebrauchte Verpackungen und/oder Verpackungsabfälle einzurichten. Lebenszyklusuntersuchungen müssen so bald wie möglich abgeschlossen werden, um eine klare Rangfolge der wiederverwendbaren, der stofflich und der anderweitig verwertbaren Verpackungen zu rechtfertigen. Namentlich in der 18. und 20. Erwägung wird betont, daß durch Maßnahmen zur Vermeidung und Verwertung von Verpackungen und Verpackungsabfällen Importprodukte nicht benachteiligt und keine Handelshemmnisse oder Wettbewerbsverzerrungen entstehen dürfen.

Art. 3 Ziff. 4 der Richtlinie definiert „Vermeidung" als die Verringerung der Menge und der Umweltschädlichkeit

- der in Verpackungen und Verpackungsabfällen enthaltenen Materialien und Stoffe,
- der Verpackungen und Verpackungsabfälle auf der Ebene des Herstellungsverfahrens, des Inverkehrbringens, des Vertriebs, der Verwendung und der Beseitigung,

insbesondere durch die Entwicklung umweltverträglicher Produkte und Technologien.

„Wiederverwendung" ist gemäß Art. 3 Ziff. 5 der Richtlinie die derselben Zweckbestimmung entsprechende Wiederbefüllung oder Verwendung von Verpackungen – mit oder ohne Unterstützung von auf dem Markt vorhandenen Hilfsmitteln, die das erneute Abfüllen der Verpackung selbst ermöglichen –, deren Beschaffenheit eine Mindestzahl von Kreislaufdurchgängen während ihrer Lebensdauer gestattet; die entsprechenden Verpackungen werden zu Verpackungsabfall, sobald sie nicht mehr wiederverwendet werden.

Nach Art. 5 EG-Richtlinie 94/62/EG können die Mitgliedstaaten nach Maßgabe des Vertrags Systeme zur Wiederverwendung der Verpackungen, die umweltverträglich wiederverwendet werden können, fördern.

Gemäß Art. 6 I der Richtlinie treffen die Mitgliedstaaten Maßnahmen mit folgenden, sich auf ihr gesamtes Hoheitsgebiet beziehenden Zielvorgaben:

a) Spätestens 5 Jahre nach dem Zeitpunkt, zu dem die Richtlinie in innerstaatliches Recht umgesetzt sein muß, werden zwischen mindestens 50 und höchstens 65 Gewichtsprozent der Verpackungsabfälle verwertet.
b) Innerhalb dieses Verwertungsziels und innerhalb der gleichen Frist werden zwischen mindestens 25 und höchstens 45 Gewichtsprozent des gesamten Verpackungsmaterials, das in Verpackungsabfällen enthalten ist, und mindestens 15 Gewichtsprozent jedes einzelnen Verpackungsmaterials stofflich verwertet.

Art. 6 VI EG-Richtlinie 94/62/EG gestattet den Mitgliedstaaten, die Programme aufgestellt haben oder solche aufstellen werden, die über die Zielvorgaben des Art. 6 I lit. a) und b) EG-Richtlinie 94/62/EG hinausgehen, diese Ziele im Interesse eines hohen Umweltschutzniveaus weiter zu verfolgen, sofern diese Maßnahmen Verzerrungen des Binnenmarktes vermeiden und andere Mitgliedstaaten nicht daran hindern, der Richtlinie nachzukommen.

Art. 9 EG-Richtlinie 94/62/EG schreibt vor, daß nach einer Übergangszeit nur Verpackungen in den Verkehr gebracht werden dürfen, die alle grundlegenden Anforderungen der Richtlinie erfüllen. Eine Verpackung erfüllt die grundlegenden Anforderungen nach Art. 9 II EG-Richtlinie 94/62/EG dann, wenn sie in harmonisierten Bereichen den europäischen Vorschriften entspricht bzw. in nicht harmonisierten Bereichen die einzelstaatlichen Normen einhält.

Nach Art. 15 S. 2 EG-Richtlinie 94/62/EG können die Mitgliedstaaten in Übereinstimmung mit den Grundsätzen der Umweltpolitik der Gemeinschaft, unter anderem dem Verursacherprinzip, und unter Einhaltung der sich aus dem Vertrag ergebenden Verpflichtungen ihrerseits Maßnahmen zur Verwirklichung dieser Ziele erlassen[23].

---

[23] Eine Synopse der Vorschriften der VerpackV a.F. und der EG-Richtlinie 94/62/EG findet sich in Arbeitskreis Recht und Umwelt in der REWE-Zentrale (Hrsg.), EU-Verpackungsrichtlinie und deutsche Verpackungsverordnung, 1996, S. 8 ff. – Zur Diskussion um eine Verpackungsverordnung in Österreich vgl. z. B. W. Hochreiter, Streitobjekt Verpackungsverordnung, 1995 sowie Fischer/Freytag (Hrsg.), Österreich und das Umweltrecht der Europäischen Union, 1995.

Dritter Teil

Ökologische Aspekte der Einweg-Ungleichbehandlung

Die in den §§ 7, 9 VerpackV a.F. bzw. §§ 8, 9 VerpackV n.F. festgelegten Mehrwegquoten und das daran anknüpfende Zwangspfand beruhen zum einen ebenso wie die diskutierten Umweltlizenzen und Umweltabgaben auf der Annahme, Mehrweg-Systeme seien unter ökologischen Gesichtspunkten den denkbaren Alternativen überlegen. Es sei daher geboten, den Anteil der Einwegverpackungen soweit wie möglich zurückzudrängen[1]. Zum anderen sollen die Mehrwegquoten und das Zwangspfand, aber auch die bislang nur diskutierten Umweltlizenzen und Umweltabgaben den durch die zunehmende Ausbreitung von Einwegverpackungen – so wird angenommen – gefährdeten Marktanteil der Mehrwegflaschen schützen[2].

Beide Beurteilungen erweisen sich bei näherer Betrachtung als kritikbedürftig[3].

---

1 Begründungen der Änderungen des Bundesrats zu § 7 VerpackV, abgedruckt in Strekker / Berndt, Kommentar zur Verpackungsverordnung, 1992, § 7 Anm. 1.2.

2 Zu den unterschiedlichen Instrumenten einer Umweltpolitik für Verpackungen vgl. z. B. E. Dutz, Die Logistik der Produktverwertung, 1996, S. 52 ff.; W. Frenz, Die Verwirklichung des Verursacherprinzips im Abfallrecht, 1996, S. 15 ff.; Öko-Institut e.V., Jenseits vom „Grünen Punkt", 1995, S. 120 ff.; Gawel / v.Mark, Marktorientiertes Gewässergütemanagement, 1993, S. 12 ff.; Hansmeyer / Schneider, Umweltpolitik, 2. Aufl. 1992, S. 52 ff.; E. Gawel, Umweltpolitik durch gemischten Instrumenteneinsatz, 1991, S. 68 ff.; F. Stähler, Kollektive Umweltnutzungen und individuelle Bewertung, 1991, S. 32 ff.; R. L. Frey, in: M. Lendi (Hrsg.) Umweltpolitik, 1991, S. 43 ff.; H. Bonus, in: L. Wegehenkel (Hrsg.), Symposium Umweltprobleme als Herausforderung der Marktwirtschaft – Neue Ideen jenseits des Dirigismus, 1983, S. 19 ff.; H. Bonus, in: Binswanger / Bonus / Timmermann, Wirtschaft und Umwelt, 1981, S. 84 ff., 130 ff. Zum Steuerrecht als Instrument der Umweltpolitik siehe z. B. M. Rodi, Umweltsteuern, 1993, S. 18 ff., 43 ff., 64 ff. Allgemein zur Instrumentenbestimmung im Verwaltungsrecht W. Hoffmann-Riem, in: ders. / Schmidt-Aßmann (Hrsg.) Innovation und Flexibilität des Verwaltungshandelns, 1994, S. 9 ff., 52 ff.

3 Vgl. dazu auch M. Schäfers, Frankfurter Allgemeine Zeitung vom 29. 3. 1997, S. 13. Allgemein zu den Anforderungen an eine stattdessen geforderte Verbindung von Ökologie und Ökonomie G. Wiesch, Abfallreduzierung durch Recycling und Vermarktung?, 1996, S. 190 ff.; H. Püchert, Ein Ansatz zur strategischen Planung von Kreislaufwirtschaftssystemen, 1996, S. 7 ff., 25 ff.; R. Kreibich, in: ders. / Atmatzidis / Behrendt (Hrsg.), Wirtschaften in Kreisläufen, 1996, S. 13 ff.; G. Füllgraff, in: Kreibich / Atmatzidis / Behrendt (Hrsg.), Wirtschaften in Kreisläufen, 1996, S. 29 ff.; Zwierlein / Isenmann, Ökologischer Strukturwandel und Kreislaufökonomie, 1995, S. 59 ff., 122 ff.; P. Kunig, UTR 1994, 277 ff.

Auch wenn – wie sich im folgenden zeigen wird – schwer einschätzbar ist, ob Ein- oder Mehrweg-Systeme den ökologischen Anforderungen besser gerecht werden, ist die pauschale und einschränkungslose Einstufung von Mehrweg-Systemen als ökologisch und Einwegverpackungen als umweltfeindlich, jedenfalls falsch[4]. Eine auch nur annähernd korrekte Einschätzung der ökologischen Vor- und Nachteile von Ein- und Mehrwegverpackungen muß auf den jeweiligen Einzelfall abgestimmt werden und eine Vielzahl von Daten miteinbeziehen. Entscheidend für die Bewertung der ökologischen Auswirkungen einer Verpackung – sowohl einer Einweg- als auch einer Mehrwegverpackung – sind jedenfalls die bei der Herstellung, Distribution, Nutzung und Entsorgung entstehenden Umweltbeeinträchtigungen[5]. Die Umweltverträglichkeit einer Getränkeverpackung hängt daher insbesondere vom Rohstoff- und Energieverbrauch, von der Luft- und Wasserbelastung, von Gewicht und Raumkapazität der Verpackung, ihrer Wiederverwendbarkeit, Verwertbarkeit und unproblematischen Entsorgbarkeit ab[6]. Die Unterschiede, die hierbei zwischen Einwegverpackungen einerseits und Mehrwegverpackungen andererseits bestehen, müssen Gegenstand gesonderter fachdisziplinärer Untersuchungen[7] bleiben; sie können im folgenden nur grob bzw. nur soweit skizziert werden, wie dies für die hiesige rechtliche Bewertung von unmittelbarer Bedeutung ist.

Unabhängig hiervon zeigt sich aber und jedenfalls, daß die vielfach behauptete oder unsubstantiiert unterstellte Gefahr einer Verdrängung der Mehrwegverpakkungen durch die Einwegverpackungen rückblickend empirisch unrichtig war[8].

---

4 Dies ergibt sich aus S. 3 der 8. Erwägung der EG-Richtlinie 94/62/EG ebenso wie aus § 9 II 5 VerpackV n.F., der mit der Gleichstellung von Einweg-Polyethylen-Schlauchbeuteln für pasteurisierte Konsummilch mit Mehrweg-Getränkeverpackungen ein Ergebnis der „Ökobilanz für Getränkeverpackungen" rezipiert. Die Antwort der Bundesregierung, BT-Drs. 13/2116, S. 3 geht hiervon ebenso aus wie die Änderungsanträge der Fraktion der SPD vom 20. 11. 1996, BT-Drs. 13/6518, S. 9. Schließlich schlägt sich der ökologische Optimierungsbedarf von Mehrweg-Systemen ansatzweise auch in I. 1. a.E. GetränkeverpackungsVO-Konzept nieder.

5 Hierzu sowie zum folgenden wie hier bereits J. Aulehner, BB-Beilage 3 zu Heft 12/1995, S. 1 ff., 2 f.

6 E. Bojkow, Getränkeverpackungen und Umwelt, 1989, S. 16.

7 Vgl. z. B. Öko-Institut e.V., Jenseits vom „Grünen Punkt", 1995, S. 8 ff.; M. Franke, Umweltauswirkungen durch Getränkeverpackungen, 1984 (Neudruck 1989); Lundholm/Sundström, Tetrabrik Aseptic Umweltprofil, 1985; S. Alber, in: Forum Ware 1-2/1985, S. 47 ff.; M. Suter, in: Getränketechnik 1986, 14 f.; Steger/Feess-Dörr, Strategien zur Stabilisierung und Ausweitung der Mehrwegsysteme in der Getränkedistribution, 1988; E. Bojkow, Getränkeverpackungen und Umwelt, 1989; K. Rieckmann, Ökobilanzen, 1990; Feess-Dörr/Steger/Weihrauch, Muß Verpackung Abfall sein?, 1991; N. Sturm, Zur Umweltverträglichkeit von Getränkeverpackungen, 1992; Golding/Fußer (Hrsg.), Verpackungen, 1992; Pöll/Schneider, Einweg-Mehrweg-Verpackungsdiskussion, 1992.

8 Vgl. dazu ausführlicher J. Aulehner, BB-Beilage 3 zu Heft 12/1995, S. 1 ff., 2.

A. Quantitative Entwicklungen im Bereich des Verpackungsabfalls

Die öffentliche Diskussion insbesondere über Ein- und Mehrwegverpackungen wird nahezu einhellig unter der Prämisse einer rasanten Zunahme der Verpackungsabfälle in den letzten Jahren geführt. Symptomatisch für diese Einschätzung der tatsächlichen Entwicklung sind Schlüsselbegriffe wie „Verpackungsflut" und „Wegwerfgesellschaft"[9].

Tatsächlich stieg die Verpackungsabfallmenge von 9.400.000 Tonnen im Jahre 1977 auf 10.100.000 Tonnen im Jahr 1982 an, sank aber danach kontinuierlich bis auf 8.400.000 Tonnen im Jahr 1990. 1977 nahmen die Verpackungsabfälle einen Gewichtsanteil von 40,2 Prozent und einen Volumenanteil von 49,7 Prozent vom Gesamtanfall von Hausmüll und hausmüllähnlichem Gewerbemüll ein; 1990 war der Gewichtsanteil auf 30,0 Prozent, der Volumenanteil auf 36,0 Prozent gesunken. Während das Bruttosozialprodukt zwischen 1977 und 1987 nominal um 67 Prozent und real um 19 Prozent, die Produktionsmenge der gesamten Packmittel um 20 Prozent und der Produktionswert der gesamten Packmittel um 61 Prozent anstieg, sank das Gewicht der Packmittel-Abfallmengen im gleichen Zeitraum um 1,1 Prozent, das Volumen der Packmittel-Abfallmengen stieg um nur 6,2 Prozent[10].

Von 1991 bis 1995 ist der Verpackungsverbrauch in Deutschland um mehr als 1,3 Mio. Tonnen zurückgegangen[11]. Allein bei Verkaufsverpackungen im privaten Bereich ist ein Rückgang um ca. 14 Prozent zu verzeichnen. Zudem wurden in den Jahren 1993 bis 1995 allein durch die Duales System Deutschland AG mehr als 14 Mio. Verkaufsverpackungen einer stofflichen Verwertung zugeführt[12].

---

9 Vgl. zum folgenden wie hier bereits J. Aulehner, BB-Beilage 3 zu Heft 12/1995, S. 1 ff., 2 sowie Dicke/Neu, Nationale Umweltpolitik im Konflikt mit dem Europäischen Binnenmarkt?, 1996, S. 74 ff.

10 Vgl. zu diesen Zahlen H. Klöckner, Verpackung – Fluch oder Segen?, 1992, S. 112 ff. K. Becker-Schwarze, Steuerungsmöglichkeiten des Kartellrechts bei umweltschützenden Unternehmenskooperationen, 1997, S. 5 f., hält den Prozentsatz des Verpackungsabfallaufkommens zum Gesamtabfallaufkommen für relativ niedrig und sieht für die Kritik gerade am Verpackungsbereich nicht nur objektive Gründe.

11 M. Schmidt-Preuß, in: Niederleithinger/Werner/Wiedemann (Hrsg.), Festschrift für Otfried Lieberknecht, 1997, S. 549 ff. Zum Rückgang des Verpackungsverbrauchs in der Zeit von 1991 bis 1993 vgl. G. Wiesch, Abfallreduzierung durch Recycling und Vermarktung?, 1996, S. 140. Zu den Stoffströmen durch Verpackungen im Jahr 1991 vgl. z. B. Öko-Institut e.V., Jenseits vom „Grünen Punkt", 1995, S. 8 ff. – Die VerpackV war in ihrem Bestreben, den Verpackungsmüll zu reduzieren, erfolgreich. Seit ihrem Inkrafttreten ist die Verpackungsproduktion rückläufig (W. Frenz, Die Verwirklichung des Verursacherprinzips im Abfallrecht, 1996, S. 37 ff.).

12 Vgl. dazu BT-Drs. 13/5999, S. 1, 13/7761, S. 1 und BT-Drs. 13/8240 sowie A. Merkel, Bay.Bgm. 1997, 132. Zu den Umweltauswirkungen der Aktivitäten der Duales System Deutschland AG vgl. auch Öko-Institut e.V., Jenseits vom „Grünen Punkt", 1995, S. 79 ff. Für 1996 meldet die Duales System Deutschland AG einen neuen Rekord: 86 Prozent aller

Im internationalen Vergleich gehört Deutschland mit zu den Ländern, welche das geringste Abfallaufkommen der Privathaushalte je Einwohner haben. In Deutschland produzieren die Privathaushalte jährlich 360 kg Abfälle je Einwohner; der entsprechende Wert liegt in den USA bei 730 kg, in Finnland bei 620 kg, in Norwegen bei 510 kg, in den Niederlanden bei 500 kg, in Luxemburg bei 490 kg, in Frankreich bei 470 kg, in Dänemark bei 460 kg, in Österreich bei 430 kg, in Japan bei 410 kg, in Belgien, der Schweiz und der Tschechischen Republik bei jeweils 400 kg und in Schweden bei 370 kg. In Spanien fallen ebenso wie in Deutschland jährlich 360 kg Abfälle aus Privathaushalten je Einwohner an. Großbritannien und Italien weisen mit 350 kg, Polen und Portugal mit 330 kg und Griechenland mit 310 kg jeweils nur wenig niedrigere Abfallaufkommen aus Privathaushalten auf[13].

Ein entsprechender, der vorherrschenden öffentlichen Meinung widersprechender Befund ergibt sich für die Entwicklung des Verhältnisses von Mehr- und Einwegverpackungen[14]. In den alten Bundesländern ist die Mehrwegquote zwischen 1988 und 1992 von 72,20 Prozent auf 76,78 Prozent angestiegen. Bezieht man auch die Entwicklung in den neuen Bundesländern[15] mit ein, ist ein immer noch leichter Anstieg des Mehrweganteils von 72,20 Prozent im Jahr 1988 auf 73,71 Prozent im Jahr 1992 festzustellen. Richtet man den Blick auf die einzelnen Getränkearten, ergibt sich wiederum ein entsprechendes Ergebnis: Die Mehrwegquote für Verpackungen von Mineralwasser betrug 1988 88,24 Prozent, 1992 92,10 Prozent. Für Getränke ohne Kohlendioxid betrug der Mehrweganteil 1988 nur 30,01 Prozent, 1992 bereits 44,87 Prozent. Erfrischungsgetränke mit Kohlendioxid wurden 1988 zu 75,17 Prozent in Mehrwegverpackungen verkauft, 1992 hingegen zu 79,26 Prozent. Bei Bier und Wein sank der Mehrweganteil minimal von 85,59 Prozent für Bier im Jahr 1988 auf 84,27 Prozent im Jahr 1992 und von 33,47 Prozent für Wein im Jahr 1988 auf 31,36 Prozent im Jahr 1992.

Umgekehrt ging der Anteil der Einwegverpackungen am Gesamtverbrauch entsprechend von 27,80 Prozent im Jahr 1988 auf 23,22 Prozent im Jahr 1992 zurück. In absoluten Zahlen hat sich der Anteil der Mehrwegverpackungen zwischen 1980 und 1992 um 6.094.000 Liter, derjenige der Einwegverpackungen hingegen nur

---

gebrauchten Verkaufsverpackungen aus Haushalten und Kleingewerbe wurden gesammelt (Süddeutsche Zeitung vom 7./8. 5. 1997, S. 25).

13 Diese von der OECD ermittelten Daten sind in Bay.Bgm. 1997, 152 abgedruckt.

14 Vgl. dazu auch Antwort der Bundesregierung, BT-Drs. 13/2116, S. 1 ff.

15 Dabei ist zu berücksichtigen, daß Mehrweg-Systeme höhere Anforderungen an die Infrastruktur stellen. Nach der Wiedervereinigung war zwar eine Belieferung der neuen Bundesländer mit Einwegverpackungen sofort möglich. Die Installierung von Mehrweg-Systemen setzt demgegenüber Sammelstellen, ein ausgebautes Vertriebs- und Rücknahmenetz sowie Reinigungs- und Wiederbefüllungsanlagen voraus. Gerade bei der Belieferung weit entfernter Kunden – wie sie unmittelbar nach der Wiedervereinigung Deutschlands unumgehbar war – wird sich im folgenden zudem die Einweg- im Vergleich mit Mehrwegverpackungen als umweltfreundlicher erweisen (vgl. dazu Antwort der Bundesregierung, BT-Drs. 13/2116, S. 2, sowie unten im Text sub 3. Teil. D.).

um 1.663.000 Liter erhöht[16]. Seit Inkrafttreten der VerpackV a.F. im Jahr 1991 hat sich der Verbrauch von Einwegverpackungen von ca. 13,1 Mio. Tonnen auf ca. 11,8 Mio. Tonnen im Jahr 1995 reduziert[17].

Der Anteil der Mehrwegverpackungen am Getränkeverbrauch betrug 1995 bei Mineralwasser 89 Prozent, bei Bier 79 Prozent, bei Erfrischungsgetränken mit Kohlensäure 75 Prozent, bei Getränken ohne Kohlensäure (z. B. Säften) 38 Prozent und bei Wein 31 Prozent. Insgesamt betrug der Anteil der Mehrwegverpackungen bei Getränken 72 Prozent[18].

B. Qualitative Umweltauswirkungen von Ein- und Mehrwegverpackungen

Die qualitativen Umweltauswirkungen von Getränkeverpackungen widerlegen die verbreitete Einstufung der Mehrweg-Systeme als ökologisch wertvoll, die der Einweg-Getränkeverpackungen hingegen als umweltfeindlich.

Mehrweg-Getränkeverpackungen sind keinesfalls generell umweltfreundlicher als Einweg-Getränkeverpackungen[19]. Dies gilt umso mehr, als Mehrweg-Systeme selbst in ökologischer wie ökonomischer Hinsicht optimiert werden müssen.

I. Heterogenität und Optimierungspotential von Mehrweg-Systemen

Die ökologische Beurteilung von Mehrweg-Systemen im Vergleich mit Einweg-Getränkeverpackungen hängt zuvörderst von der Homogenität und Verbreitung der Mehrweg-Systeme ab. Die in Deutschland bestehenden Mehrweg-Systeme zeichnen sich durch eine kaum zu überbietende Heterogenität aus. Es gibt ca. 300 verschiedene Kästen und etwa 100 verschiedene Flaschentypen[20]. Jede Normung

---

16 Diese Zahlenangaben sind dem Bericht der Gesellschaft für Verpackungsmarktforschung, Einweg- und Mehrwegverpackung von Getränken, Januar 1994, S. 6 ff. entnommen.

17 M. Schmidt-Preuß, in: Niederleithinger / Werner / Wiedemann (Hrsg.), Festschrift für Otfried Lieberknecht, 1997, S. 549 ff.

18 Vgl. dazu die durch das Bundesumweltministerium ermittelten statistischen Angaben, abgedruckt in Bay.Bgm. 1997, 133. – Die Umweltverbände fordern bis zum Jahr 2000 einen allgemeinen Mehrweganteil bei Getränken von 80 Prozent, wobei zugleich in jeder Branche ein Mehrweganteil von mindestens 60 Prozent erreicht werden muß (vgl. A. Golding, in: ders. / Fußer (Hrsg.), Verpackungen. Umweltbelastungen und Strategien zur Vermeidung, 1992, S. 113 ff., 127 f.).

19 Ebenso Dicke / Neu, Nationale Umweltpolitik im Konflikt mit dem Europäischen Binnenmarkt?, 1996, S. 74 ff.; H.-J. Papier, VerwArch 84 (1993), 417 (431 ff.).

20 Vgl. dazu Costa / Franke, Handelsunternehmen im Spannungsfeld umweltpolitischer Anforderungen, 1995, S. 83 sowie Öko-Institut e.V., Jenseits vom „Grünen Punkt“, 1995, S. 24 f.

bzw. Standardisierung von Mehrwegverpackungen erleichtert ihre Rückführung und Wiederverwendung, ist ökonomisch und ökologisch sinnvoll und sollte daher von allen Beteiligten im Distributionsprozeß unterstützt werden.

Mehrwegverpackungs-Systeme können in unterschiedlichster Weise ausgestaltet werden. Effizienzsteigerungen sind dabei zum einen beim Material der Mehrwegverpackungen möglich. Mehrwegverpackungen beeinflussen über ihr Eigengewicht, Volumen, Stabilität sowie Innen- und Außenmaße die Ressourcenverbräuche bei Transport, Lagerung und sonstigen Aktivitäten bei Warendistribution und der Redistribution der Mehrwegverpackungen. Zum anderen können Mehrweg-Systeme durch Vereinheitlichung und Kompatibilitätssteigerung optimiert werden. Darüber hinaus sind Effizienzsteigerungen durch eine Verbesserung von Organisation und Struktur der Mehrweg-Systeme denkbar[21].

1. Standardisierungschancen von Mehrweg-Systemen

In organisatorischer Hinsicht sind dabei neben einem Pendelsystem namentlich auch Firmen-, Branchen- und offene Pools für Mehrwegverpackungen bzw. sender- oder empfängerzentrierte und multilaterale Mehrweg-Systeme denkbar[22].

a) Pendelsystem

Pendelsysteme, die auch als einfache Wechselsysteme bezeichnet werden, mit nur einem Versender als Zulieferant und einem Empfänger, dem Abnehmer, stellen die einfachsten Modelle eines Verpackungskreislaufs dar. Sie finden namentlich in der Automobilindustrie in Just-in-time-Anlieferungskonzepten Anwendung. Mehrwegverpackungen dienen hierbei zur Rationalisierung des Transports, der Koordination asynchroner Produktion und Nachfrage sowie der Nachschubsteuerung. Die in Pendelsystemen eingesetzten Mehrwegverpackungen sind zumeist durch einsatzspezifische Eigenschaften charakterisiert. Pendelsysteme sind daher zumeist inkompatibel und lassen eine Ausdehnung des Nutzerkreises nicht zu bzw. erschweren diese. Der Umfang von Pendelsystemen ermöglicht darüber hinaus zwar einerseits eine hohe Flexibilität und Anpassungsfähigkeit. Andererseits resultiert hieraus ein hoher logistischer Aufwand. Entweder müssen auch geringste Mengen gebrauchter Verpackungen zurücktransportiert oder hohe Verpackungsbestände vorgehalten werden. Beide Alternativen sind weder ökologisch noch ökonomisch zu befürworten[23].

---

21 Zu ökonomischen und ökologischen Aspekten von Mehrweg-Systemen ausführlich K. Mevissen, Mehrwegsysteme für Verpackungen, 1996, S. 3 f., 6 ff., 91 ff., 153 ff.

22 Vgl. zu Mehrweglogistiksystemen z. B. R. Weiland, in: Brenck / Rutkowsky u. a., Entsorgungslogistik, 1996, S. 261 ff., 275 ff.; Dicke / Neu, Nationale Umweltpolitik im Konflikt mit dem Europäischen Binnenmarkt?, 1996, S. 62 ff. und Berg, WiB 1995, S. 935.

23 K. Mevissen, Mehrwegsysteme für Verpackungen, 1996, S. 42 f.; U. Boeckle, Modelle von Verpackungssystemen, 1994, S. 147 ff.

b) Empfänger- und senderzentrierte sowie multilaterale Mehrweg-Systeme

K. Mevissen[24] unterscheidet neben dem Pendelsystem empfänger- und senderzentrierte sowie multilaterale Mehrweg-Systeme.

Empfängerzentrierte Mehrweg-Systeme zeichnen sich durch mehrere Sender und einen Empfänger aus. Senderzentrierte Mehrweg-Systeme stellen demgegenüber die umgekehrte Konstellation, d. h. einen Sender und eine Vielzahl von Empfängern, dar. Sowohl sender- als auch empfängerzentrierte Mehrweg-Systeme zwingen die jeweilige Gegenseite zu zusätzlichen Investitionen und Aufwendungen. Die jeweilige Gegenseite muß sich an dem oktroyierten Mehrweg-System beteiligen und die hierfür erforderlichen Voraussetzungen schaffen.

Empfängerzentrierte Mehrweg-Systeme praktizieren namentlich Warenhäuser, die mit ihren Lieferanten eine Warenlieferung in Mehrwegverpackungen eines empfängereigenen Bestandes vereinbaren. Senderzentrierte Mehrweg-Systeme sind insbesondere die individuell gestalteten Kastensysteme der Brauereien.

Sowohl sender- als auch empfängerzentrierte Mehrweg-Systeme sind weder ökologisch noch ökonomisch optimiert. Beide Mehrweg-Systeme haben für die jeweilige Gegenseite die gleichen Nachteile, die auch schon für Pendelsysteme festgestellt wurden. Beim Pendelsystem müssen ebenso wie im Fall des sender- oder empfängerzentrierten Mehrweg-Systems die Mehrwegverpackungen faktisch nach jeder Verwendung zu ihrem Ursprung zurückkehren.

Diesen ökologischen und ökonomischen Nachteil können nur multilaterale Mehrweg-Systeme überwinden. Bei diesen folgt der Fluß der Mehrwegverpackungen keinem festen Schema; die Mehrwegverpackungen können vielmehr ähnlich wie Geld multilateral zwischen Käufern und Verkäufern ausgetauscht werden. Eines der bedeutendsten Beispiele hierfür ist das Mehrweg-System der deutschen Mineralbrunnen. Bei diesem können die von einem Mineralbrunnen abgefüllten Flaschen und Kästen nach dem Verbrauch des Füllguts durch den Endverbraucher durch einen anderen – z. B. näher am Rückgabeort gelegenen – Mineralbrunnen – je nach Ausstoß des einzelnen Abfüllers – erneut befüllt werden. An diesem Mehrweg-System waren 1993 ca. 240 Mineralbrunnen und nahezu der gesamte deutsche Lebensmittel- und Getränkehandel beteiligt. Es liefen damals ca. 2,3 Mrd. Flaschen und ca. 155 Mio. Kästen um.

Die ökologischen wie ökonomischen Vorzüge derartiger multilateraler Mehrweg-Systeme sind evident. Distributions- und Redistributionsentfernungen sind kurz, die Mehrwegverpackungen können je nach Bedarf von unterschiedlichen Abfüllern befüllt werden.

---

24 K. Mevissen, Mehrwegsysteme für Verpackungen, 1996, S. 43 ff.

c) Firmen-, Branchen- und offener Pool

U. Boeckle[25] differenziert demgegenüber zwischen Pendelsystemen einerseits und Firmen-, Branchen- sowie offenen Pools andererseits.

Firmenpools stellen zwar ebenso wie die Pendelsysteme Einzellösungen dar, denen aber ein größerer Systemumfang zukommt. Interne Firmenpools dienen der Verpackungslogistik innerhalb eines Unternehmens. Externe Firmenpools beziehen darüber hinaus auch deren Zulieferer und Geschäftspartner mit ein. Bei Firmenpools relativieren sich zwar die für Pendelsysteme ausgemachten ökologischen und ökonomischen Schwächen, sie bestehen aber gleichwohl fort. Firmenpools sind wie Pendelsysteme Insellösungen und erfordern einen hohen logistischen Aufwand[26].

Branchenpools stellen zwar ebenso wie Pendelsysteme und Firmenpools Insellösungen dar. Der Systemumfang nimmt aber im Vergleich zu Firmenpools und Pendelsystemen weiter zu. Nach der Intensität der Zusammenarbeit kann weiter zwischen dezentralen und zentralen Branchenpools differenziert werden. Während bei ersteren jeder Systemteilnehmer die von ihm benötigten standardisierten Verpackungen selbst beschafft und sich um die Organisation und Logistik der Leergutrückführung, dessen Aufbereitung und Entsorgung selbst kümmert, übernimmt diese Aufgaben bei zentralen Branchenpools ein Systemteilnehmer.

Die ökonomischen wie ökologischen Nachteile einer Insellösung sind bei einem Branchenpool zwar weiter reduziert, bestehen aber gleichwohl ebenfalls.

Offene Pools beschränken sich im Gegensatz zu Pendelsystemen, Firmen- und Branchenpools nicht auf einzelne Firmen bzw. Branchen, sondern stehen allen Interessenten offen. Die hieraus resultierende Größe verbessert die Verfügbarkeit der Verpackungen, ermöglicht den Aufbau eines Depotnetzes und erlaubt eine flexible Anlieferung der Verpackungen. Offene Pools zeichnen sich daher durch geringen organisatorischen und logistischen Aufwand aus und erlauben Rationalisierungseffekte[27].

Sie sind daher sowohl in ökologischer als auch in ökonomischer Hinsicht jedenfalls dann den Insellösungen überlegen, wenn keine besonders speziellen Verpackungen benötigt werden.

2. Auswirkungen einer Standardisierung – der Standard-Bierkasten als Beispiel

Die Verwendung eines vom Bund für Naturschutz und Umwelt (BUND) vorgestellten Standard-Bierkastens könnte 38 Prozent der Leergut-Transporte oder 19.500.000 Kilometer und damit 4.200.000 Tonnen Kohlenmonoxid, 27 Tonnen Stickoxide, 2,5 Tonnen Schwefeloxide und 0,3 Tonnen Ruß einsparen[28].

---

25 U. Boeckle, Modelle von Verpackungssystemen, 1994, S. 149 ff.

26 U. Boeckle, Modelle von Verpackungssystemen, 1994, S. 149 ff.

27 U. Boeckle, Modelle von Verpackungssystemen, 1994, S. 156 ff.

3. Grenzen der Standardisierung von Mehrweg-Systemen

Das Standardisierungspotential[29] von Mehrweg-Systemen darf dabei trotz der bestehenden Heterogenität[30] nicht überschätzt werden. Ursächlich hierfür sind die Heterogenität des Verpackungsbegriffs, die unterschiedlichen Funktionen der Verpackungen und die Reaktionen des Marktes auf eine Standardisierung von Verpackungen.

a) Der Verpackungsbegriff

Im allgemeinen Sprachgebrauch und in nicht-juristischen Wissenschaftsdisziplinen wird der Verpackungsbegriff zumeist weit verstanden. „Verpackung" bezeichnet dabei teilweise nicht nur die Hülle, sondern auch den Umhüllungsvorgang[31]. „Verpackung" stellt einen Sammelbegriff für jegliche Art der Umhüllung eines oder mehrerer Produkte, unabhängig von der durch die Umhüllung zu erfüllenden Funktion, dar[32]. „Verpackung" ist danach der Oberbegriff für die Gesamtheit der Packmittel und Packhilfsmittel. „Packhilfsmittel" bezeichnet den Sammelbegriff für Hilfsmittel zum Verpacken und Verschließen des Packstücks (Etikett, Klebestreifen etc.). Als „Packmittel" wird ein Erzeugnis aus „Packstoff", das dazu bestimmt ist, das Packgut zu umschließen oder zusammenzuhalten, damit es verkehrs-, lager- und verkaufsfähig wird (Kiste, Schachtel, Dose etc.), bezeichnet. Gut, das zu verpacken oder bereits verpackt ist, wird „Packgut" genannt. Die Tätigkeit des Umhüllens von Packgütern sowie des Füllens und Verschließens von Packmitteln wird als „Verpacken" oder „Abpacken" betitelt. „Packung" schließlich ist das Ergebnis der Vereinigung von Packgut und Verpackung. Chronologisch und nach dem Produktionsablauf betrachtet werden aus „Packstoff" „Packmittel" und „Packhilfsmittel" hergestellt. Aus „Packmitteln" und „Packhilfsmitteln" wird die „Verpackung" produziert. Durch „Abpacken" bzw. „Verpacken" des „Packguts" in die „Verpackung" entsteht die „Packung"[33].

Darüber hinaus ist zwischen „Grundpackungen", „Mehrstückpackungen", „Kombinationspackungen", „Sammelpackungen", „Versandpackungen" und

---

28 Vgl. Süddeutsche Zeitung v. 12. 8. 1994, S. 21.

29 Zum Umfang einer notwendigen Standardisierung von Mehrwegverpackungen vgl. z. B. R. Weiland, in: Brenck / Rutkowsky u. a., Entsorgungslogistik, 1996, S. 261 ff., 305 f. Skeptisch Dicke / Neu, Nationale Umweltpolitik im Konflikt mit dem Europäischen Binnenmarkt?, 1996, S. 59 ff.

30 Vgl. dazu soeben oben im Text sub 3. Teil. B. I.

31 M. Boesch, Gesamtsystem Verpackung, 1989, S. 9.

32 Ähnlich I. Meinecke, Die deutsche Verpackungsverordnung und die mittelständische Verpackungsindustrie, 1995, S. 21; Hulpke / Koch / Wagner (Hrsg.), Römpp Lexikon Umwelt, 1993, S. 770; M. Boesch, Gesamtsystem Verpackung, 1989, S. 9.

33 Wie hier I. Meinecke, Die deutsche Verpackungsverordnung und die mittelständische Verpackungsindustrie, 1995, S. 22; T. Konrad, Das Duale Entsorgungssystem als Streßfaktor für die Verpackungswirtschaft, 1994, S. 26 ff.

„Packstücken“ zu unterscheiden. „Grundpackung“ ist die kleinste Packung, in der gleiche oder gemeinsam auszugebende verschiedene Packgüter in jeweils festgelegter Anzahl oder Menge verpackt werden. „Grundpackungen“ werden auch als „Einzelpackung“ oder „Kleinpackung“ bezeichnet. „Mehrstückpackungen“ sind Verkaufsverpackungen, die mehrere Verkaufseinheiten des gleichen Erzeugnisses zusammenfassen. „Kombinationspackung“ ist die Zusammenfassung verschiedener Wareneinheiten zu einer Packungseinheit. „Sammelpackung“ ist die Zusammenfassung einer bestimmten handelsüblichen Anzahl von Einzelpackungen oder Grundpackungen zur leichteren Handhabung. „Versandpackung“ ist ein einzelnes Packstück oder die Zusammenfassung einer Anzahl von Einzelpackungen und bzw. oder Sammelpackungen für den Versand[34].

Damit zeigt sich schon an dieser Stelle, daß „Packung“ ein System und die Verpackung nur ein Teil hiervon ist[35]. Eine Veränderung der Verpackungsart kann Änderungen beim Abpacken, beim Vertriebssystem, bei der Präsentation der Waren im Einzelhandelsgeschäft und sogar bei der Gestaltung oder Zusammensetzung des Produktes nach sich ziehen[36].

b) Verpackungsfunktionen und Standardisierung

Die zahlreichen und heterogenen Verpackungsarten werden üblicherweise nach den Funktionen der jeweiligen Verpackung klassifiziert: Unter Verpackungsfunktionen werden dabei die Anforderungen verstanden, die eine Verpackung zu erfüllen hat. Verpackungen sind nicht Selbstzweck, sondern unentbehrliche Hilfsmittel. Die ständig neuen Anforderungen an Verpackungen haben eine Funktionsausweitung bzw. einen Funktionswandel bewirkt und erschweren bzw. verunmöglichen eine einvernehmliche Systematisierung der Verpackungsfunktionen[37].

Jenseits der hieraus resultierenden Meinungsverschiedenheiten wird von der Verpackung jedenfalls originär und primär erwartet, daß sie das Produkt auf seinem Weg vom Ort und Zeitpunkt seiner Herstellung bis zum Ort und Zeitpunkt seiner Verwendung vor seiner Umgebung bzw. umgekehrt die Umgebung vor dem Packgut schützt[38]. Dabei wird ein umfassender Schutz vor mechanischen Schäden,

---

34 T. Konrad, Das Duale Entsorgungssystem als Streßfaktor für die Verpackungswirtschaft, 1994, S. 27.

35 M. Boesch, Gesamtsystem Verpackung, 1989, S. 10; E. Bojkow, Getränkeverpackung und Umwelt, 1989, S. 3: „Verpackungstechnik ist Systemtechnik.“

36 Vgl. dazu M. Boesch, Gesamtsystem Verpackung, 1989, S. 17 ff.; S. Selke, Verpackung und Umwelt, 1992, S. 16.

37 I. Meinecke, Die deutsche Verpackungsverordnung und die mittelständische Verpakkungsindustrie, 1995, S. 33 ff.

38 K. Mevissen, Mehrwegsysteme für Verpackungen, 1996, S. 22; I. Meinecke, Die deutsche Verpackungsverordnung und die mittelständische Verpackungsindustrie, 1995, S. 34 f.; Hulpke / Koch / Wagner (Hrsg.), Römpp Lexikon Umwelt, 1993, S. 770; S. Selke, Verpakkung und Umwelt, 1992, S. 16.

klimatischen Einflüssen, vor tierischen Schädlingen, Diebstahl, unerlaubter Manipulation etc.[39] angestrebt. Darüber hinaus muß das Packgut vor Schädigungen durch die Verpackung selbst, die durch die Migration von Bestandteilen aus der Verpackung in das Packgut verursacht werden können, geschützt sein. Dies gilt vornehmlich und insbesondere im Lebensmittel- und Getränkebereich.

Neben dem Schutz des Packguts als ursprünglicher Verpackungsfunktion soll die Verpackung zudem die Distribution des Packguts rationalisieren und erleichtern[40]. Vor allem die körperlich wahrnehmbaren Merkmale einer Verpackung, d. h. Form, Abmessungen und Gewicht, beeinflussen die Auslastung von Lagern, Transportmitteln, Regalen etc. auf den verschiedenen Stufen der Warenverteilung von der Produktionsstätte über den Handel bis zur Sphäre des Endverbrauchers. Darüber hinaus ist die Verpackung auch Informationsträger für den Verbraucher. Diese Kommunikationsfunktion der Verpackung ist teilweise sogar gesetzlich vorgeschrieben. Die Verpackungen enthalten vielfach Angaben zu Menge, Produkteigenschaften, Haltbarkeit, Ge- und Verbrauchsanweisungen, Preis, Garantie sowie Angaben über den Hersteller. Neben der Informationsfunktion erfüllt die Verpackung als Kommunikationsinstrument auch Werbe- und Positionierungsfunktionen. Die Verpackung soll zum einen die Aufmerksamkeit der Käufer erregen und ist zum anderen ein Mittel, um eine bestimmte Käuferschicht anzusprechen[41]. Dieser Verpackungsfunktion kommt insbesondere durch die Zunahme von Selbstbedienungsläden eine kaum überschätzbare Bedeutung zu.

Die hieraus resultierende Wechselwirkung zwischen Verpackung und Packgut beschränkt die Standardisierungspotentiale von Mehrweg-Systemen. Mit der Verwendung einheitlicher Verpackungen verliert das jeweilige Produkt seine Identität und Unterscheidbarkeit. Auf der Eigenart der Verpackung beruhende Werbeeffekte werden unmöglich gemacht. Bestimmte Produkte werden seit Jahrzehnten in ganz charakteristischen Verpackungen verkauft. Darüber hinaus müssen Verpackungen nach den Regeln der Werbepsychologie mögliche Käufer gefühlsmäßig ansprechen. Verpackungen werben zudem nicht nur für das verpackte Produkt, sondern mit Name und Symbol auch für den Hersteller.

Darüber hinaus ist die ökologisch uneingeschränkt zu befürwortende, weitgehende Homogenisierung der Mehrweg-Systeme ökonomisch durchaus nicht unbedenklich. Mit einer derartigen Optimierung und Vereinheitlichung der Mehrweg-Systeme kann nämlich eine Einschränkung des Wettbewerbs und damit des wichtigsten Preiskorrektivs einhergehen[42].

---

39 Siehe z. B. die Aufzählung bei E. Bojkow, Getränkeverpackung und Umwelt, 1989, S. 3 ff.

40 K. Mevissen, Mehrwegsysteme für Verpackungen, 1996, S. 23 f.; E. Bojkow, Getränkeverpackung und Umwelt, 1989, S. 10 ff.

41 K. Mevissen, Mehrwegsysteme für Verpackungen, 1996, S. 25 f.; I. Meinecke, Die deutsche Verpackungsverordnung und die mittelständische Verpackungsindustrie, 1995, S. 36 f.; Hulpke / Koch / Wagner (Hrsg.), Römpp Lexikon Umwelt, 1993, S. 770; S. Selke, Verpackung und Umwelt, 1992, S. 16.

c) Wirtschaftlichkeit und Standardisierung

Durch die Verwendung von Mehrweg-Systemen können dem Handel höhere Kosten entstehen. Während Dispositions- und Kommissionierkosten unabhängig von der Verwendung von Ein- oder Mehrweg-Systemen entstehen, verursachen Mehrweg-Systeme bei der Warenannahme sowie bei der Plazierung und beim Kassieren erhöhte Kosten[43].

Darüber hinaus wird die Standardisierung von Mehrweg-Systemen auch durch die Reaktionen des Marktes hierauf beschränkt.

Entscheidend für das Standardisierungspotential von Mehrweg-Systemen sind dabei Nachfrage- und Akzeptanzeffekte, Inkompatibilitäts- und Umstellungskosten sowie Effizienzeinbußen, die technische Reife des Objekts und die Verteilung eines Standardisierungserfolgs[44].

Das Schicksal der bisherigen praktischen Bemühungen zur Rationalisierung von Mehrweg-Systemen bestätigt dies eindrucksvoll. Obwohl bereits 1990 der Bedarf zur Standardisierung erkannt wurde, sehen sich die in der Folgezeit entstandenen Rationalisierungskonzepte nachhaltiger Kritik ausgesetzt und führten bislang nur zu regionalen Erprobungsphasen. So wurde das zunächst von der Centrale für Coorganisation mbH (CCG), einem Rationalisierungsverband der deutschen Konsumgüterwirtschaft, ausgearbeitete Konzept eines CCG-Pools aufgrund erheblicher Bedenken maßgeblicher Institutionen 1992 wieder verworfen. Das danach entwickelte Konzept eines „MTV-Logistikverbundes“ wurde den betroffenen Unternehmen schließlich zwar zur Anwendung empfohlen, wird aber nur regional erprobt[45].

d) Rechtliche Aspekte einer Standardisierung von Mehrweg-Systemen

Standardisierte Mehrweg-Systeme beeinflussen den Markt nachhaltig. Neue Getränkehersteller, -abfüller und -vertreiber müssen sich an schon bestehenden standardisierten Mehrweg-Systemen beteiligen. Ein konkurrierendes Mehrweg-System kann kaum mehr etabliert werden, wenn der Markt durch schon bestehende, weit verbreitete, beherrscht wird.

---

42 Ähnlich Costa / Franke, Handelsunternehmen im Spannungsfeld umweltpolitischer Anforderungen, 1995, S. 86 f.

43 Öko-Institut e.V., Jenseits vom „Grünen Punkt“, 1995, S. 21 ff. Vgl. auch Dicke / Neu, Nationale Umweltpolitik im Konflikt mit dem Europäischen Binnenmarkt?, 1996, S. 66 ff.

44 K. Mevissen, Mehrwegsysteme für Verpackungen, 1996, S. 34 ff.

45 K. Mevissen, Mehrwegsysteme für Verpackungen, 1996, S. 133 ff. Zur ökonomischen und ökologischen Rechtfertigung einer Vereinheitlichung von Getränke-Mehrwegsystemen vgl. auch Dicke / Neu, Nationale Umweltpolitik im Konflikt mit dem Europäischen Binnenmarkt?, 1996, S. 82 ff.

Das GWB läßt derartige Rationalisierungs- oder Kooperationskartelle nach §§ 5 II, III, 5b GWB nur unter eingeschränkten Voraussetzungen zu. Kleine und mittlere Unternehmen sollen an dem Kartell beteiligt sein, das Kartell muß der Rationalisierung wirtschaftlicher Vorgänge dienen, es darf den Wettbewerb nicht wesentlich beeinträchtigen und muß die Leistungsfähigkeit der Mitglieder fördern. Eine wesentliche Beeinträchtigung des Marktes wird dabei schon dann angenommen, wenn die Beteiligten einen 10 bis 15 Prozent überschreitenden Marktanteil haben[46].

4. Ökologische Anforderungen an Mehrweg-Getränkeverpackungen

Neben dem Standardisierungsgrad hängt die ökologische Einschätzung von Mehrweg-Getränkeverpackung aber auch von den Umlaufzahlen, der Transportentfernung, dem Gewicht, dem Einweganteil an der Mehrweg-Getränkeverpakkung (Verschlüsse, Deckel etc.), dem Reinigungsaufwand und den jeweils verwendeten Materialien ab[47]. Grundsätzlich kann eine Verpackung schon bei einem nur einmaligem Wiedereinsatz als Mehrwegverpackung bezeichnet werden. Das Gewicht und der jeweilige konkrete Transportweg sowie das hierfür eingesetzte Transportmittel, dessen Auslastungsgrad und die Transportentfernungen sind für die Umweltbeeinträchtigungen durch den Transport entscheidend. Mehrwegverpackungen erfordern bei der Herstellung typischerweise einen erhöhten Materialverbrauch und machen Reparaturen und Reinigungen erforderlich, die ihrerseits Umweltschäden verursachen können[48].

II. Umweltrelevanz von Ein- und Mehrweg-Systemen

Die divergierenden Umweltauswirkungen von Einweg-Systemen einerseits und Mehrweg-Systemen andererseits sind äußerst komplex. Ihre Einzelheiten wurden im Rahmen der „Ökobilanz für Getränkeverpackungen" untersucht[49]. Die folgende Darstellung kann dieser Komplexität keine Rechnung tragen, sondern muß sich auf einzelne Aspekte beschränken[50]. Anders als die „Ökobilanz für Getränkever-

---

46 Vgl. zu den rechtlichen Schranken einer Standardisierung von Mehrweg-Systemen R. Weiland, in: Brenck / Rutkowsky u. a., Entsorgungslogistik, 1996, S. 261 ff., 306 ff.; Dikke / Neu, Nationale Umweltpolitik im Konflikt mit dem Europäischen Binnenmarkt?, 1996, S. 89 ff., 91 ff. Die kartellrechtlichen Aspekte der VerpackV allgemein behandeln M. Schmidt-Preuß, in: Niederleithinger / Werner / Wiedemann (Hrsg.), Festschrift für Otfried Lieberknecht, 1997, S. 549 ff., 555 ff.; H. Bartling, WuW 1995, 183 ff.

47 Vgl. dazu Öko-Institut e.V., Jenseits vom „Grünen Punkt", 1995, S. 63 ff.

48 R. Weiland, in: Brenck / Rutkowsky u. a., Entsorgungslogistik, 1996, S. 261 ff., 287.

49 Siehe hierzu Schmitz / Oels / Tiedemann, Ökobilanz für Getränkeverpackungen, 1995.

50 Ähnlich bereits J. Aulehner, BB-Beilage 3 zu Heft 12 / 1995, S. 1 ff., 2 f. – Eine Beschreibung der Umweltauswirkungen von Ein- bzw. Mehrweg-Systemen aus jüngerer Zeit findet sich auch bei Öko-Institut e.V., Jenseits vom „Grünen Punkt", 1995, S. 30 ff.

packungen", die mit dem Verbrauch von Rohstoffen, dem Treibhauseffekt, dem Ozonabbau, der Beeinträchtigung der Gesundheit von Menschen, der direkten Schädigung von Organismen und Ökosystemen, der Bildung von Photooxidantien, der Versauerung von Böden und Gewässern sowie der Lärmbelastung zehn Wirkungskategorien unterscheidet[51], beschränken sich die folgenden Ausführungen mit dem Rohstoff-, Wasser- und Energieverbrauch sowie der Wiederverwendbarkeit, der Verwertbarkeit und Entsorgbarkeit auf nur vier ökologische Aspekte von Getränkeverpackungen.

1. Rohstoffverbrauch

Die unterschiedlichen Verpackungsarten – Ein- und Mehrwegverpackungen – unterscheiden sich schon im Hinblick auf den für die Herstellung erforderlichen Rohstoffverbrauch[52]. Die verbreitete Annahme, Mehrwegsysteme seien wenigstens insoweit umweltschonend, Einwegsysteme hingegen umweltzerstörend, erweist sich bei näherer Betrachtung als zu oberflächlich.

a) Mehrweg-Glasflasche

Für die Herstellung von Glas werden mit Sand, Kalkstein, Dolomit und Kochsalz vornehmlich Rohstoffe benötigt, die in der Bundesrepublik Deutschland ausreichend vorhanden sind und ohne längere Transportwege für die Glasherstellung zur Verfügung stehen. Die für den Abbau dieser Rohstoffe erforderlichen Sandgruben, großflächigen Klärteiche, Baggerseen und Aufbereitungsanlagen sind jedoch mit gravierenden Eingriffen in Natur und Landschaft verbunden[53]. Beim trockenen Abbau kommt es durch Staub und Flugsand zu einer Beeinträchtigung der Luft. Der nasse Abbau führt zum Aufschluß des Grundwassers[54]. Selbst die als äußerst ökologisch eingestufte Verwendung von Altglas führt zu Umweltbeeinträchtigungen[55].

---

51 Vgl. dazu Schmitz / Oels / Tiedemann, Ökobilanz für Getränkeverpackungen, 1995, S. A4 ff.

52 Vgl. dazu die Gegenüberstellung bei N. Eckardt, Zeitfragen zur Verpackung, 1989, S. 53 ff.

53 N. Sturm, Zur Umweltverträglichkeit von Getränkeverpackungen, 1992, S. 74; M. Franke, Umweltauswirkungen durch Getränkeverpackungen, 1984 (Neudruck 1989), S. 13 ff., 20 ff., 25 ff., 37 ff.

54 M. Franke, Umweltauswirkungen durch Getränkeverpackungen, 1984 (Neudruck 1989), S. 16.

55 Kursawa-Stucke / Liebert / Jensen, Der Grüne Punkt und die Recycling-Lüge, 1994, S. 123 ff.; M. Franke, Umweltauswirkungen durch Getränkeverpackungen, 1984 (Neudruck 1989), S. 35 f.

b) Getränkekartons und Getränkedosen

Das zur Herstellung von Getränkedosen aus Aluminium erforderliche Bauxit ist zwar ebenso wie die für die Glasproduktion erforderlichen Rohstoffe weltweit in ausreichender Menge vorhanden. Die räumliche Verteilung der Bauxitvorkommen bedingt indessen sehr lange Transportwege. Zudem erfordert die Aluminiumherstellung die Verwendung einer Lauge zum Aufschluß. Der hierbei als Abfallprodukt entstehende Schlamm muß deponiert werden[56].

Kartonverpackungen erweisen sich im Hinblick auf den Rohstoffverbrauch als mindestens ebenso umweltfreundlich wie Mehrweg-Glasflaschen[57]. Eine 1-l-Kartonverpackung für haltbare Produkte besteht zu ca. 75 Prozent aus Karton, der die Stabilität der Verpackung gewährleistet. Für die Herstellung von Verbundkartonverpackungen kann zwar kein Altpapier eingesetzt werden: Dem stehen zum einen technische Gründe – insbesondere die geringere Reißfestigkeit bei der Verwendung von Altpapier – und zum anderen die Bestimmungen des Lebensmittelrechts, das die Verwendung von Recyclingmaterialien bei Lebensmittelverpackungen verbietet, entgegen.

Auch wenn Getränkekartonverpackungen damit nur aus neuem Zellstoff hergestellt werden können, erweisen sich Getränkeverpackungen aus Karton jedoch als relativ umweltfreundlich: Zum einen wird ein regenerierbarer Rohstoff – Holz – eingesetzt; zum anderen werden minderwertige Holzfasern verwendet, die überwiegend aus den Monokulturen Skandinaviens stammen. Dort wächst pro Jahr mehr Holz nach, als geschlagen wird. Überdies wird Windbruch- und Schwachholz eingesetzt, das bei der Durchforstung anfällt.

Allerdings ist der in Nordeuropa vorherrschende Waldbau industriell und artenarm. Die dortigen Waldkulturen sind daher für Schädlinge äußerst anfällig, verleiten zu einem verstärkten Pestizideinsatz und verdrängen Tier- und Pflanzenarten[58]. Darüber hinaus wird der – ungebleicht oder gebleicht eingesetzte – Zellstoff durch mechanischen und chemischen Aufschluß des Holzes gewonnen. Hierbei werden Holzhackschnitzel in Schwefellauge gekocht und die Holzstoffe Lignin, Sulfonsäure, etc. von den Zellstoffasern getrennt. Aus ca. 2,1 Tonnen Holz wird ca. 1 Tonne Zellstoff gewonnen; die Restlösung wird als Abfall verbrannt oder in die Gewässer eingeleitet[59].

---

56 Kursawa-Stucke / Liebert / Jensen, Der Grüne Punkt und die Recycling-Lüge, 1994, S. 135 ff.; N. Sturm, Zur Umweltverträglichkeit von Getränkeverpackungen, 1992, S. 74 f.; M. Franke, Umweltauswirkungen durch Getränkeverpackungen, 1984 (Neudruck 1989), S. 49 ff.

57 Einweg-Glasflaschen werden unter ökologischen Aspekten ganz überwiegend negativ beurteilt.

58 K. Rieckmann, Ökobilanzen, 1990, S. 13.

59 A. Golding, in: ders. / Fußer (Hrsg.), Verpackungen. Umweltbelastungen und Strategien zur Vermeidung, 1992, S. 42 ff., 45 f., 46 f.

Zu 21 Prozent besteht eine derartige Getränkeverpackung aus dem Kunststoff Polyethylen, der den Karton beidseitig durch eine hauchdünne Schicht gegen Feuchtigkeit schützt. Polyethylen eignet sich gerade zum Verpacken von Lebensmitteln, zumal es eine Versiegelung der Verpackungen ohne Klebstoffe ermöglicht. Äthylen, der Grundstoff des Polyethylen, wird beim Cracken von Erdöl gewonnen. Ökologische Probleme ergeben sich hierbei sowohl im Hinblick auf die Erdölknappheit als auch bezogen auf dessen lange Transportwege und die damit verbundenen Umweltbelastungen.

Neben Karton und Polyethylen besteht eine Kartonverpackung auch – zu 4 Prozent – aus Aluminium. Die Aluminiumschicht schützt den Inhalt vor Licht und Luft und bewahrt das Aroma in der Verpackung. Die soeben bereits dargestellten negativen ökologischen Auswirkungen des Packstoffs Aluminium dürfen aber nicht überbewertet werden, weil Aluminium bei Getränkekartonverpackungen und Mehrweg-Glasflaschen in etwa gleicher Menge zum Einsatz kommt[60].

c) Zwischenergebnis

Im Hinblick auf den Rohstoffverbrauch ergeben sich zwischen Einweg-Getränkeverpackungen und Mehrweg-Systemen keine signifikanten Unterschiede, zumal jeweils regenerierbare Rohstoffe eingesetzt werden[61].

2. Wasserverbrauch

Der Wasserverbrauch wird für die verschiedenen Getränkeverpackungen höchst unterschiedlich eingestuft[62]. Jenseits des hier nicht aufklärbaren Meinungsstreits in der Fachliteratur ist festzuhalten, daß zwischen dem Wasserverbrauch bei der Herstellung der Verpackung und demjenigen bei deren Befüllung zu differenzieren ist.

Dabei führt die Zellstoffherstellung für Getränkekartons nur dann zu einem erheblichen Wasserverbrauch, wenn die hierbei entstehende Ablauge nicht in modernen Verbrennungsanlagen verbrannt wird[63]. Mehrweg-Glasflaschen werden nach jedem Umlauf ca. 15 Minuten lang mit 1,5 bis 2-prozentiger Natronlauge bei einer Temperatur von ca. 70 bis 80 °C gewaschen. Auch wenn dabei die verschiedenen Stellen der Flasche mit unterschiedlicher Technik und Intensität gereinigt werden und die Natronlauge mehrfach genutzt wird, unterscheidet sich der Wasserbedarf

---

60 Zu den ökologischen Aspekten von Verbundverpackungen vgl. z. B. Kursawa-Stucke / Liebert / Jensen, Der Grüne Punkt und die Recycling-Lüge, 1994, S. 149 ff.

61 J. Aulehner, BB-Beilage 3 zu Heft 12 / 1995, S. 1 ff., 2 f.; E. Bojkow, Getränkeverpakkungen und Umwelt, 1989, S. 316.

62 Ähnlich bereits J. Aulehner, BB-Beilage 3 zu Heft 12 / 1995, S. 1 ff., 3.

63 A. Golding, in: ders. / Fußer (Hrsg.), Verpackungen. Umweltbelastungen und Strategien zur Vermeidung, 1992, S. 42 ff., 47.

bei der Befüllung der Verpackungen erheblich: Die Befüllung von Ein- oder Mehrwegflaschen erfordert ca. die 9-fache der bei Getränkekartonverpackungen erforderlichen Wassermenge. Wegen der aufwendigen Flaschenreinigung ist der Laugenbedarf für die Mehrweg-Glasflasche mit Abstand am höchsten[64].

Insgesamt ist mit einer in der Fachliteratur verbreiteten Meinung anzunehmen, daß die für Getränkekartonverpackungssysteme erforderliche und die für Mehrweg-Glasflaschen-Systeme benötigte Wassermenge nicht wesentlich differieren und weder dem einen noch dem anderen System eine Vorrangstellung in ökologischer Hinsicht zuweisen[65].

3. Energieverbrauch

Im Hinblick auf den Energieverbrauch ist zwischen der bei der Verpackungsherstellung erforderlichen und der für den Transport aufzuwendenden Energie zu differenzieren. Die Anteile der für die Herstellung bzw. den Transport erforderlichen Energie differieren dabei je nach Verpackungsart – insbesondere zwischen Ein- und Mehrwegverpackungen – erheblich[66].

Während bei Einweg-Verpackungssystemen ca. 90 Prozent des gesamten Energieaufwands auf die Herstellung der Verpackungen entfallen, beträgt der entsprechende Anteil bei Mehrwegverpackungen nur 50 Prozent. Der restliche Anteil am gesamten Energieverbrauch wird für den Abfüllvorgang und vornehmlich für den Transport benötigt.

Für die Herstellung von 1000 1-l-Getränkekartonverpackungen werden insgesamt 13,9 Kilowattstunden Energie verbraucht[67]. Der Energieverbrauch für die Herstellung der Getränkekartonverpackungen ist zwar höher; dafür ist der Energieverbrauch für den Abfallprozeß und den Transport der Kartonverpackungen aber deutlich niedriger[68].

Bezogen auf den transportbedingten Energieverbrauch ergeben sich deutliche Vorteile von Getränkekartonverpackungen gegenüber Mehrweg-Glasflaschen. Kartonverpackungen sind schon erheblich – um das bis zu 20-fache – leichter als Glasflaschen; für ihren Transport wird dementsprechend weniger Energie verbraucht. Während eine Glasflasche für Milch 400g, eine solche für Saft sogar

---

64 N. Sturm, Fruchtsaftverpackungen im ökologischen Vergleich, o.J., S. 26.

65 So. z. B. N. Sturm, Fruchtsaftverpackungen im ökologischen Vergleich, o.J., S. 26; E. Bojkow, Getränkeverpackungen und Umwelt, 1989, S. 242; M. Franke, Umweltauswirkungen durch Getränkeverpackungen, 1984 (Neudruck 1989), S. 137 f.

66 Zusammenfassend hierzu sowie zum folgenden schon J. Aulehner, BB-Beilage 3 zu Heft 12 / 1995, S. 1 ff., 3.

67 A. Golding, in: ders. / Fußer (Hrsg.), Verpackungen. Umweltbelastungen und Strategien zur Vermeidung, 1992, S. 42 ff., 47 ff., 49.

68 N. Sturm, Fruchtsaftverpackungen im ökologischen Vergleich, o.J., S. 18.

600g schwer ist, wiegt eine entsprechende Kartonverpackung nur 28,5g[69]. Darüber hinaus nehmen Verbundkartonverpackungen beim Transport ohne Füllgut deutlich weniger Volumen ein als Mehrweg-Glasflaschen[70]: Während Glasflaschen beim Transport von der Glashütte zum Abfüller das gleiche Volumen wie in vollem Zustand haben, können Getränkeverpackungen zusammengelegt transportiert werden. Für den Transport von 600.000 leeren 1-l-Glasflaschen sind danach 22 Lastkraftwagen erforderlich; 600.000 leere 1-l-Kartonverpackungen finden demgegenüber zusammengelegt in nur einem Lastkraftwagen Platz. Dementsprechend werden beim Transport leerer Glasflaschen 22 × mehr Treibstoff verbraucht und 22 × mehr Schadstoffe ausgestoßen als beim Transport leerer Kartonverpackungen.

Ein ähnlicher Befund ergibt sich für gefüllte Verpackungen: Um den gesamten Verbrauch an Milch und Saft in der Europäischen Gemeinschaft – 33,1 Mrd. Liter – zu transportieren werden bei Mehrwegflaschen 7.053.235 Lastkraftwagen, bei Kartonverpackungen hingegen nur 4.597.230 Lastkraftwagen benötigt. Für den Transport des Füllgutes in Kartonverpackungen sind daher 2.456.005 Lastkraftwagen weniger nötig. Die Einsparung beträgt somit 35 Prozent. Bei Milch als Füllgut beträgt der Volumenanteil der Verpackung bei einer Getränkekartonverpackung nur 5 Prozent; 95 Prozent des Transportvolumens steht für das Füllgut zur Verfügung. Wird die Milch hingegen in Mehrweg-Glasflaschen transportiert, entfallen 40 Prozent des Gesamtvolumens auf die Verpackung; für den Transport der Milch als Füllgut stehen nur noch 60 Prozent des Gesamtvolumens zur Verfügung[71].

4. Wiederverwendbarkeit, Verwertbarkeit und Entsorgbarkeit

Getränkekartonverpackungen sind im Gegensatz zu Mehrweg-Glasflaschen zwar nicht wiederbefüllbar, können aber nach neu entwickelten Verfahren recycelt werden.

Die Duales System Deutschland AG sammelt Kartonverpackungen für flüssige Nahrungsmittel. Diese werden in zu Ballen gepreßter Form in Papierfabriken geliefert. Dort wird in einem Quellvorgang der Kartonanteil aus dem Verbund gelöst. Aus dem hierbei entstehenden Faserbrei werden wiederum Produkte aus Papier bzw. Karton hergestellt. Der aus Polyethylen und Aluminium bestehende Restverbund wird aufbereitet. Hierbei entstehen ein Polyethylen-Pulver, aus dem

69 Ähnlich zu den Relationen bzgl. des Gewichts vgl. N. Sturm, Zur Umweltverträglichkeit von Getränkeverpackungen, 1992, S. 78: 0,7-l-Mehrwegflasche: 605 g, 0,7-l-Verbundkarton: 38 g; A. Golding, in: ders. / Fußer (Hrsg.), Verpackungen. Umweltbelastungen und Strategien zur Vermeidung, 1992, S. 42 ff., 49: Flasche: ca. 400 g; Getränkekarton: ca. 25 g.

70 Auf den erhöhten Bedarf von Transportkapazitäten bei Mehrweg-Systemen weist auch I. Meinecke, Die deutsche Verpackungsverordnung und die mittelständische Verpackungsindustrie, 1995, S. 106 hin.

71 Im Ergebnis ähnlich Öko-Institut e.V., Jenseits vom „Grünen Punkt“, 1995, S. 23.

Polyethylen-Produkte hergestellt werden, und Aluminium-Folienstücke, die für Produkte aus Aluminium Verwendung finden.

Das Sammel- und Rücknahmesystem für Mehrweg-Glasflaschen ist zwar, da es schon wesentlich länger besteht, bereits eingerichtet und besser ausgebaut. Das Sammel- und Verwertungssystem für Einweg-Getränkekartonverpackungen wird demgegenüber erst aufgebaut.

Dabei steigt die über die Duales System Deutschland AG gesammelte und recycelte Menge von Getränkekartonverpackungen gerade derzeit nahezu exponentiell. Während im Januar 1994 erst 4908 Tonnen Getränkekartonverpackungen gesammelt und recycelt wurden, waren es im Juni 1994 bereits 39079 Tonnen. Für Dezember 1994 wurden mindestens 80.000 Tonnen Getränkekartonverpackungen erwartet. In ähnlich rasanter Geschwindigkeit werden Recyclingverfahren für diese Getränkekartonverpackungen entwickelt und zur industriellen Reife geführt. Industrielle Verfahren der Trennung des Zellstoffanteils des Kartons von der Polyethylen / Aluminium-Schicht sind bereits im Einsatz. Verfahren zur Trennung von Polyethylen und Aluminium sind entwickelt; ihr industrieller Einsatz beginnt. Unabhängig von diesem Recycling durch Faseraufschluß in der Papierfabrik und Trennung des Polyethylen- und Aluminiumanteils können Verbundverpackungen auch zerraspelt und zu Hartfaserplatten ähnlichen Bauplatten gepreßt werden[72].

Das für Verpackungen aus Karton erforderliche Deponievolumen ist – entgegen einer verbreiteten öffentlichen Meinung – bereits heute nicht nur deutlich – um das 10-fache – niedriger als bei Einweg-Glasflaschen, sondern – je nach anzunehmender Umlaufzahl[73] – auch nur allenfalls ähnlich hoch oder sogar etwas niedriger als bei Mehrweg-Glasflaschen[74].

Im Vergleich zwischen Ein- und Mehrweg-Systemen ist darüber hinaus allgemein zu beachten, daß Mehrwegverpackungen wegen ihrer 15 - 25 Prozent dickeren Wandstärken bei der Entsorgung mehr Abfall produzieren als Einwegverpackungen[75].

---

72 N. Sturm, Fruchtsaftverpackungen im ökologischen Vergleich, o.J., S. 35 f.; N. Sturm, Zur Umweltverträglichkeit von Getränkeverpackungen, 1992, S. 79 ff.; kritisch zu diesen Recyclingverfahren A. Golding, in: ders. / Fußer (Hrsg.), Verpackungen. Umweltbelastungen und Strategien zur Vermeidung, 1992, S. 42 ff., 50 ff.

73 Zum Zusammenhang zwischen Umlaufzahl und Deponievolumen bei Mehrweg-Glasflaschen vgl. N. Sturm, Zur Umweltverträglichkeit von Getränkeverpackungen, 1992, S. 71.

74 N. Sturm, Fruchtsaftverpackungen im ökologischen Vergleich, o.J., S. 21; N. Sturm, Zur Umweltverträglichkeit von Getränkeverpackungen, 1992, S. 68.

75 I. Meinecke, Die deutsche Verpackungsverordnung und die mittelständische Verpackungsindustrie, 1995, S. 106.

5. Zusammenfassung

Die skizzenhafte Darstellung der qualitativen Umweltauswirkungen von Einweg-Getränkekartonverpackungen einerseits und Mehrweg-Glasflaschen andererseits ergibt weder für das eine noch für das andere System eine eindeutige Präferenz in ökologischer Hinsicht.

Packstoffeinsatz, Energieverbrauch, Abluft und Deponievolumen sind bei Getränkeverpackungen aus Karton deutlich niedriger als bei Einweg-Glasflaschen. Auch gegenüber Mehrweg-Glasflaschen ergeben sich für die Getränkekartonverpackungen insoweit keine signifikanten Abweichungen: Die Werte der Einweg-Kartonverpackungen sind jeweils nur geringfügig schlechter oder geringfügig günstiger als diejenigen der Mehrweg-Glasflaschen. Im Hinblick auf das anfallende Abwasser erweisen sich die Getränkekartonverpackungen bei der Herstellung zwar als vergleichsweise am ungünstigsten; im Abfüllbereich erzielen sie demgegenüber die bei weitem günstigsten Abwasserwerte[76].

Dementsprechend wird für die Milchdistribution, in der Kartonverpackungen weit überwiegen[77], nahezu einhellig angenommen, daß im Hinblick auf den hohen Reinigungsaufwand und wegen der vergleichsweise geringen Umlaufzahlen im Milchsektor kein Grund für eine Präferenz zu Gunsten der Mehrweg-Glasflaschen besteht[78]. Selbst wenn in anderen Marktsegmenten die Mehrweg-Glasflaschen als umweltfreundlicher eingestuft werden, wird die Differenz zwischen den ökologischen Vor- und Nachteilen der Getränkekartonverpackungen ganz überwiegend für so gering gehalten, daß sie eine Substitution der Einweg-Verpackungen durch Mehrwegsysteme nicht rechtfertigen[79].

Diese Beurteilung wird zudem durch die vom Fraunhofer-Institut für Lebensmitteltechnologie und Verpackung München, dem Institut für Energie und Umweltforschung Heidelberg und der Gesellschaft für Verpackungsmarktforschung Wiesbaden dem Umweltbundesamt am 8. 9. 1993 vorgelegten Daten für eine Ökobilanz-Studie für Verpackungen in den Bereichen Frischmilch und Bier bestätigt[80].

---

76 Vgl. dazu oben im Text sowie die Grafiken bei N. Sturm, Fruchtsaftverpackungen im ökologischen Vergleich, o.J., S. 17 ff.; N. Sturm, Zur Umweltverträglichkeit von Getränkeverpackungen, 1992, S. 64 ff.

77 Die von § 9 II VerpackV a.F. wie n.F. vorgeschriebene Mehrwegquote beträgt in diesem Bereich auch nicht wie allgemein 72, sondern nur 17 Prozent.

78 Feess-Dörr / Steger / Weihrauch, Muß Verpackung Abfall sein?, 1991, S. 87.

79 Feess-Dörr / Steger / Weihrauch, Muß Verpackung Abfall sein?, 1991, S. 89 unter Hinweis auf Bojkow / Schlair, Zur Umweltdiskussion über Einweg-Getränkeverpackungen, 2. Aufl. 1985; Lundholm / Sundström, Ressourcen- und Umweltbeeinflussung Tetrabrik Aseptic Kartonverpackungen sowie Pfandflaschen und Einwegflaschen aus Glas, 1985 und Thome-Kozmiensky / Gottwald, Vergleichende Untersuchung über die Umweltauswirkungen durch Verpackungssysteme für Bier und CO_2-freie Erfrischungsgetränke, 1985, S. 265 ff.

80 Vgl. dazu Bundesministerium für Umweltschutz, Naturschutz und Reaktorsicherheit (BMU), Pressemitteilung 52 / 93 vom 21. 9. 1993.

Dem früheren Bundesumweltminister Töpfer und Fachautoren ist zuzustimmen, wenn sie konstatieren, daß für die ökologische Beurteilung von Einweg und Mehrweg u. a. Transportentfernung und Umlaufzahl die entscheidenden Kriterien sind[81]. Einer pauschalen Präferenz von Mehrwegsystemen ist damit eine Absage erteilt[82], zumal Mehrweg-Systeme selbst der Optimierung in ökologischer Hinsicht bedürfen.

C. Ökobilanzen und Produktlinienanalysen

Die vorstehende Skizzierung der Umweltauswirkungen zeigte, daß im Verhältnis zwischen Ein- und Mehrwegverpackungen in ökologischer Hinsicht nicht von vorneherein eine Präferenz für die eine oder andere Verpackungsart besteht. Entscheidend sind vielmehr die Modalitäten des jeweiligen Einzelfalls, insbesondere Transportentfernung und Umlaufzahl bei Mehrwegverpackungen.

I. Ökobilanz für Getränkeverpackungen

Dieses im Wege einer eher kursorischen Betrachtung gefundene Ergebnis steht mit den Ergebnissen der „Ökobilanz für Getränkeverpackungen“[83] nicht nur im Einklang, sondern wird durch diese sogar noch bestätigt.

1. Die Ergebnisse der Ökobilanz für Getränkeverpackungen

Die „Ökobilanz für Getränkeverpackungen“ ergab für das angenommene Hauptszenario – Transportentfernung: 100 km; Umlaufzahlen der jeweiligen Mehrwegflaschen: 25 bei Frischmilch, 50 bei Bier – im Getränkebereich Frischmilch, daß Glasflaschen-Mehrwegsysteme den Kartonverpackungssystemen in Block- oder Giebelform ökologisch überlegen sind. Das Schlauchbeutel-Verpackungssystem ist dagegen im Verhältnis zum Mehrwegflaschen-Verpackungssystem als ökologisch mindestens gleichwertig einzustufen[84]. Im Getränkebereich Bier war das Mehrweg-System unter den Vorgaben des Hauptszenarios allen untersuchten Einweg-Systemen ökologisch deutlich überlegen[85].

---

81 Bundesministerium für Umweltschutz, Naturschutz und Reaktorsicherheit (BMU), Pressemitteilung 52/93 vom 21. 9. 1993, S. 2, 5 f.; I. Meinecke, Die deutsche Verpackungsverordnung und die mittelständische Verpackungsindustrie, 1995, S. 106.

82 Ähnlich Hulpke / Koch / Wagner (Hrsg.), Römpp Lexikon Umwelt, 1993, S. 459 f.; ebenso H.-J. Papier, VerwArch 84 (1993), 417 (431 ff.).

83 Schmitz / Oels / Tiedemann, Ökobilanz für Getränkeverpackungen, 1995.

84 Schmitz / Oels / Tiedemann, Ökobilanz für Getränkeverpackungen, 1995, S. B41.

85 Schmitz / Oels / Tiedemann, Ökobilanz für Getränkeverpackungen, 1995, S. B42.

Die „Ökobilanz für Getränkeverpackungen“ hat aber auch gezeigt, daß diese Ergebnisse strikt von den Annahmen des jeweiligen Szenarios abhängen. Variationen der Umlaufzahl der Mehrwegverpackungen, der Distributionsentfernungen und der Entsorgungsszenarien haben signifikante Auswirkungen ergeben. So wirkte sich einerseits eine Erniedrigung der Umlaufzahlen und eine Erhöhung der Distributionsentfernungen negativ auf die ökologische Einschätzung der Mehrweg-Systeme aus. Aus einer Erhöhung der Verwertungsrate entsprechend den Vorgaben der VerpackV a.F. für Juli 1995 resultierte eine gesteigerte Umweltfreundlichkeit von Einwegverpackungen[86].

Dem entsprechend ergab die Variation der einzelnen Parameter – Umlaufzahlen für Frischmilch von 25 auf 18 und für Bier von 50 auf 30, Distributionsentfernung für Frischmilch von 100 km auf 200 km und für Bier von 100 km auf 600 km sowie des Entsorgungsszenarios vom status quo zu den Vorgaben der VerpackV a.F. für Juli 1995 – ein Sinken der in der Hauptstudie vermeintlich festgestellten ökologischen Vorteile der Mehrweg-Systeme vor den jeweiligen Einwegsystemen, wenngleich diese – nach der Einschätzung der „Ökobilanz für Getränkeverpackungen“ – gleichwohl noch erkennbar bleiben. Erst bei einer Erhöhung der Distributionsentfernung bei Bier auf 1000 km sei für keine Verpackung mehr ein eindeutiger Vorteil auszumachen. Bei den Verpackungen für Frischmilch nahm der PE-Schlauchbeutel eine Sonderstellung ein, da er sich bereits im Hauptszenario als gegenüber Mehrwegverpackungen mindestens gleichwertig erwiesen hatte. Daher führte jede Variation zu Lasten der Mehrwegverpackungen zu einem weiteren ökologischen Vorteil des PE-Schlauchbeutels gegenüber den Mehrwegverpackungen[87].

2. Defizite der Ökobilanz für Getränkeverpackungen

Die Aussagekraft dieser Ergebnisse wird dabei insbesondere in der öffentlichen Diskussion vielfach überschätzt. Die abschließenden Einschätzungen der ökologischen Bedeutung von Ein- und Mehrweg-Systemen in der „Ökobilanz für Getränkeverpackungen“ werden dabei vielfach als wissenschaftlich feststehend mißverstanden.

Diese Beurteilung steht in krassem Gegensatz sowohl zum Stand der Wissenschaft allgemein als auch zu den von der „Ökobilanz für Getränkeverpackungen“ selbst erhobenen Ansprüchen im besonderen. Wissenschaftlich wird kaum bestritten, „daß es keine allgemeingültige Ökobilanz irgendeines Wirtschaftsgutes und damit auch keiner Verpackung geben kann. Selbst wenn bei der Erstellung einer Ökobilanz den Anforderungen an Vollständigkeit und Genauigkeit Folge geleistet wurde und die angewandte Methodik sowie die Datenbasis offengelegt wurde, bleiben ihre Ergebnisse stets eine statische Momentaufnahme, da die zugrundelie-

86 Schmitz / Oels / Tiedemann, Ökobilanz für Getränkeverpackungen, 1995, S. B42.

87 Schmitz / Oels / Tiedemann, Ökobilanz für Getränkeverpackungen, 1995, S. B42.

genden Werte von veränderlichen Gegebenheiten, wie z. B. den eingesetzten technischen Verfahren, Energie und damit den Standorten abhängen."[88]

In der „Ökobilanz für Getränkeverpackungen" selbst wird ausdrücklich darauf hingewiesen, daß die Bilanzbewertung in Ökobilanzen nicht mit Methoden durchführbar ist, die den Kriterien der Reproduzierbarkeit und intersubjektiven Überprüfbarkeit genügen. Darüber hinaus wird ebenso explizit betont, daß ökonomische und soziale Aspekte von Ökobilanzen nicht berücksichtigt werden können[89].

An anderer Stelle wird in der „Ökobilanz für Getränkeverpackungen" festgestellt, eine weitere Aggregation der Ergebnisse sei auf Basis naturwissenschaftlich-technischer Berechnungen nicht mehr möglich. Für eine abschließende zusammenfassende Bewertung außerhalb einer wissenschaftlichen Objektivierbarkeit werde vorgeschlagen, den verschiedenen Wirkungskategorien eine Gewichtung zuzuordnen, die auf einer fünfstufigen ökologischen Bedeutung – sehr groß, groß, mittel, gering-mittel, gering – beruht. Nach einer kontroversen Diskussion wurden Abschätzungen zur ökologischen Bedeutung der Wirkungskategorien insoweit vereinbart[90].

Die „Ökobilanz für Getränkeverpackungen" stellt überdies schon in ihren Ergebnissen heraus, daß die ökologische Beurteilung von Ein- und Mehrwegverpakkungen entscheidend von den Parametern Umlaufzahl, Distributionsentfernung und Entsorgungssituation abhängt. Bemerkenswert ist dabei insbesondere, daß die „Ökobilanz für Getränkeverpackungen" zwar Variationen dieser Parameter prüft und zu einer Relativierung des für das Hauptszenario vermeintlich angenommenen ökologischen Vorteils für Mehrwegverpackungen kommt, obwohl dabei nur jeweils einer der drei Parameter modifiziert wird[91]. Die Variation nur jeweils eines Parameters des Hauptszenarios ist dabei umso bedenklicher, als das von der „Ökobilanz für Getränkeverpackungen" unterstellte Hauptszenario nicht hinreichend verifiziert ist. Die „Ökobilanz für Getränkeverpackungen" weist ausdrücklich und selbst darauf hin, daß die Repräsentativität der im Hauptszenario zugrunde gelegten Parameter – Umlaufzahl, Distributionsentfernung, Entsorgungssituation – der Klärung bedarf und hierzu eine Untersuchung im Rahmen von UFOPLAN durchgeführt werde[92].

Das Institut für Energie und Umwelt (IFEU) hält die im Frischmilchsektor für das Hauptszenario vorgegebenen Annahmen – 100 km Transportentfernung, 25 Umläufe – zudem bezogen auf die mittleren bundesdeutschen Verhältnisse für nicht repräsentativ. Die durchschnittliche Transportentfernung sei größer, die Umlaufzahlen seien niedriger[93].

---

88 K. Mevissen, Mehrwegsysteme für Verpackungen, 1996, S. 119.

89 Schmitz / Oels / Tiedemann, Ökobilanz für Getränkeverpackungen, 1995, S. A18 ff.

90 Schmitz / Oels / Tiedemann, Ökobilanz für Getränkeverpackungen, 1995, S. B40 f.

91 Schmitz / Oels / Tiedemann, Ökobilanz für Getränkeverpackungen, 1995, S. B42.

92 Schmitz / Oels / Tiedemann, Ökobilanz für Getränkeverpackungen, 1995, S. B42.

Seltsam erscheint darüber hinaus, daß die „Ökobilanz für Getränkeverpackungen" und ihr folgend der Verordnungsgeber der VerpackV n.F. Schlauchbeutel-Verpackungen aus Polyethylen teilweise als ebenso ökologisch wie Mehrweg-Getränkeverpackungen einstufen, diese Gleichstellung aber auf pasteurisierte Konsummilch beschränken. Zwar wird nicht verkannt, daß die Umweltrelevanz einer Getränkeverpackung auch vom jeweiligen Füllgut abhängt. Andererseits erscheint doch fraglich, ob gerade und ausschließlich pasteurisierte Konsummilch einen derartig hohen Reinigungsaufwand erfordert, daß allein für dieses Produkt Schlauchbeutel-Verpackungen aus Polyethylen Mehrweg-Getränkeverpackungen ebenbürtig sind. Diese Zweifel sind umso gravierender, als sich der durchschnittliche Reinigungsaufwand in der Praxis nicht allein am jeweiligen Füllgut orientieren kann. Mehrweg-Systeme müssen nämlich in Rechnung stellen, daß gerade Mehrweg-Getränkeverpackungen teilweise zur Aufbewahrung anderer – giftiger oder jedenfalls reinigungsfeindlicher – Flüssigkeiten, wie z. B. Motorenöl, mißbraucht werden. Sie müssen dementsprechende Vorkehrungen – sei es durch einen allgemein erhöhten Reinigungsaufwand, sei es durch Aussortieren besonders verschmutzter Verpackungen – treffen, die die Umweltschädlichkeit auch von Mehrweg-Getränkeverpackungen in der Praxis erhöhen.

Darüber hinaus ist die „Ökobilanz für Getränkeverpackungen" retrospektiv und untersucht nur die in einem Getränkebereich schon vorhandenen Verpackungen, während neue Verpackungsarten ignoriert werden.

Dies erscheint insbesondere im Hinblick auf die sog. PET-Flaschen bedenklich[94]. PET-Flaschen, die zunehmende Verbreitung finden, zeichnen sich durch bessere Materialeigenschaften, größere Verbraucherfreundlichkeit, höhere Umweltverträglichkeit, niedrigeren Energiebedarf und bessere Arbeitsbedingungen im Herstellungsbereich aus. PET verfügt unter allen Kunststoffen über die besten Gassperreigenschaften. Sauerstoff kann durch PET-Flaschen kaum eindringen, Kohlensäure umgekehrt kaum austreten. PET-Flaschen sind hygienisch unbedenklich und beeinträchtigen die Geschmacksqualität des Füllguts nicht. Für den Verbraucher erweist sich das niedrige Gewicht der sog. PET-Flaschen als wesentliche Erleichterung. Eine 1-l-Mehrweg-Flasche aus PET-Kunststoff wiegt nur 79 Gramm. Ein Getränkekasten mit PET-Flaschen ist damit bezogen auf einen mit Glasflaschen gefüllten um 7 Kilo leichter. PET-Flaschen sind trotz ihres geringen Gewichts stabil und elastisch; sie überstehen einen Sturz aus 3 m Höhe unbeschadet. Die Verletzungs- und Unfallgefahr ist sehr gering. Die Abfallbeseitigung ist problemlos. Mehrweg-PET-Flaschen ermöglichen bis zu 40 Umläufe. Sie können auf einen Bruchteil ihres ursprünglichen Volumens zusammengedrückt werden. Beim Verbrennen entsteht nur $C0_2$ und Wasser; bei einer Ablagerung auf Müll-

93 B. Franke, Die UBA-Ökobilanz-Studie für Milchverpackungen, 1993, S. 18 ff., zitiert nach I. Meinecke, Die deutsche Verpackungsverordnung und die mittelständische Verpakkungsindustrie, 1995, S. 92 m. Fußn. 101.

94 Vgl. auch Antwort der Bundesregierung, BT-Drs. 13/2116, S. 6 f.

deponien droht keine Beeinträchtigung des Grundwassers. Der Energieverbrauch ist sowohl bei der Herstellung der PET-Flaschen als auch bei deren Transport vergleichsweise gering. Die Arbeitsbedingungen für die Beschäftigten in der Flaschenproduktion sind angesichts des wesentlich geringeren Lärms und der deutlich erhöhten Sicherheit besser.

3. Die Bedeutung der Ökobilanz für Getränkeverpackungen

Die „Ökobilanz für Getränkeverpackungen" liefert zwar ein Instrumentarium zur ökologischen Abschätzung eines modellhaften Szenarios. Eine sachgerechte Abwägung der Vor- und Nachteile von Ein- und Mehrwegverpackungen darf sich aber zum einen nicht auf die ökologische Beurteilung eines modellhaft unterstellten Szenarios beschränken, sondern muß ihren Untersuchungen repräsentative Werte zugrunde legen. Zum anderen darf eine Ökobilanz keine Wertungen und Vereinbarungen vornehmen, sondern muß sich auf wissenschaftlich nachvollziehbare, objektivierbare Aussagen beschränken.

Gleichwohl kann die „Ökobilanz für Getränkeverpackungen" insgesamt einen Schritt in die richtige Richtung darstellen. Wenn – wie die Skizzierung der Umweltauswirkungen schon zeigte[95] und die „Ökobilanz für Getränkeverpackungen" nochmals bestätigte – zwischen Ein- und Mehrwegverpackungen in ökologischer Hinsicht nicht von vorneherein eine Präferenz für die eine oder andere Verpackungsart besteht[96], sondern die Modalitäten des jeweiligen Einzelfalls – insbesondere Transportentfernung und Umlaufzahl bei Mehrwegverpackungen – entscheidend sind, müssen dem auch die staatlichen Regelungen der Verpackungswirtschaft Rechnung tragen. Die VerpackV a.F. wie n.F. darf daher Mehrwegsysteme nicht pauschal bevorzugen und Einwegsysteme nicht pauschal benachteiligen. Ebensowenig dürfen rechtliche Regelungen nur an punktuelle Umweltauswirkungen der jeweiligen Verpackungsart anknüpfen. Erforderlich ist vielmehr eine Gesamtschau der ökologischen Aspekte einer bestimmten Verpackungsart in einer genau definierten Situation. Hierzu kann die „Ökobilanz für Getränkeverpackungen", wenn sie modifiziert und verfeinert wird, einen wichtigen Beitrag leisten.

---

95 Siehe hierzu oben im Text sub 3. Teil. B. II.

96 Ähnlich I. Meinecke, Die deutsche Verpackungsverordnung und die mittelständische Verpackungsindustrie, 1995, S. 92; J. Aulehner, BB-Beilage 3 zu Heft 12/1995, S. 1 ff., 2 f.

II. Ökobilanzen und Produktlinienanalysen als Anknüpfungspunkte für eine sachgerechte rechtliche Regelung des Verhältnisses von Ein- und Mehrwegverpackungen

Eine abgewogenere Beurteilung der Umweltverträglichkeit von Ein- und Mehrwegsystemen ist auf der Grundlage von Ökobilanzen und Produktlinienanalysen möglich[97].

1. Ökobilanz und Produktlinienanalyse als Begriffe

Die Ökobilanz ist hierbei eine Beschreibung und Datensammlung aller Umweltauswirkungen einer Verpackung von der Herstellung über die Verteilung und den Gebrauch bis zur Entsorgung[98]. Bei der Produktlinienanalyse wird ebenfalls der gesamte Lebenszyklus eines Produkts von der Gewinnung der Rohstoffe über die Produktion und den Konsum bis hin zum Abfall und zur Entsorgung untersucht. Darüber hinaus finden bei der Produktlinienanalyse – anders als bei der Ökobilanz – auch gesellschaftliche und wirtschaftliche Aspekte Beachtung[99]. Statt von „Ökobilanz" wird teilweise auch von „Öko-" oder „Umweltprofil" gesprochen[100].

2. Bestand von Ökobilanzen und Produktlinienanalysen

Das Institut für ökologische Wirtschaftsforschung (IÖW) stellte fest, daß Ökobilanzen und Produktlinienanalysen zumeist von privatwirtschaftlich arbeitenden Consultants im Auftrag von Unternehmen zur Unterstützung der jeweiligen Unternehmenspolitik erstellt und zumeist nicht veröffentlicht werden. Von den 120 dem IÖW trotzdem zur Verfügung stehenden Ökobilanzen und Produktlinienanalysen behandelten allein 48 Verpackungen. 13 beschäftigten sich allgemein mit dem Verpackungsproblem, 33 mit Eß- und Getränkeverpackungen und zwei mit den Verpackungen von Reinigungsmitteln[101]. Erste Versuche zur ökologischen Bilanzierung von Produkten wurden bereits in den siebziger Jahren unternommen[102].

---

97 Allgemein zum Stand und zur Problematik von Ökobilanzen vgl. K. Mevissen, Mehrwegsysteme für Verpackungen, 1996, S. 113 ff.; R. Weiland, in: Brenck / Rutkowsky u. a., Entsorgungslogistik, 1996, S. 261 ff., 284 ff.; I. Meinecke, Die deutsche Verpackungsverordnung und die mittelständische Verpackungsindustrie, 1995, S. 90 ff.; T. Konrad, Das Duale Entsorgungssystem als Streßfaktor für die Verpackungswirtschaft, 1994, S. 168 ff.

98 Vgl. dazu Schmitz / Oels / Tiedemann, Ökobilanz für Getränkeverpackungen, 1995, S. A1.

99 Siehe dazu z. B. F. Rubik, in: K. Westermann (Hrsg.), Verpackung aus nachwachsenden Rohstoffen, 1992, S. 57 ff., 57; Hulpke / Koch / Wagner (Hrsg.), Römpp Lexikon Umwelt, 1993, S. 506 f.

100 Vgl. z. B. B. Franke, in: EWI Gesellschaft für Europäische Wirtschaftsinformation mbH (Hrsg.), (Mehr) Wege aus der Verpackungskrise. Experten packen aus, o.J., S. 41 ff., 42.

101 F. Rubik, in: K. Westermann (Hrsg.), Verpackung aus nachwachsenden Rohstoffen, 1992, S. 57 ff., 58.

Veröffentlichungen zur ökologischen Bewertung von Verpackungssystemen lassen sich dabei in zwei Gruppen einteilen: Zur ersten Gruppe können Untersuchungen gezählt werden, die sich mit der ökologischen Analyse und Bewertung einzelner Packstoffe und Verpackungen befassen. Zu dieser Kategorie gehört insbesondere die viel beachtete, 1984 erstellte und 1991 aktualisierte Untersuchung im Auftrag des schweizerischen Bundesamtes für Umwelt, Wald und Landschaft (BUWAL). Der zweiten Gruppe sind Veröffentlichungen zuzuordnen, die alternative Verpackungssysteme für bestimmte Packgüter ökologisch bewerten[103]. Hierzu zählen insbesondere auch vergleichende Untersuchungen von Ein- und Mehrwegsystemen.

3. Begrenzte Verwertbarkeit vorhandener Ökobilanzen und Produktlinienanalysen

Gleichwohl kann auf diesen vorhandenen Bestand nur mit Einschränkungen aufgebaut werden. Zum einen sollen Ökobilanzen und Produktlinienanalysen nunmehr nicht allein die Entscheidungen eines Unternehmers vorbereiten und rechtfertigen, sondern werden als wichtiges Instrument zur Vorbereitung von Entscheidungen über umweltorientierte Aufgaben angesehen[104]. Zum anderen kommen die vorliegenden Ökobilanzen und Produktlinienanalysen wegen unterschiedlicher methodischer Ansätze, einer ungleichen Datenbasis und divergierender Bewertungsmethoden teilweise zu widersprüchlichen Ergebnissen[105].

Damit Ökobilanzen und Produktlinienanalysen diese neue Funktion erfüllen können, muß aus den heterogenen Vorgehensweisen der vergangenen 20 Jahre, in denen Ökobilanzen und Produktlinienanalysen überdies vorwiegend von Interessenverbänden der Verpackungs- oder der Lebensmittel- und Verbrauchsgüterindustrie in Auftrag gegeben wurden, durch neutrale Gutachter eine allgemein anerkannte Standardmethode entwickelt werden[106].

---

102 B. Franke, in: EWI Gesellschaft für Europäische Wirtschaftsinformation mbH (Hrsg.), (Mehr) Wege aus der Verpackungskrise. Experten packen aus, o.J., S. 41 ff., 43.

103 K. Mevissen, Mehrwegsysteme für Verpackungen, 1996, S. 119 f.

104 Antwort der Bundesregierung, BT-Drs. 12/4115, S. 11.

105 K. Mevissen, Mehrwegsysteme für Verpackungen, 1996, S. 113 ff.; B. Franke, in: EWI Gesellschaft für Europäische Wirtschaftsinformation mbH (Hrsg.), (Mehr) Wege aus der Verpackungskrise. Experten packen aus, o.J., S. 41 ff., 43 f.

106 F. Rubik, in: K. Westermann (Hrsg.), Verpackung aus nachwachsenden Rohstoffen, 1992, S. 57 ff., 59.

4. Methodische Vereinheitlichung von Ökobilanzen und Produktlinienanalysen

Ein Schritt in diese Richtung ist die – bereits erwähnte – Ökobilanz-Studie für Verpackungen in den Bereichen Frischmilch und Bier, die auf Veranlassung des Bundesministers für Umwelt, Naturschutz und Reaktorsicherheit von einer Arbeitsgemeinschaft von drei neutralen Forschungsinstituten – dem Fraunhofer-Institut für Lebensmitteltechnologie und Verpackung München, dem Institut für Energie und Umweltforschung Heidelberg und der Gesellschaft für Verpackungsmarktforschung Wiesbaden – für das Umweltbundesamt erstellt wurde[107]. Diese Ökobilanz-Studie ermöglicht es, die durch Produkte auf ihrem „Lebensweg" entstehenden Umweltbelastungen darzustellen und die damit verbundenen Auswirkungen solcher Umwelteinflüsse zu analysieren. Hierdurch können die unterschiedlichsten zur Herstellung von Verpackungen verwendeten Stoffe auf der gleichen Grundlage verglichen und bewertet werden.

Bei der Erstellung dieser Studie „Ökobilanzen" wurde dabei wie folgt vorgegangen: Nach einer ersten Phase der Methodenanalyse, in der durch Bestandsanalysen und Recherchen Methodenraster erarbeitet wurden, wurden diese in einer zweiten Phase diskutiert und abgeglichen[108]. Nach dieser Methodenfestlegung erfolgte in einer dritten Phase eine Basisdatenerhebung über die Grundstoffe Papier, Glas, Kunststoff, Aluminium und Weißblech sowie über den Verbrauch und die Umweltbelastung durch benötigte Energie, Rohstoffe und den Transport. In einer vierten Phase wurden Basisdaten über die Produkte im Hinblick auf Herstellung, Distribution, Nutzung, Entsorgung und bzgl. des Verbrauchs und der Umweltbelastung durch Energie, Grundstoffe und Transport erhoben. Erst in einer fünften Phase wurden Herstellung, Distribution, Nutzung und Entsorgung verschiedener Produkte bewertet[109].

Schmitz / Oels / Tiedemann[110] unterscheiden in Anlehnung an eine auch vom DIN Deutsches Institut für Normung e.V. empfohlene Differenzierung zwischen Bilanzierungsziel, Sach- und Wirkungsbilanz sowie Bilanzbewertung[111]. Das Bilanzierungsziel als erster Schritt enthält dabei eine detaillierte Beschreibung von Gegenstand und Ziel der Untersuchung. Auch Ökobilanzen können nicht sämtliche stofflich-energetischen Flüsse einer Verpackung von der Entstehung bis zur Entsor-

---

107 Vgl. zum Zustandekommen des Forschungsvorhabens „Ökobilanzen für Verpackungen" Schmitz / Oels / Tiedemann, Ökobilanz für Getränkeverpackungen, 1995, S. A3 f.

108 Zu den hierbei auftretenden Zweifelsfragen vgl. B. Franke, in: EWI Gesellschaft für Europäische Wirtschaftsinformation mbH (Hrsg.), (Mehr) Wege aus der Verpackungskrise. Experten packen aus, o.J., S. 41 ff., 45 ff.

109 Vgl. hierzu B. Franke, in: EWI Gesellschaft für Europäische Wirtschaftsinformation mbH (Hrsg.), (Mehr) Wege aus der Verpackungskrise. Experten packen aus, o.J., S. 41 ff., 44 f., 51.

110 Schmitz / Oels / Tiedemann, Ökobilanz für Getränkeverpackungen, 1995, S. A1 f.

111 Vgl. dazu auch z. B. K. Mevissen, Mehrwegsysteme für Verpackungen, 1996, S. 114 f.

gung verfolgen. Dies würde zu ebenso unendlichen wie heterogenen Bilanzierung führen. Erforderlich ist daher eine Abgrenzung der Untersuchung zum Zweck der Komplexitätsreduktion und eine Festlegung des Bilanzraums.

Die daran anschließende Sachbilanz dient einer Bestandsaufnahme der umweltrelevanten Stoff- und Energieströme sowie der flächennutzungsbezogenen Umwelteinflüsse über den gesamten Lebensweg des Untersuchungsgegenstandes. Hierzu wird der Lebensweg der Verpackung in Produktions-, Distributions-, Gebrauchs- und Entsorgungsphase gegliedert, wobei diese in nicht weiter zerlegbare Module aufgegliedert werden. Dies ermöglicht eine Kombination unterschiedlicher Lebenswege einer Verpackung. Dabei werden häufig nicht nur solche Phasen und Stoffströme aus der Ökobilanz ausgeschlossen, die ökologisch nicht signifikant erscheinen, sondern auch solche, für die Daten nicht vorhanden bzw. schwer beschaffbar sind.

In der Wirkungsbilanz erfolgt dann eine Aggregation der in der Sachbilanz erhobenen Daten anhand ihrer potentiellen Wirkungen auf verschiedene Umweltbereiche. Dabei werden Aussagen über die Umweltwirkungen der registrierten Stoff- und Energieströme, namentlich über deren Klimarelevanz, Human- und Ökotoxität, Auswirkungen auf die Ozonschicht und Ressourcenbeanspruchung getroffen. Dabei können die Umweltmedien Boden, Wasser und Luft nicht isoliert betrachtet werden, sondern stehen zueinander in kaum überschaubaren Wechselverhältnissen.

Die in den verschiedenen Umweltbereichen ermittelten potentiellen Wirkungen untereinander werden schließlich in der Bilanzbewertung als letztem Schritt verglichen. Die Ergebnisse der Sach- und Wirkungsbilanz werden dadurch in eine Gesamtbewertung transformiert, um hieraus Gestaltungsempfehlungen abzuleiten. Für die Bewertung wurden zwar unterschiedliche Vorgehensweisen entwickelt. Es gibt aber derzeit kein wissenschaftlich objektives Verfahren für die Aggregation unterschiedlicher ökologischer Indikatoren zu einer Gesamtbelastung[112].

5. Handlungsbedarf für den Gesetz- und Verordnungsgeber

Gesetz- und Verordnungsgeber insbesondere des AbfG bzw. KrW-/AbfG und der VerpackV dürfen diese Fortentwicklung der ökologischen Methoden und Einschätzungen nicht ignorieren. Sie müssen vielmehr sowohl durch eine Änderung prozeduraler als auch materiell-rechtlicher Normen hierauf reagieren.

In prozeduraler Hinsicht muß die gefundene Methode zur Erstellung von Ökobilanzen bzw. Produktlinienanalysen normativ festgeschrieben werden. Andernfalls besteht die Gefahr, daß Ökobilanzen und Produktlinienanalysen kontraproduktiv wirken und nicht zu einer gesteigerten Transparenz der ökologischen Vor- und Nachteile, sondern vielmehr zu deren Verschleierung führen. Ökobilanzen und

---

112 K. Mevissen, Mehrwegsysteme für Verpackungen, 1996, S. 113 ff.

Produktlinienanalysen werden ohne die für Steuer- und Handelsbilanzen selbstverständlichen rechtlichen Mindestvorschriften von den jeweiligen Auftraggebern instrumentalisiert und schließlich – wie in den siebziger Jahren die Sozialbilanzen – zur Bedeutungslosigkeit degradiert werden. Die teilweise einseitige und unreflektierte Rezeption der „Ökobilanz für Getränkeverpackungen"[113] in der Öffentlichkeit muß jedenfalls als erstes Anzeichen eines derartigen Fehlverständnisses betrachtet werden.

Erforderlich wäre daher neben dem Aufbau einer Literaturdatenbank, die schon erstellte Ökobilanzen und Produktlinienanalysen nachweist, und dem Aufbau einer ökologischen Produktstatistik, die als Grundlage für neue Ökobilanzen und Produktlinienanalysen unentbehrlich ist, die Erarbeitung eines ökologischen Bilanzierungsgesetzes[114].

In materiell-rechtlicher Hinsicht muß die Präferenz der VerpackV für Mehrwegsysteme und die gleichzeitige Benachteiligung von Einwegsystemen – insbesondere Getränkekartonverpackungen – mindestens überprüft und im Ergebnis – soweit dies aus juristischer Sicht beurteilt werden kann – aufgehoben und durch eine andere Regelung ersetzt werden.

D. Zwischenergebnis

Einwegverpackungen dürfen nicht pauschal als umweltfeindlich, Mehrwegverpackungen hingegen nicht ausnahmslos als ökologisch wertvoller oder nützlicher eingestuft werden. Entscheidend ist vielmehr die Situation im jeweiligen Einzelfall, insbesondere die Umlaufzahlen von Mehrwegverpackungen und die jeweiligen Transportentfernungen.

Die „Ökobilanz für Getränkeverpackungen" markiert zwar einerseits einen Schritt in die richtige Richtung, ruft aber andererseits auch vielfältige Bedenken hervor. Ihre ökologischen Qualifizierungen fußen auf modellhaften Annahmen, deren Übereinstimmung mit der Realität der Überprüfung bedarf. Die von der Öffentlichkeit zumeist allein rezipierten Endergebnisse beruhen überdies auf wissenschaftlich-technisch nicht zwingenden, nicht objektivierbaren, teilweise im Wege der Vereinbarung gefundenen Wertungen. Trotz dieser insgesamt eher mehrwegfreundlichen Ausgestaltung der „Ökobilanz für Getränkeverpackungen" muß schon nach deren Ergebnissen die der VerpackV a.F. und n.F. zugrunde liegende Präferenz für Mehrwegverpackungen relativiert werden. Auch nach dem Szenario, auf dem die „Ökobilanz für Getränkeverpackungen" basiert, sind nämlich im Frischmilchsektor PE-Schlauchbeutel durchweg mindestens ebenso bzw. umweltfreundlicher als Mehrwegverpackungen.

---

113 Schmitz / Oels / Tiedemann, Ökobilanz für Getränkeverpackungen, 1995.

114 F. Rubik, in: K. Westermann (Hrsg.), Verpackung aus nachwachsenden Rohstoffen, 1992, S. 57 ff., 59 f.

Gesetz- und Verordnungsgeber sind daher aufgerufen, ihre Mehrwegpräferenz aufzugeben und ihren rechtlichen Regelungen die ökologischen Auswirkungen von Verpackungen in den jeweiligen Fallkonstellationen zugrunde zu legen. Ökobilanzen und Produktlinienanalysen ermöglichen die hierfür erforderliche situative Beurteilung. Die „Ökobilanz für Getränkeverpackungen" erweist sich insofern auch als Schritt in die richtige Richtung. Für ihre Erstellung sind daher rechtliche Mindestvorschriften zu erarbeiten.

Die einseitige Benachteiligung von Einwegverpackungen durch die Mehrwegquoten der VerpackV a.F. wie n.F. ist im Hinblick auf die heute differenziertere Einschätzung der ökologischen Auswirkungen von Ein- und Mehrwegverpackungen jedenfalls zu überprüfen und – im Ergebnis – aufzuheben[115].

---

115 Ähnlich Antwort der Bundesregierung, BT-Drs. 13/2116, S. 3; Dicke/Neu, Nationale Umweltpolitik im Konflikt mit dem Europäischen Binnenmarkt?, 1996, S. 74 ff.

Vierter Teil

Ökonomische Aspekte von Mehrwegquoten, Zwangspfand, Umweltlizenzen und Umweltabgaben

Neben den den Mehrwegquoten der VerpackV a.F. wie n.F. zugrunde liegenden ökologischen Einschätzungen, die sich bereits als fehlerhaft erwiesen haben, erscheinen die Mehrwegquoten und das an sie anknüpfende Zwangspfand auch in ökonomischer Hinsicht nicht weniger bedenklich. Diese Einschätzung gilt auch für Umweltlizenzen; aus ökonomischer Sicht am ehesten erträglich werden sich Umweltabgaben erweisen.

A. Die Mehrwegquoten

Die in der VerpackV a.F. und n.F. vorgenommenen Quotierungen – sowohl die Erfassungs-, Sortier- und Verwertungsquoten als auch die Mehrwegquoten – führen zu wirtschaftswissenschaftlich unerwünschten nichttarifären Handelshemmnissen. Die Mehrwegquoten stellen überdies im Verhältnis zu den Erfassungs-, Sortier- und Verwertungsquoten einen Systembruch innerhalb der VerpackV a.F. und n.F. dar[1].

I. Wirkungsweise von Quoten und Quotierungsmodelle

Eine wirtschaftswissenschaftliche und juristische Bewertung der Mehrwegquoten ist erst möglich, wenn die unterschiedlichen Quotierungsmodelle erörtert und die Wirkungsweisen von Quoten erläutert sind.

1. Die Mehrwegquoten der VerpackV im Spektrum der Quotierungsmodelle

In den Wirtschafts- und Rechtswissenschaften werden Quotenregelungen, die es keineswegs nur in der VerpackV a.F. bzw. n.F. gibt, nach unterschiedlichen Krite-

---

1 Vgl. zum folgenden bereits J. Aulehner, BB-Beilage 3 zu Heft 12 / 1995, S. 1 ff., 4 ff. Allgemein zu den ökonomischen Aspekten der VerpackV K. Becker-Schwarze, Steuerungsmöglichkeiten des Kartellrechts bei umweltschützenden Unternehmenskooperationen, 1997, S. 108 ff.

rien in mehrere Quotenmodelle eingeteilt[2]. Dabei sind die Erfassungs-, Sortier- und Verwertungsquoten der VerpackV einerseits und die Mehrwegquoten andererseits vielfach in konträre Gruppen einzustufen. Die Divergenz dieser beiden Quotierungen ergibt sich dabei auch, aber nicht nur aus der VerpackV a.F. / n.F. Eine entscheidende Diskrepanz besteht vielmehr beim Vollzug der beiden Quotierungen: Während für den Fall einer Nichteinhaltung der Erfassungs-, Sortier- und Verwertungsquoten bereits frühzeitig eine kooperative Lösung angekündigt wurde[3] und die Höhe der Quoten reduziert werden soll, werden die Mehrwegquoten stringent vollzogen und keinesfalls gelockert, sondern allenfalls verschärft werden. Die in § 9 II 1 VerpackV n.F. vorgesehene Verlängerung des Referenzzeitraums und der gemäß § 9 II 2 VerpackV n.F. erforderliche Widerruf stehen dieser Einschätzung nicht entgegen, zumal es sich hierbei nur um Verfahrenserleichterungen, nicht aber um eine inhaltliche Modifikation handelt.

a) Rechtliche Bindungswirkung

Sowohl die Erfassungs-, Sortier- und Verwertungsquoten als auch die Mehrwegquoten der VerpackV a.F. / n.F. nehmen in der Intensität der denkbaren rechtlichen Bindung von Quoten eine Mittelstellung ein. Es handelt sich bei beiden weder um unverbindliche Absichtserklärungen noch um imperative Quotierungen.

Als unverbindliche Absichtserklärungen können weder die Erfassungs-, Sortier- und Verwertungsquoten noch die Mehrwegquoten qualifiziert werden, da an beide Sanktionen anknüpfen. Bei Nichteinhaltung der Erfassungs-, Sortier- und Verwertungsquoten entfällt die durch die Beteiligung an der Duales System Deutschland AG vermittelte Freistellung und die Rücknahme- und Verwertungspflichten der Hersteller und Vertreiber von Verkaufsverpackungen leben wieder auf (§ 6 I, Ia, II, III VerpackV a.F. bzw. § 6 I, II, III VerpackV n.F.). Werden die Mehrwegquoten der VerpackV unterschritten, unterfallen Einweg-Getränkeverpackungen auch dann einem Zwangspfand, wenn im Einzugsgebiet des letzten Vertreibers ein System i. S. d. § 6 III VerpackV a.F. / n.F. eingerichtet ist (§§ 7, 9 I, II VerpackV a.F. bzw. § 8 I, 9 I, II VerpackV n.F.).

Umgekehrt sind weder die Erfassungs-, Sortier- und Verwertungsquoten noch die Mehrwegquoten als imperative Quotierungen zu qualifizieren. Die Einlösung dieser beiden in der VerpackV a.F. / n.F. vorgesehenen Quotierungen kann nämlich nicht durch hoheitliche Befehls- und Zwangsgewalt durchgesetzt werden. Vielmehr kann zwischen der Einhaltung der Erfassungs-, Sortier- und Verwertungsquoten und den Rücknahme- und Verwertungspflichten ebenso gewählt werden wie

---

2 Zu den folgenden Kriterien und den daran anknüpfenden Differenzierungen vgl. z. B. U. Bumke, Der Staat 32 (1993), 117 (123 m. Fußn. 35); A. Kruse, DÖV 1991, 1002 (1003); Pfarr / Fuchsloch, NJW 1988, 2201 (2201 f.); W. Schmitt Glaeser, Abbau des tatsächlichen Gleichberechtigungsdefizits der Frauen durch gesetzliche Quotenregelungen, 1982, S. 9, 17.

3 A. U. Römer, ZfU 1994, 75 (92).

zwischen der Erfüllung der Mehrwegquoten und der Erhebung des Zwangspfandes auf Einweg-Getränkeverpackungen.

Beide in der VerpackV a.F. bzw. n.F. bestimmten Quotierungen – sowohl die Erfassungs-, Sortier- und Verwertungsquoten als auch die Mehrwegquoten – verkörpern influenzierende Quoten. Influenzierende Quoten zeichnen sich durch eine indirekte Verbindung der Quotierung mit Anreizen aus. Die Einhaltung der Erfassungs-, Sortier- und Verwertungsquoten entbindet – wie bereits angedeutet – die Hersteller und Vertreiber von Verkaufsverpackungen von den Rücknahme- und Verwertungspflichten; die Verwirklichung der Mehrwegquoten führt zur Freistellung vom Zwangspfand für Einweg-Getränkeverpackungen.

b) Verfahren zur Umsetzung der Quotierung

Neben ihrer rechtlichen Verbindlichkeit können Quotierungen auch danach unterschieden werden, in welcher Weise die jeweils festgelegte Quotenverteilung realisiert werden soll. Diese Differenzierung gewinnt hier besondere Bedeutung, da die Erfassungs-, Sortier- und Verwertungsquoten einerseits und die Mehrwegquoten der VerpackV andererseits ein unterschiedliches Vorgehen bei der Umsetzung der Quotierung vorsehen.

Die Erfassungs-, Sortier- und Verwertungsquoten sind als Ergebnisquoten oder Zielvorgaben zu qualifizieren. Sie legen fest, welche Anteile gebrauchter Verpackungen durch ein System i. S. d. § 6 III VerpackV a.F. / n.F. erfaßt, sortiert und verwertet werden müssen. Wie diese Relationen erreicht werden sollen, bleibt offen.

Die Mehrwegquoten der VerpackV a.F. bzw. n.F. stellen demgegenüber Entscheidungsquoten dar; sie bestimmen nämlich für den Fall ihrer Unterschreitung, wie – eben durch die Erhebung eines Zwangspfandes auch auf Einweg-Getränkeverpackungen – die in der VerpackV a.F. / n.F. festgesetzte Verteilung der Marktanteile zwischen Einweg- und Mehrweg-Getränkeverpackungen (wieder)hergestellt werden soll. Die Erfassungs-, Sortier- und Verwertungsquoten hingegen entfallen bei einer Unterschreitung und werden durch die Rücknahme- und Verwertungspflichten der Hersteller und Vertreiber von Verkaufsverpackungen ersetzt.

c) Absolute oder relative Quotierung

Quotierungen können relativ oder absolut ausgestaltet sein. Im ersteren Fall steht die Quote mit anderen qualitativen Voraussetzungen in Verbindung; in letzterer Konstellation ist die Verteilung der Anteile unabhängig von weiteren Gesichtspunkten.

Die Erfassungs-, Sortier- und Verwertungsquoten einerseits und die Mehrwegquoten andererseits unterscheiden sich auch insoweit deutlich. Erstere stellen relative, letztere hingegen absolute Quoten dar.

Die Erfassungs-, Sortier- und Verwertungsquoten sind relativ und stehen mit weiteren Zielen in Verbindung. Sie sind darauf gerichtet, einen möglichst hohen Anteil gebrauchter Verkaufsverpackungen der stofflichen Verwertung zuzuführen und unterscheiden zwischen den einzelnen Verpackungsmaterialien.

Die Mehrwegquoten sind demgegenüber absolut in dem Sinne, daß sie mit der Einhaltung des vorgegebenen Zahlenverhältnisses erfüllt sind. Sie knüpfen an keine weiteren Voraussetzungen an.

Die Erfassungs-, Sortier- und Verwertungsquoten der VerpackV a.F. bzw. n.F. sind daher als Konnex-, die Mehrwegquoten hingegen als Separatquotierungen zu bezeichnen.

d) Bezugsgröße zur Bestimmung der Quoten

Auch hinsichtlich der Bezugsgröße, nach der die jeweils festgelegten Anteile zu bestimmen sind, divergieren die Erfassungs-, Sortier- und Verwertungsquoten einerseits und die Mehrwegquoten andererseits. Die Mehrwegquoten beziehen sich auf verschiedene Bezugsgrößen.

Sowohl die Erfassungs-, Sortier- und Verwertungsquoten als auch die Mehrwegquoten betreffen zwar das Einzugsgebiet des Herstellers und Vertreibers von Verpackungen (§§ 6 III, 9 II 1 VerpackV a.F. / n.F.); die Mehrwegquote beschränkt sich aber nicht hierauf, sondern bezieht überdies auch das Bundesgebiet als Bezugsgröße mit ein (§ 9 II 1 VerpackV a.F. bzw. n.F.).

2. Wirkungsweise von Quoten

Die Mehrwegquoten stellen wie alle Quotierungen als mengenmäßige Beschränkungen ein wirtschaftswissenschaftlich unerwünschtes nichttarifäres Handelshemmnis dar und bewirken – durch Diskriminierung und Privilegierung – eine Differenzierung im einheitlichen Markt der Getränkeverpackungen.

a) Mehrwegquoten als Mengenbeschränkungen

Mengenmäßige Beschränkungen werden aus wirtschaftswissenschaftlicher Perspektive generell für nicht sinnvoll gehalten. Als nichttarifäre Handelshemmnisse sind Mengenbeschränkungen intransparent; sie sind schwer erkenn-, quantifizier- und regelbar, wirken diskriminierend, erfordern einen hohen Verwaltungsaufwand und führen zur Bilateralisierung. Sie verschaffen den Begünstigten Wettbewerbsvorteile außerhalb des Marktes und erschweren die Antwort der Marktteilnehmer. Mengenmäßige Beschränkungen lassen grundsätzlich nur eine Produktionseinschränkung als Reaktion der Betroffenen zu. Die Mehrwegquoten stellen hierbei zwar insofern eine Ausnahme dar, als bei ihnen noch eine, wenn auch – im Hinblick auf die hierdurch rapide sinkende Rentabilität und Akzeptanz beim Handel und Endverbraucher – nur scheinbare Alternative besteht: die Fortsetzung von Herstellung und Vertrieb von Einweg-Getränkeverpackungen unter Pfanderhebung. Insgesamt wirken die Mehrwegquoten aber wie alle mengenmäßigen Beschränkungen, wenn auch in eingeschränktem Maße, protektionistisch.

Diese Ablehnung von Quotierungen bedarf der näheren Erläuterung: Quoten steuern im Gegensatz zu tarifären Instrumenten die Wirtschaft nicht über den Preis. Dies hat kaum überschätzbare Folgewirkungen und führt quasi zu einer Externalisierung statt der beabsichtigten Internalisierung[4]. Für den von der Quotierung betroffenen Marktbereich verliert der Preis seine umfassende Steuerungs- und Ausgleichsfunktion. Die Quoten führen zur Herausbildung eines durch Sonderbedingungen gekennzeichneten Teilmarktes, der sich zunehmend vom übrigen Marktgeschehen entfernt. Die staatliche Festsetzung von Quoten ist dabei ein nur scheinbar singulärer Akt; tatsächlich entwickelt er eine Eigendynamik, die zur Auflösung des vordem einheitlichen und durch Preise gesteuerten Marktes führt.

Die Einhaltung der Quoten ist nämlich nur möglich, wenn sie auf die einzelnen Interessenten aufgeteilt werden. Dies kann entweder einvernehmlich zwischen den Marktteilnehmern oder durch staatlichen Eingriff geschehen. Im letzteren Fall liegt bereits eine weitere staatliche Maßnahme vor. Zudem wird mit der Konzessionierung eine neue Stufe der staatlichen Einwirkung auf die Wirtschaft erreicht. Im Zuge dieser Entwicklung kann sogar das bloße Innehaben einer Konzession selbst preislich ausgedrückt werden.

Auch im ersteren Fall hat sich der Markt, wenn auch weniger offensichtlich, ebenso deutlich verändert. Während der Preis vor der Quotierung den Markt insgesamt, alle tatsächlichen und potentiellen Marktteilnehmer, koordinierte, tritt nunmehr eine zunehmende Bilateralisierung ein. Eine einvernehmliche Verständigung über Kontingente ist nämlich nur zwischen einer begrenzten Anzahl von Partnern möglich.

Diese Eigendynamik von Quotierungen wird durch die Reaktionen der von der Quote betroffenen Marktteilnehmer zusätzlich verschärft: Die Verlagerung der wirtschaftlichen Betätigung in von der Quote nicht erfaßte Bereiche erfordert neue und detailliertere staatliche Regelungen[5].

Tarifäre Instrumente – z. B. Abgaben – steuern demgegenüber durch eine nur beschränkte Einwirkung auf den Markt und lassen die Ausgleichsfunktion des Preises zwischen allen (auch nur potentiellen) Marktteilnehmern unberührt. Abga-

---

4 Vgl. dazu noch näher unten im Text sub 4. Teil. A. II. 3.

5 Ein markantes Beispiel für ein derartiges „Ausweichen" der Marktteilnehmer entwikkelte sich aus der Definition der Getränke in § 1 II der – mittlerweile gemäß § 14 VerpackV a.F. außer Kraft getretenen – Verordnung über die Rücknahme und Pfanderhebung von Getränkeverpackungen aus Kunststoffen vom 20. 12. 1988 (BGBl. I S. 2455). Da Milch in dieser Definition nicht genannt war, versuchten die Abfüller von Fruchtsäften den Rücknahme- und Pfanderhebungspflichten durch den Zusatz von Milchprodukten – Molke in „Multivitamin-Drink" – zu entgehen (Hösel / v.Lersner, Recht der Abfallbeseitigung. Kommentar, Stand: Juni 1994, Kz. 1240 Rdnr. 52).

ben als tarifäre Handelshemmnisse ermöglichen eine Vielzahl von Reaktionen: Neben der Produktionseinstellung sind eine Kostenüberwälzung, eine Gewinnreduzierung und Zwischenformen denkbar. Tarifäre Instrumente sind daher aus wirtschaftswissenschaftlicher Sicht mengenmäßigen Beschränkungen vorzuziehen, obwohl die Bestimmung der angemessenen Höhe z. B. einer Abgabe nur schwer möglich ist. Tarifäre Instrumente haben nämlich gleichwohl den Vorteil, daß sie nur die Vorgaben des Marktmechanismus, nicht aber – im Gegensatz zu nichttarifären Einwirkungen – den Marktmechanismus als solchen beeinträchtigen[6].

b) Die ambivalenten – diskriminierenden und privilegierenden – Wirkungen der Mehrwegquoten

Die mit Quotierungen verbundene Zuweisung von Prozentanteilen wirkt insofern ambivalent, als sie einerseits privilegiert, andererseits aber diskriminiert.

Bezogen auf die Mehrwegquoten bedeutet dies, daß zum einen Mehrweg-Getränkeverpackungen bevorzugt, Einweg-Getränkeverpackungen aber benachteiligt werden. Diese per se bereits bedenkliche und – wie sich gezeigt hat[7] – ökologisch unbegründete Ungleichbehandlung der Einweg-Getränkeverpackungen wird durch eine noch weitergehende und noch weniger begründete oder verständliche Differenzierung verschärft. Die Mehrwegquoten der VerpackV a.F. / n.F. bewirken nämlich auch innerhalb der Einweg-Getränkeverpackungen einen tiefen, durch nichts zu rechtfertigenden Bruch: Einweg-Getränkeverpackungen können nämlich solange sanktionslos produziert und vertrieben werden, als die festgesetzte Mehrwegquote eingehalten bleibt. Wird diese aus welchen Gründen auch immer – wegen einer ungleichmäßigen Stagnation des Getränkemarktes z. B. – unterschritten, tritt die Sanktion für alle und jede Einweg-Getränkeverpackung unabhängig davon ein, ob der jeweilige Hersteller bzw. Vertreiber seine Produktion bzw. seinen Vertrieb von Einweg-Getränkeverpackungen konstant gehalten, gesteigert oder gar reduziert hat oder die jeweilige Einweg-Getränkeverpackung bereits vor Unterschreiten der Mehrwegquote hergestellt war.

II. Die Mehrwegquoten – ein Fremdkörper im System der VerpackV a.F. und n.F.

Die Mehrwegquoten sind – wie sich bereits bei der Zuordnung zu den Quotierungsmodellen angedeutet hatte[8] – im Kontext der VerpackV a.F. / n.F. systemwidrig. Ziel der VerpackV a.F. bzw. n.F. ist es, durch eine Internalisierung und Moneta-

6 Vgl. auch A. U. Römer, ZfU 1994, 75 (94); R. Spies, in: Staatswissenschaften und Staatspraxis 5 (1994), 267 ff., 276.

7 Siehe hierzu bereits oben im Text sub 3. Teil. D.

8 Dazu bereits oben im Text sub 4. Teil. A. I. 1.

risierung der externen Kosten der Verpackungsentsorgung die Selbststeuerung der Wirtschaft zu initiieren. Hierauf sind sowohl die in der VerpackV erstrangig vorgesehenen Pflichten zur Rücknahme und Verwertung von Verpackungen als auch die für die Freistellung hiervon erforderliche zweitrangige bloße Obliegenheit zur Beteiligung an einem System i. S. d. § 6 III VerpackV a.F. / n.F. gerichtet[9].

1. Steuerung der Wirtschaft durch den Markt

Die Marktwirtschaft beruht prinzipiell auf dem Bestreben jedes einzelnen, sein persönliches Wohlergehen im Rahmen der Möglichkeiten zu steigern. Auf dieser Grundlage entwickelt sich ein als Pareto-Optimum bezeichneter Zustand, in dem kein Individuum besser gestellt werden kann, ohne daß ein anderes Individuum schlechter gestellt wird[10].

Das sich so einstellende Pareto-Optimum ist allerdings nicht ohne weiteres auch gesamtgesellschaftlich optimal. Hierfür wäre vielmehr u. a. erforderlich, daß die von den Haushalten und Unternehmen in ihrem Optimierungskalkül jeweils zugrunde gelegten Preise, Kosten und Nutzen den gesellschaftlichen Preisen, Kosten und Nutzen der jeweiligen Güter entsprechen. Nur wenn soziale und individuelle Kosten und Nutzen übereinstimmen, führt eine ausschließlich marktwirtschaftlich organisierte Wirtschaft, in der jedes Wirtschaftssubjekt sein eigenes Interesse verfolgt, ohne sich um die Interessen der anderen zu kümmern, zu einem gesamtgesellschaftlichen Optimum. Zusätzlich darf jedes Konsumgut ausschließlich den Nutzen desjenigen Haushalts, der dieses Gut konsumiert, beeinflussen; die Produktion eines bestimmten Gutes darf tatsächlich nur Auswirkungen auf das es produzierende Unternehmen haben.

2. Externe Kosten im Fall des Verpackungsmülls

Diese idealen Bedingungen für eine rein privatwirtschaftlich organisierte Verwirklichung des gesamtgesellschaftlichen Optimums sind in der Realität nur selten gegeben. Im Fall des hier interessierenden Verpackungsmülls entstehen solche externen Effekte vor allem dadurch, daß Verpackungen Müll werden und die Umwelt beeinträchtigen. Die Entsorgung dieses Verpackungsmülls verursacht damit externe Kosten, die weder in das Gewinnmaximierungskalkül der Verpackungshersteller und Vertreiber noch in das Nutzenmaximierungskalkül der Haushalte, die verpackte Konsumgüter nachfragen und die Verpackungen dann dem Hausmüll übergeben, eingehen. Daß diese externen Kosten die Produktions- und Konsum-

---

9 So bereits wie hier und ausführlicher Scholz / Aulehner, BB 1993, 2250 (2251) sowie A. Finckh, Regulierte Selbstregulierung im Dualen System, 1998, insb. S. 31 ff., 52, 355 ff., 389 ff.; S. M. Hirschfeld, Staatlich initiierte Monopole und Verfassungsrecht – das Beispiel Verpackungsordnung, 1997, S. 25 f., 43 ff.

10 Z. B. Henderson / Quandt, Mikroökonomische Theorie, 3. Aufl. 1973, S. 235.

möglichkeiten der Gesellschaft insgesamt und damit auch jedes einzelnen Gesellschaftsmitglieds beeinträchtigen, wird wirtschaftlich negiert, da diese Kosten nicht marktrelevant werden.

Externe Kosten sind hierbei nicht nur die unmittelbaren Aufwendungen für die Errichtung und den Betrieb von Entsorgungsanlagen. Miteinzubeziehen sind vielmehr die ökologischen Folgekosten, in denen sich die durch die Abfallentsorgung verursachten Umweltbelastungen widerspiegeln, und die zunehmende Knappheit der Entsorgungskapazitäten[11], zumal heute nahezu jede Abfallbeseitigungsplanung zu massiven Widerständen bei den davon betroffenen Bürgern führt[12].

3. Internalisierung externer Kosten durch die VerpackV a.F. und n.F. im Wege der Selbststeuerung

Die Wirtschaft reagiert auf die angeführten externen Kosten nur, wenn sie in das System Wirtschaft internalisiert werden. Hierzu müssen sich die ökologischen Vor- und Nachteile der unterschiedlichen Verpackungen preislich auswirken. Solange Umweltmedien nicht monetarisiert sind, gehen sie nicht als Produktionsfaktoren in die Kalkulation der Betriebe ein und werden daher übermäßig verbraucht[13].

Die Übersetzung der ökologischen Auswirkungen verschiedener Verpackungen in Preise ist dem Staat kaum möglich. Der Staat müßte hierzu wissen und bestimmen, welche Zahlungserwartungen für die Entsorgung einer gebrauchten Verpakkung angemessen sind[14]. Dieses Problem stellt sich unabhängig davon, ob der Preis die genaue Höhe der anfallenden externen Kosten widerspiegeln soll[15] oder ob eine politisch festgelegte möglichst effiziente Umwelterhaltung genügt[16].

Die Notwendigkeit, den Preis für die Entsorgung jeder gebrauchten Verpackung selbst zu bestimmen, vermeidet der Verordnungsgeber der VerpackV a.F. bzw. n.F. deshalb, indem er die Wirtschaft zwingt, diesen selbst zu ermitteln. Mit der Rück-

---

11 P. Michaelis, Ökonomische Aspekte der Abfallgesetzgebung, 1993, S. 8ff. – Die Knappheit der Entsorgungskapazitäten stellt dabei allerdings nur bei der öffentlichen Abfallentsorgung einen externen Effekt dar; Privatrechtssubjekte, die über Entsorgungskapazitäten verfügen, werden deren Begrenztheit in ihre Kostenkalkulation einstellen.

12 A. U. Römer, ZfU 1994, 75 (77 f.); Müller / Holst, Raumordnung und Abfallbeseitigung, 1987, S. 185.

13 A. Endres, Umwelt- und Ressourcenökonomie, 1985, S. 26. Ausführlich A. Finckh, Regulierte Selbstregulierung im Dualen System, 1998, insb. S. 74 ff., 121 ff.; K. Becker-Schwarze, Steuerungsmöglichkeiten des Kartellrechts bei umweltschützenden Unternehmenskooperationen, 1997, S. 7 ff.

14 Zu den nur schwer einschätzbaren Umwelt-Kosten vgl. z. B. K.-H. Hansmeyer, ZfU 1987, 251 (253 f.).

15 Vgl. dazu den sog. Pigou-Steuer-Ansatz bei der Festlegung der Höhe von Umweltabgaben.

16 Siehe hierzu den sog. Standard-Preis-Ansatz bei Umweltabgaben.

nahme gebrauchter Verpackungen veranlaßt der Staat die Wirtschaft ebenso wie im Fall der Beteiligung an einem System i. S. d. § 6 III VerpackV a.F. / n.F. zur Internalisierung der externen Kosten für die Entsorgung gebrauchter Verpackungen[17]. Im letzteren Fall werden die Entsorgungskosten unmittelbar monetarisiert: Sie ergeben sich aus den an die Duales System Deutschland AG zu entrichtenden Mitgliedsbeiträgen und Nutzungsentgelten[18]. Im ersteren Fall erfolgt die Internalisierung in der Praxis mittelbar, weil der Hersteller oder Vertreiber von Verpackungen einen Dritten mit der Entsorgung beauftragt und hierfür bezahlen muß. Nach den durch die VerpackV a.F. bzw. n.F. begründeten Rücknahmepflichten werden die Entsorgungskosten in dieser Konstellation theoretisch sogar ohne pekuniäre Vermittlung in den Nutzenkreis des Verpackungsherstellers bzw. -vertreibers rücktransferiert[19].

Auf unterschiedliche Preise für die Entsorgung verschiedener verbrauchter Verpackungen kann die Wirtschaft durch die Wahl der jeweils effektivsten Verpackung reagieren. Die VerpackV initiiert somit und insoweit die Selbststeuerung der Wirtschaft.

Zwar wirkt sich das für die sowohl im Rahmen des Pigou-Steuer-Ansatzes als auch bei einem Vorgehen nach dem Standard-Preis-Ansatz entstehenden Probleme ursächliche Informationsdefizit auch auf die von der VerpackV a.F. und n.F. verfolgte Internalisierung externer Kosten durch Rücknahme- und Verwertungspflichten. Die VerpackV a.F. und n.F. vermeidet so zwar die Festlegung des für die Verpakkungsentsorgung adäquaten Preises; die Bestimmung der geeigneten Erfassungs-, Sortier- und Verwertungsquoten führt aber zu ganz ähnlichen Schwierigkeiten. Diese machen bei der VerpackV n.F. eine Korrektur auch der derzeit festgelegten Erfassungs-, Sortier- und Verwertungsquoten erforderlich (Anh. 1. II VerpackV n.F.).

Gleichwohl führt die von der VerpackV a.F. bzw. n.F. vorgeschriebene Internalisierung durch Rücknahme- und Verwertungspflichten zu einer – gesamtgesellschaftlich betrachtet – Verbesserung, überläßt den Verpackungsherstellern und -vertreibern zugleich ein Höchstmaß an Freiheit bei der Umsetzung des Ziels, den Verpackungsmüll zu reduzieren und wirkt zudem stetig.

---

17 Wie hier bereits Scholz / Aulehner, BB 1993, 2250 (2251). Zustimmend S. M. Hirschfeld, Staatlich initiierte Monopole und Verfassungsrecht – das Beispiel Verpackungsordnung, 1997, S. 150.

18 Näher zu diesen sowie zu dessen kontroverser Rechtsnatur z. B. Scholz / Aulehner, BB 1993, 2250 (2262 ff.) einerseits und M. Kloepfer, Die Belastung von Endverbrauchern aufgrund der Verpackungsverordnung als Verfassungsproblem. Zur Verfassungsmäßigkeit der mittelbaren Kostenbelastung der Endverbraucher aufgrund der Einführung flächendeckender Entsorgungssysteme nach § 6 Abs. 3 VerpackV , Rechtsgutachten, 1993, Typoskript, S. 11; Kloepfer / Wimmer, UPR 1993, 409 ff.; Kiethe / Sproll, ZIP 1994, 275 (281); S. M. Hirschfeld, Staatlich initiierte Monopole und Verfassungsrecht – das Beispiel Verpackungsordnung, 1997, S. 139 ff. andererseits.

19 Hierzu E. Gawel, ZAU 1994, 37 (39 f.), der in der VerpackV eine Revitalisierung des Internalisierungsgedankens sieht.

4. Die dirigistisch vorgegebenen Mehrwegquoten als Systembruch

Dem Grundprinzip der VerpackV – der Initiierung einer Selbststeuerung der Wirtschaft im Wege der Internalisierung durch Monetarisierung externer Effekte – widersprechen die Mehrwegquoten diametral.

Die Instrumente, mit denen der Staat den Verpackungsmarkt beeinflussen kann, können in drei Gruppen eingeteilt werden: Neben auf Freiwilligkeit abstellenden Instrumenten sind Maßnahmen zur Internalisierung durch Monetarisierung externer Effekte und direkte staatliche Eingriffe zu unterscheiden. Während die in der VerpackV a.F. / n.F. vorgesehenen Maßnahmen grundsätzlich der zweiten Kategorie – der Internalisierung durch Monetarisierung externer Kosten – zuzuordnen sind, stellen die Mehrwegquoten und das an sie anknüpfende Zwangspfand einen direkten staatlichen Eingriff dar[20].

Mehrwegquoten lassen ebensowenig wie die in der VerpackV a.F. und n.F. vorgeschriebenen Verwertungsquoten eine gesamtwirtschaftlich effiziente Struktur der Verpackungswirtschaft erwarten. Der Verordnungsgeber der VerpackV a.F. bzw. n.F. maßt sich hier nämlich – im Gegensatz zur VerpackV a.F. / n.F. im übrigen – an, die gesamtwirtschaftlich „richtigen" Quoten zu kennen[21].

Darüber hinaus kann die Festsetzung der jeweiligen Quoten auf sachfremden Motiven beruhen[22]. So forderten im Bundesrat insbesondere die Bundesländer, die über eine mittelständisch strukturierte Brauereiwirtschaft verfügen, eine Differenzierung und Erhöhung der Mehrwegquoten, um hierdurch den in ihrem Landesgebiet ansässigen Brauereien Wettbewerbsvorteile zu verschaffen[23].

5. Mehrwegquoten versus Erfassungs-, Sortier- und Verwertungsquoten

Die Mehrwegquoten sind mit den im Anhang zu § 6 III VerpackV a.F. bzw. n.F. vorgeschriebenen Erfassungs-, Sortier- und Verwertungsquoten nicht vergleichbar; erstere stellen im Verhältnis zu letzteren ein aliud dar. Die Normierung der Mehrwegquoten darf daher im Hinblick auf die Regelungssystematik nicht den Erfassungs-, Sortier- und Verwertungsquoten zugeordnet werden.

---

20 ifo-Institut, Förderung ökologisch sinnvoller Getränkeverpackungen, 1996, S. 9, 10 f.; Breitenacher / Grefermann / Wurzbacher, Wettbewerbliche Auswirkungen möglicher staatlicher Eingriffe in den Markt für Getränkeverpackungen, 1986, S. 144 ff.; R. Spies, in: Staatswissenschaften und Staatspraxis 5 (1994), 267 ff., 282.

21 Vgl. dazu I. Meinecke, Die deutsche Verpackungsverordnung und die mittelständische Verpackungsindustrie, 1995, S. 89.

22 Auf die Gefahr einer Durchsetzung partikularer Interessen und Standpunkte weist auch I. Meinecke, Die deutsche Verpackungsverordnung und die mittelständische Verpackungsindustrie, 1995, S. 89 hin.

23 P. Michaelis, Ökonomische Aspekte der Abfallgesetzgebung, 1993, S. 72. – Zum Zustandekommen der derzeitigen Mehrwegquoten vgl. auch R. Spies, in: Staatswissenschaften und Staatspraxis 5 (1994), 267 ff., 282 f.

Die Erfassungs-, Sortier- und Verwertungsquoten der VerpackV a.F. / n.F. sind zum einen erforderlich, um eine selbststeuernde Internalisierung der Entsorgungskosten durch die Wirtschaft zu initiieren. Dabei zeigt schon die zeitliche Differenzierung der Quoten, daß diese die Übergangszeit bis zur Institutionalisierung der ökonomischen Selbststeuerung gestalten sollen.

Zum anderen kommt in diesen die Erfassung, Sortierung und Verwertung betreffenden Quoten der – bei den Mehrwegquoten fehlende – experimentelle und initiierende Charakter der VerpackV a.F. wie n.F. zum Ausdruck: Dieser ergibt sich nicht nur aus der – soeben schon angesprochenen – Temporalisierung der Erfassungs-, Sortier- und Verwertungsquoten, sondern auch aus deren bevorstehender Anpassung durch die VerpackV n.F. Der Anh. 1. II VerpackV n.F. sieht Quoten vor, die sowohl in zeitlicher und inhaltlicher Hinsicht als auch der Höhe nach der tatsächlichen Entwicklung der Duales System Deutschland AG angepaßt sind.

Die Mehrwegquoten der VerpackV a.F. wie n.F. sind – anders als die Erfassungs-, Sortier- und Verwertungsquoten – nicht mehr als rechtlicher „Rahmen" für die angestrebte Selbststeuerung der Wirtschaft erforderlich; sie stellen vielmehr bereits dessen Ausgestaltung dar. Die durch die VerpackV angestrebte Reduzierung des Verpackungsabfalls wird schon durch die Pflicht zur Rücknahme gebrauchter Verpackungen bzw. alternativ zur Beteiligung an einem System i. S. d. § 6 III VerpackV a.F. wie n.F. sichergestellt. Die Mehrwegquoten legen fest, durch welche Gestaltung die Wirtschaft die Verringerung des Verpackungsabfalls herbeiführen soll.

Dementsprechend werden die Einweg-Getränkeverpackungshersteller und -vertreiber in doppelter und damit – wie sich zeigen wird – unangemessener Weise in Anspruch genommen. Sie müssen nicht nur – wie alle Verpackungshersteller und – vertreiber – den Verpackungsabfall durch Rücknahme der gebrauchten Verpackungen bzw. Beteiligung an einem System i. S. d. § 6 III VerpackV a.F. / n.F. reduzieren, sondern werden überdies den Mehrwegquoten unterworfen[24].

6. Zusammenfassung

Die Mehrwegquoten erweisen sich damit als im wesentlichen bzw. vom Grundansatz her gesehen als systemwidrig. Während in der VerpackV a.F. wie n.F. allgemein und insbesondere die Erfassungs-, Sortier- und Verwertungsquoten einen rechtlichen Rahmen zur Initiierung einer auf die Vermeidung von Verpackungsabfall gerichteten Selbststeuerung der Wirtschaft bilden, überschreiten die Mehrwegquoten diese auf das Notwendigste beschränkte Regelungsintensität, indem sie vorgeben, wie – nämlich insbesondere durch welchen Anteil von Ein- und Mehrwegverpackungen – Verpackungsabfall vermieden werden soll. Überdies stellen die

[24] Vgl. dazu R. Weiland, in: Brenck / Rutkowsky u. a., Entsorgungslogistik, 1996, S. 261 ff., 272 ff.

Mehrwegquoten im Gegensatz zur VerpackV a.F. wie n.F. insgesamt und den Erfassungs-, Sortier- und Verwertungsquoten im besonderen eine definitive und keine vorläufige experimentelle Regelung dar. Sie sind weder zeitlich differenziert noch sollen sie durch die VerpackV n.F. der tatsächlichen Entwicklung angepaßt werden.

III. Die Unmöglichkeit zur Einhaltung der Mehrwegquoten

Noch schwerer als die soeben angeführte Systemwidrigkeit der Mehrwegquoten in der VerpackV a.F. / n.F. wiegt die Unmöglichkeit für den einzelnen Getränkeverpackungshersteller und -vertreiber, sie einzuhalten. Die Mehrwegquoten knüpfen nicht an ein Handeln und an eine Verantwortung eines bestimmten Getränkeverpackungsherstellers bzw. -vertreibers an[25]. Tatbestandsmerkmal der Mehrwegquote ist vielmehr das vom einzelnen Getränkeverpackungshersteller oder -vertreiber nicht kontrollierbare und nicht zu verantwortende quantitative Verhältnis von Ein- und Mehrwegverpackungen[26]. Die strikte Vorgabe von Mehrwegquoten führt dazu, daß Hersteller und Vertreiber, die bereits ausschließlich oder in hohem Maß Mehrweg-Getränkeverpackungen führen, diese immer weiter erhöhen müssen, um die Nichterfüllung der Mehrwegquoten durch andere Hersteller und Vertreiber zu kompensieren. Die VerpackV a.F. wie n.F. fordert mit den Mehrwegquoten „Trittbrettfahrer“, die die VerpackV n.F. an anderer Stelle zu bekämpfen versucht, geradezu heraus[27].

Dies kann an folgendem – fiktiven – Beispiel demonstriert werden: Ein Glasflaschenhersteller, der bislang zur einen Hälfte Einweg- und zur anderen Mehrweg-Glasflaschen produzierte, kann – selbst wenn er die Einweg-Glasflaschen-Produktion weiter auf ein Viertel seiner Gesamt-Glasflaschen-Produktion reduziert – das Unterschreiten der Mehrwegquoten nicht verhindern, wenn etwa die Abfüller bzw. Konsumenten die Mehrwegflaschen nicht in ausreichender Zahl abnehmen, andere Glasflaschen-Hersteller den Einweg-Anteil ihrer Gesamtproduktion erhöhen, die Getränkekartonverpackungshersteller und -vertreiber ihre Produktion steigern oder ausländische Getränkehersteller verstärkt Einwegverpackungen liefern.

---

25 Kritisch hierzu auch ifo-Institut, Förderung ökologisch sinnvoller Getränkeverpackungen, 1996, S. 62 ff., 70 ff.; Dicke / Neu, Nationale Umweltpolitik im Konflikt mit dem Europäischen Binnenmarkt?, 1996, S. 50 ff.

26 Hierzu sowie zum folgenden P. Michaelis, Ökonomische Aspekte der Abfallgesetzgebung, 1993, S. 76.

27 Costa / Franke, Handelsunternehmen im Spannungsfeld umweltpolitischer Anforderungen, 1995, S. 86; A. Finckh, Regulierte Selbstregulierung im Dualen System, 1998, S. 124 f., demzufolge die VerpackV ein „Gesamtleistung der Wirtschaft“ fordert.

IV. Schwächung der Duales System Deutschland AG

Die Duales System Deutschland AG entsorgt heute auch die Einweg-Getränkeverpackungen[28]. Sie wurde u. a. deshalb installiert und trotz erheblicher Schwierigkeiten aufrecht erhalten, weil sich Handel und Industrie hierdurch eine Befreiung vom Zwangspfand versprechen. Werden nun aber – was der Verordnungsgeber der VerpackV a.F. wie n.F. befürchtet und weder durch den einzelnen Getränkeverpackungshersteller, Abfüller oder Händler noch durch die Duales System Deutschland AG verhindert werden kann – die Mehrwegquoten unterschritten, entfällt die Befreiung vom Zwangspfand und damit ein wesentliches Motiv zur Aufrechterhaltung der Duales System Deutschland AG. Das Zwangspfand auf Einweg-Getränkeverpackungen wird dann zwar einen Anstieg der Mehrweg-Getränkeverpackungen und ein Überschreiten der Mehrwegquoten bewirken, so daß die Duales System Deutschland AG nunmehr wieder eine Befreiung vom Zwangspfand vermitteln könnte. Hierdurch würde aber – so befürchtet der Verordnungsgeber der VerpackV a.F. wie n.F. – der Mehrweganteil wieder sinken und die Mehrwegquoten erneut unterschritten.

Die Duales System Deutschland AG könnte damit im Ergebnis zu einer nur zeitweiligen Befreiung vom Zwangspfand für Einwegverpackungen führen. Eine nur temporäre Freistellung würde aber den Anreiz zur Aufrechterhaltung der Duales System Deutschland AG zumindest erheblich reduzieren[29].

B. Das Zwangspfand

Das für ein Unterschreiten der Mehrwegquoten als Sanktion vorgesehene Zwangspfand für Einweg-Getränkeverpackungen begegnet wiederum gravierenden ökonomischen Bedenken.

Eine nähere Betrachtung der Wirkungsweisen des Zwangspfandes zeigt, daß der Eintritt der beabsichtigten Effekte mit nachhaltigen unerwünschten Nebenwirkungen verbunden ist.

I. Beabsichtigte Wirkungsweise des Zwangspfandes

Das von der VerpackV a.F. wie n.F. vorgesehene Zwangspfand führt für den Einzelhandel zu einer Kostensteigerung sowohl durch die Rücknahme, Lagerung und Rückführung des Einweg-Leergutes als auch durch die Hinterlegung, Erhebung, Rückzahlung und Rückforderung des Pfandes. Auf diesen Kostenanstieg kann der

[28] Vgl. zur Menge der gesammelten Kartonverpackungen für Getränke bereits oben im Text sub 3. Teil. B. II. 4.

[29] Feess-Dörr / Steger / Weihrauch, Muß Verpackung Abfall sein?, 1991, S. 175 f.

Handel – so wird von Befürwortern eines Zwangspfandes für Einwegverpackungen angenommen – entweder durch eine Auslistung der Einwegverpackungen oder durch eine Überwälzung der Kosten auf die Käufer von Einweg-Getränkeverpakkungen reagieren[30]. Im ersteren Fall sinkt – so wird angenommen – der Verpakkungsabfall unmittelbar, weil das Angebot von Getränken in Einwegverpackungen reduziert oder eingestellt wird. Im letzteren Fall nimmt wegen des höheren Preises der Absatz der Getränke in Einwegverpackungen und damit mittelbar der hieraus resultierende Verpackungsabfall ab; dieser Effekt wird zusätzlich verstärkt, weil der Kunde nunmehr – wenn er nicht auf den hinterlegten Pfandbetrag verzichten will – das Leergut auch bei den Einwegverpackungen zurückbringen muß[31].

Teilweise wird zwar schon der Eintritt dieser erhofften Wirkungszusammenhänge für unwahrscheinlich gehalten. Die angestrebte Substitution der Einwegverpakkungen durch Mehrwegverpackungen sei – so wird als Begründung angeführt – nur in engen Grenzen zu erwarten. Die diesbzgl. Verbraucherpräferenzen seien relativ stabil, zumal sie sowohl auf Konsumgewohnheiten und kulturellen Vorgaben als auch auf rationalen Gründen – bei Getränkekartonverpackungen insbesondere auf Gewichtsvorteilen – beruhten. Der Getränkeverkauf würde nur insgesamt – ohne Differenzierung zwischen Einwegverpackung und Mehrwegverpackungen – verteuert; ein Umsteigen des Handels auf Getränke in Mehrwegverpackungen sei daher nicht zu erwarten[32].

Diese Bedenken erscheinen aber spätestens seit Einführung der Mehrweg-PET-Flaschen als unbegründet. Die Auswahl der Getränkeverpackung mag zwar auch durch Gewohnheit und Kultur beeinflußt werden und Veränderungen verlangsamen. Langfristig werden sich aber die Getränkeverpackungen durchsetzen, für die rationale Gründe sprechen.

Dies sind bei einer Zwangsbepfandung der Einwegverpackungen eindeutig die Mehrwegverpackungen. Diese haben gegenüber Einwegverpackungen mit Zwangspfand einen klaren Preisvorteil, weil die Bepfandung von Mehrwegverpakkungen geringer ist als die in § 7 VerpackV a.F. bzw. in § 8 I VerpackV n.F. für Einwegverpackungen vorgesehene[33]. Die Höhe des Pfandes beeinflußt das Ver-

---

30 D. Ewringmann, Zur Effizienz eines Zwangspfandes auf ausgewählte Einweg-Getränkeverpackungen, 1986, S. 29 f.; Feess-Dörr / Steger / Weihrauch, Muß Verpackung Abfall sein?, 1991, S. 166.

31 Die Schrägwälzung, eine theoretisch denkbare dritte Möglichkeit bei der zur Kompensation der gestiegenen Kosten für Getränke in Einwegverpackungen die Preise anderer Waren angehoben werden, wird für sehr unwahrscheinlich gehalten (vgl. Feess-Dörr / Steger / Weihrauch, Muß Verpackung Abfall sein?, 1991, S. 166 f.).

32 D. Ewringmann, Zur Effizienz eines Zwangspfandes auf ausgewählte Einweg-Getränkeverpackungen, 1986, S. 32 ff., 50 f.; Breitenacher / Grefermann / Wurzbacher, Wettbewerbliche Auswirkungen möglicher staatlicher Eingriffe in den Markt für Getränkeverpackungen, 1986, S. 216 f.; Feess-Dörr / Steger / Weihrauch, Muß Verpackung Abfall sein?, 1991, S. 167 ff. m. Fußn. 52.

33 Feess-Dörr / Steger / Weihrauch, Muß Verpackung Abfall sein?, 1991, S. 170.

braucherverhalten allgemein nachhaltig: So würden bei einem Zwangspfand in Höhe von 0,15 DM noch 57 %, bei einer Pfandhöhe von 0,30 DM nur 41 % und bei einem Pfand von 0,50 DM gar nur noch 32 % der Bierdosenverwender in Deutschland genausoviel Dosenbier wie bisher kaufen. Umgekehrt würden bei einem Pfand von 0,15 DM 28%, bei einem in Höhe von 0,30 DM 47 % und bei 0,50 DM 57 % kein Dosenbier mehr kaufen[34].

Der bislang bestehende Gewichtsvorteil der Einwegverpackungen gegenüber den Mehrwegverpackungen hat sich seit Einführung der Mehrweg-PET-Flaschen egalisiert. Einwegverpackungen aber, die – wie z. B. Einwegflaschen – außer dem Wegfall der Leergutrückgabe gegenüber Mehrweg-Systemen keinerlei Vorteile, insbesondere keinen Gewichts- oder Stabilitätsvorteil haben, werden bei einem Zwangspfand auf Einwegverpackungen vom Markt verdrängt[35].

Im Hinblick auf das Verhalten des Einzelhandels ist anzunehmen, daß sich dieses an den Präferenzen der Kunden ausrichten wird[36].

Die Realisierung des von der Zwangspfandanordnung der VerpackV a.F. wie n.F. angezielten Substitutionseffekts erscheint daher trotz der angeführten Zweifel als sehr wahrscheinlich. Die Substitution der Einwegverpackungen durch Mehrwegverpackungen ist aber mit einer Vielzahl unerwünschter Nebeneffekte verbunden.

II. Unerwünschte Nebeneffekte

Eine Substitution der Einwegverpackungen im Getränkesektor durch Mehrwegverpackungen hätte folgende unerwünschte Nebeneffekte:

1. Konzentration im Einzelhandel

Das von der VerpackV vorgeschriebene Zwangspfand bewirkt in mehrfacher Hinsicht ein Fortschreiten der Konzentration im Einzelhandel[37].

---

34 Vgl. zu diesen Zahlen ifo-Institut, Förderung ökologisch sinnvoller Getränkeverpackungen, 1996, S. 96, Tab. 5.4 - 1.

35 Siehe zu diesbzgl. Erfahrungen bei der Einführung einer Pfandpflicht in den USA, wo Einwegflaschen im Gegensatz zu Dosen nachhaltige Umsatzeinbußen hinnehmen mußten, ifo-Institut, Förderung ökologisch sinnvoller Getränkeverpackungen, 1996, S. 92 f.

36 Vgl. auch D. Ewringmann, Zur Effizienz eines Zwangspfandes auf ausgewählte Einweg-Getränkeverpackungen, 1986, S. 52 f. – Überdies geht die Gegenmeinung, die einen Substitutionseffekt für unwahrscheinlich hält, zumeist noch von einem einphasigen Pfand für Einwegverpackungen aus, wohingegen § 7 VerpackV a.F. bzw. § 8 I VerpackV n.F. ein mehrphasiges Pfand vorsehen. – Zur Differenzierung zwischen ein- und mehrphasigem Pfand und genauer zu den wirtschaftlichen Auswirkungen der Zwangsbepfandung vgl. unten im Text sub 4. Teil. B. III. 1. bzw. bei 4. Teil. B. III. 2.

37 D. Ewringmann, Zur Effizienz eines Zwangspfandes auf ausgewählte Einweg-Getränkeverpackungen, 1986, S. 46 ff.

An den Stadträndern situierte Großmärkte, in denen die Verbraucher ihre „Monatseinkäufe" tätigen, verkaufen zum einen bereits heute einen erheblichen Anteil ihres Angebots in Mehrwegverpackungen. Die schweren Getränkekisten können hier unproblematisch in das Auto verladen werden. Die kleineren Einzelhändler in den Städten führen demgegenüber vorwiegend Getränke in Kleinmengen, zum sofortigen Gebrauch und in Einweg-Getränkeverpackungen[38]. Im Gegensatz zu den Großmärkten müßten sie ihren Verkauf ganz erheblich umstrukturieren. Die den kleineren Einzelhändlern bei Einführung eines Zwangspfandes pro Getränkeverpackung entstehenden Kosten werden dementsprechend doppelt so hoch geschätzt wie die Belastungen der Großmärkte[39].

Zum anderen wird das Zwangspfand für Einwegverpackungen auch Filialketten zwingen, ihren Getränkeverkauf zu zentralisieren. Auf den nach Einführung des Zwangspfands – sowohl beim Verkauf von Mehrweg- als auch beim Angebot von Einwegverpackungen – stark erhöhten Raumbedarf[40] können viele Einzelhändler, auch Lebensmittelketten mit kleineren Filialen, nur durch Aufgabe oder Auslagerung ihres Getränkesortiments reagieren. Eine Auslagerung und Zentralisierung des Getränkevertriebs durch Lebensmittelketten – wie sie z. B. auch die Firma Aldi erwogen hatte[41] – hätte eine nachhaltige Verschärfung des Wettbewerbs im Getränkesektor zur Folge. Die Lebensmittelketten hätten hierdurch nämlich die Möglichkeit, ohne flächendeckende Infrastruktur hohe Getränkemengen umzusetzen[42].

2. Umstrukturierung des Getränkehandels

Die durch das Zwangspfand angestoßene Konzentration im Getränke vertreibenden Einzelhandel wird auf den Getränkehandel und die Getränkeabfüller zurückwirken. Die zunehmende Herausbildung von Getränkegroßmärkten wird zu einer Ausschaltung und Verdrängung des bisherigen Getränkefachgroßhandels und kleinerer, insbesondere regionaler Getränkeabfüller führen. Sobald Discounter – wie die Firma Aldi – sich umfassend – ohne Beschränkung auf den Vertrieb von Einweg-Getränkeverpackungen – im Getränkehandel betätigen, werden große und

---

38 Fußer / Golding, in: Golding / Fußer (Hrsg.), Verpackungen. Umweltbelastungen und Strategien zur Vermeidung, 1992, S. 169 ff., 179 f.

39 Breitenacher / Grefermann / Wurzbacher, Wettbewerbliche Auswirkungen möglicher staatlicher Eingriffe in den Markt für Getränkeverpackungen, 1986, S. 210 ff. – Die unterschiedlichen Auswirkungen von Mehrwegquoten bei kleinen und mittleren Unternehmen einerseits und großen Unternehmen andererseits thematisieren auch Costa / Franke, Handelsunternehmen im Spannungsfeld umweltpolitischer Anforderungen, 1995, S. 87.

40 D. Ewringmann, Zur Effizienz eines Zwangspfandes auf ausgewählte Einweg-Getränkeverpackungen, 1986, S. 44.

41 Vgl. dazu z. B. D. Ewringmann, Zur Effizienz eines Zwangspfandes auf ausgewählte Einweg-Getränkeverpackungen, 1986, S. 47.

42 Breitenacher / Grefermann / Wurzbacher, Wettbewerbliche Auswirkungen möglicher staatlicher Eingriffe in den Markt für Getränkeverpackungen, 1986, S. 214 ff.

überregionale Getränkeabfüller ihren Umsatz durch die Zusammenarbeit mit diesen steigern, kleine regionale Getränkeabfüller hingegen Marktanteile verlieren. Die von den Discountern ausgehende bundesweite Nachfragemacht kann nämlich nur durch überregionale Getränkehersteller befriedigt werden[43].

3. Absinken der Umlaufzahlen von Mehrweg-Getränkeverpackungen

Das Zwangspfand für Einweg-Getränkeverpackungen hätte auch Rückwirkungen auf die Mehrweg-Systeme. Eine zunehmende Substitution von Einweg-Getränkeverpackungen durch Mehrweg-Getränkeverpackungen hätte nämlich einen Rückgang der derzeitigen Umlaufzahlen bei Mehrweg-Systemen zur Folge. Ursächlich hierfür ist insbesondere, daß Mehrwegverpackungen bislang zumeist im Gebinde gehandelt werden und nur spezifische Bedürfnisse befriedigen: So wird etwa der Getränkebedarf in der Freizeit vorwiegend durch Einwegverpackungen gestillt[44].

III. Vergleich des Zwangspfandes für Einweg-Getränkeverpackungen und der Pfanderhebung für Mehrweg-Systeme

Das für Einweg-Getränkeverpackungen nach der VerpackV a.F. bzw. n.F. vorgesehene Zwangspfand und die für Mehrweg-Getränkeverpackungen heute schon bestehenden Pfandsysteme divergieren erheblich. Die Hersteller und Vertreiber von Einweg-Getränkeverpackungen werden dabei durch die konkrete Ausgestaltung des Zwangspfand-Systems der VerpackV nachhaltig benachteiligt.

1. Ein- und Mehrphasenpfandregelung

Die VerpackV schreibt für Einweg-Getränkeverpackungen ein Mehrphasenpfand vor wie es für Mehrweg-Getränkeverpackungen bereits besteht[45].

Mehrphasenpfandregelungen setzen nicht erst beim Verkauf an den Endverbraucher, sondern bereits beim Getränkeverpackungshersteller oder beim Abfüller an. Das Pfand wird bei einer Mehrphasenpfandregelung dementsprechend vom Ge-

---

43 Breitenacher / Grefermann / Wurzbacher, Wettbewerbliche Auswirkungen möglicher staatlicher Eingriffe in den Markt für Getränkeverpackungen, 1986, S. 218 f.

44 D. Ewringmann, Zur Effizienz eines Zwangspfandes auf ausgewählte Einweg-Getränkeverpackungen, 1986, S. 41.; Breitenacher / Grefermann / Wurzbacher, Wettbewerbliche Auswirkungen möglicher staatlicher Eingriffe in den Markt für Getränkeverpackungen, 1986, S. 213 f.

45 Vgl. Dicke / Neu, Nationale Umweltpolitik im Konflikt mit dem Europäischen Binnenmarkt?, 1996, S. 57 ff.; A. Philipp, Duales System, Rücknahmepflicht und Pfandregelung, 1993, S. 208 f.

tränkeverpackungshersteller über den Abfüller und den Handel an den Verbraucher weitergereicht.

Einphasenpfandregelungen setzen demgegenüber erst beim Verkauf an den Endverbraucher an[46].

Ein- und Mehrphasenpfandregelungen divergieren erheblich; dabei wirkt das von der VerpackV auch für Einweg-Getränkeverpackungen vorgeschriebene Mehrphasenpfandsystem geradezu zielwidrig:

Der Handel wird durch die VerpackV a.F. wie n.F. an einem ökologisch sinnvollem Verhalten gehindert: Er kann Einweg-Leergut, will er das an den Getränkeabfüller gezahlte Pfand nicht verlieren, nicht sofort selbst oder durch Dritte umweltgerecht beseitigen, sondern muß die gebrauchten Einwegverpackungen zum Getränkeabfüller transportieren. Die VerpackV verlangt somit, daß leere Einwegverpackungen vor ihrem Recycling über Hunderte von Kilometern transportiert werden, nur um die jeweils bezahlten Pfandgelder auszulösen.

Die durch das Pfandsystem und die damit verbundene Rücknahme des Leerguts dem Handel entstehenden Mehrkosten können bei einphasigen Pfandregelungen, nicht aber bei der nach der VerpackV a.F. bzw. n.F. angeordneten mehrphasigen, teilweise durch den Leergutverkauf und den Pfandgewinn für nicht zurückgegebene Flaschen kompensiert werden.

2. Verdrängung der Einwegverpackungen durch die Mehrwegverpackungen

Die Bepfandung der Einweg-Getränkeverpackungen nach der VerpackV a.F./n.F. löst ein Konsumentenverhalten aus, das zu einer Verdrängung der Einwegverpackungen vom Markt führt[47].

Auf die Bepfandung auch von Einweg-Getränkeverpackungen kann durch die Konsumenten in unterschiedlicher Weise reagiert werden. Zur näheren Untersuchung sind zwei Differenzierungen möglich: Die Verbraucher können den Pfandbetrag zum einen entweder als Preiserhöhung verstehen oder zur Rückgabe auch der Einweg-Getränkeverpackungen motiviert werden. Zum anderen ist die Fixierung der Konsumenten auf bestimmte Verpackungsmaterialien und Gebindegrößen und -arten bedeutsam: Kunden können sich bei ihrer Kaufentscheidung in der Aus-

---

46 D. Ewringmann, Zur Effizienz eines Zwangspfandes auf ausgewählte Einweg-Getränkeverpackungen, 1986, S. 26; Breitenacher/Grefermann/Wurzbacher, Wettbewerbliche Auswirkungen möglicher staatlicher Eingriffe in den Markt für Getränkeverpackungen, 1986, S. 207 ff.

47 Vgl. zu dieser Möglichkeit auch ifo-Institut, Förderung ökologisch sinnvoller Getränkeverpackungen, 1996, S. 84 ff., 92 ff., 103 ff. Das zu erwartende Verhalten der Verbraucher bei einer Zwangsbepfandung erörtert auch A. Philipp, Duales System, Rücknahmepflicht und Pfandregelung, 1993, S. 210 ff.

wahl zwischen Einweg- und Mehrwegverpackungen für eher ähnliche oder eher unterschiedliche Verpackungsmaterialien entscheiden.

Verbraucher, die an ihrer bisherigen Verpackungsart und den bislang bevorzugten Verpackungsmaterialien festhalten wollen, werden – soweit es wie z. B. bei der Glasflasche diese Verpackungen sowohl als Ein- als auch als Mehrwegverpackungen gibt – Mehrwegverpackungen erwerben.

Dies gilt unabhängig davon, ob diese Konsumenten das Zwangspfand auf Einwegverpackungen als Motiv für eine Rückgabe oder als bloße Preiserhöhung verstehen. Im ersteren Fall hat der Kunde keinerlei Veranlassung mehr, die Einwegverpackung zu wählen, zumal auch diese nun zurückgebracht werden muß. Der Wegfall der Leergutrückgabe ist dabei nach dem Gewichtsvorteil von Einwegverpackungen der zweitwichtigste Grund für deren Kauf[48]. Im letzteren Fall wird der Verbraucher ebenfalls eine Mehrwegverpackung wählen, obwohl er sie nach wie vor nicht zurückgibt, sondern als Hausmüll entsorgen läßt. Der Konsument erzielt bei der Mehrwegverpackung hier – wie bereits erwähnt – einen Kostenvorteil, weil das Pfand bei Mehrwegverpackungen niedriger ist als das von § 7 VerpackV a.F. bzw. § 8 I VerpackV n.F. für Einwegverpackungen vorgeschriebene. Der niedrigere Preis ist dabei der viertwichtigste Grund für den Kauf von Einweg-Getränkeverpackungen[49].

Konsumenten, die nicht auf eine bestimmte oder ähnliche Verpackungsart fixiert sind, werden ebenfalls verstärkt Mehrwegverpackungen erwerben. Soweit diese Kunden das Zwangspfand auf Einwegverpackungen als Preiserhöhung verstehen, werden sie zu Mehrwegverpackungen wechseln, da die Einwegverpackungen aus dem Blickwinkel dieser Verbrauchergruppe um 0,50 DM bzw. 1,00 DM teurer werden. Gerade für Konsumenten, die sich den Rücktransport sparen möchten, stellt das Pfand auf Einwegverpackungen eine derart nachhaltige Verteuerung dar, daß diese – außer bei besonderen Verwendungszwecken – veranlaßt werden, die zusätzlichen Mühen des Rücktransports auf sich zu nehmen.

Insgesamt ist daher zu erwarten, daß die Nachfrage nach Einwegverpackungen, wenn diese einem Zwangspfand unterliegen, nachhaltig reduziert bzw. auf Null sinken wird, zumal Mehrwegverpackungen dann preisgünstiger sind und das geringere Gewicht als bislang entscheidender Vorteil der Einwegverpackungen seit Einführung der Mehrweg-PET-Flasche jedenfalls an Überzeugungskraft verloren hat.

---

48 Vgl. hierzu die Übersicht über die Gründe für den Kauf bzw. das Trinken von Dosenbier in ifo-Institut, Förderung ökologisch sinnvoller Getränkeverpackungen, 1996, S. 95.

49 Siehe dazu die Übersicht über die Gründe für den Kauf bzw. das Trinken von Dosenbier in ifo-Institut, Förderung ökologisch sinnvoller Getränkeverpackungen, 1996, S. 95.

3. Erfahrungen mit einem Zwangspfand im Ausland

Die angeführten nachhaltigen ökonomischen Bedenken gegen ein Zwangspfand werden durch entsprechende Erfahrungen im Ausland, insbesondere in den USA, bestätigt:

Die Einführung eines Zwangspfands für Einweg-Getränkeverpackungen führte zu beträchtlichen Preissteigerungen. Die durch das Zwangspfand stark gestiegenen Handlingkosten – Investitionen für die erforderliche Ausrüstung, Platzbedarf, Sicherstellung hinreichender Hygieneanforderungen – bewirkten Verteuerungen um bis zu 30 Prozent innerhalb von zwei Jahren. Zugleich gingen im ersten Jahr nach Inkrafttreten des Zwangspfandes die Umsätze der betroffenen Getränke um ca. 10 Prozent zurück.

Die Auswirkungen des Zwangspfands auf das in den USA gravierende „litter"-Problem, d. h. die Umweltverschmutzung durch achtlos weggeworfenen Müll, das zur Einführung des Zwangspfandes geführt hatte, erwiesen sich als ambivalent: Der Anteil der Getränkeverpackungen am „litter" ging zwar deutlich zurück; der „litter" insgesamt blieb indessen auch nach Einführung des Zwangspfandes gleich bzw. stieg teilweise sogar an. Es kam mithin zu einer bloßen Substitution[50].

C. Umweltlizenzen

Im Gegensatz zu den als ordnungsrechtlich zu qualifizierenden Mehrwegquoten, Rücknahme- und Verwertungspflichten sowie dem Zwangspfand werden neuerdings verstärkt marktorientierte oder jedenfalls so bezeichnete Instrumente zur Durchsetzung umweltpolitischer Ziele diskutiert. Angesprochen sind damit namentlich Umweltlizenzen und Umweltabgaben[51].

I. Begriff, Wirkungsweise und Verbreitung von Umweltlizenzen

Vor einer Einschätzung der – hier zunächst zu behandelnden[52] – Umweltlizenzen in ökonomischer wie ökologischer Hinsicht muß der Begriff der Umweltlizenzen sowie deren Wirkungsweise und Verbreitung geklärt werden[53].

---

50 Breitenacher / Grefermann / Wurzbacher, Wettbewerbliche Auswirkungen möglicher staatlicher Eingriffe in den Markt für Getränkeverpackungen, 1986, S. 151 ff.

51 Vgl. dazu z. B. G. Lübbe-Wolff, Modernisierung des Umweltordnungsrechts, 1996, S. 134 ff.; ifo-Institut, Förderung ökologisch sinnvoller Getränkeverpackungen, 1996, S. 9; M. Kemper, Das Umweltproblem in der Marktwirtschaft, 2. Aufl. 1993, S. 42 ff. – Zusammenfassend zu den marktwirtschaftlichen Aspekten der Umweltlizenzen A. Endres, in: Wenz / Issing / Hofmann (Hrsg.), Ökologie, Ökonomie und Jurisprudenz, 1987, S. 57 ff.

52 Zu den Umweltabgaben vgl. unten im Text sub 4. Teil. D.

1. Umweltlizenz bzw. Umweltzertifikat als Begriff

Umweltlizenzen, die auch als Umweltzertifikate[54], Nutzungs- oder Emissionsrechte bezeichnet werden[55], stellen verbriefte, handelbare Rechte dar, Umweltressourcen in einem jeweils genau – namentlich zeitlich, räumlich und quantitativ[56] – definierten Umfang zu nutzen[57].

2. Wirkungsweise von Umweltlizenzen

Das Instrument der Umweltlizenzen setzt dabei voraus, daß der Staat zunächst hoheitlich festlegt, in welchem Umfang Umweltressourcen in Anspruch genommen werden dürfen[58]. Die Umweltnutzungsrechte werden dabei primär dem Staat zugewiesen, weil dieser die gewünschte Umweltqualität durch politische Wertsetzungen festlegen muß. Der so bestimmte Gesamtumfang der zulässigen Nutzung von Umweltressourcen wird in Teilmengen aufgespalten und in Umweltlizenzen verbrieft. Diese Umweltlizenzen werden unter interessierten Bürgern verteilt und der freie Handel mit ihnen zugelassen. Die Aufgabe des Staates beschränkt sich im folgenden auf die Kontrolle, daß Umweltressourcen nur von Inhabern einer entsprechenden Umweltlizenz in Anspruch genommen werden und der einzelne Inhaber den Umfang der Umweltlizenz auch tatsächlich nicht überschreitet[59].

3. Verbreitung von Umweltlizenzen

Derartige Mengenlösungen und Kontingentierungen sind zwar bereits seit langem Bestandteil des politischen Instrumentariums zur Erreichung unterschiedlich-

---

53 Zu amerikanischen Erfahrungen vgl. z. B. H. Bonus, Marktwirtschaftliche Konzepte im Umweltschutz, 1984.

54 Teilweise wird – anders als hier im folgenden – zwischen Umweltlizenzen und Umweltzertifikaten differenziert: Erstere sollen eine dauerhafte Rechtsposition einräumen, letztere hingegen mit der Ausübung des Rechts ungültig werden (vgl. dazu z. B. U. Di Fabio, Vereinbarkeit einer Lizenzregelung für ökologisch nachteilige Getränkeverpackungen mit Verfassungs- und Europarecht. Rechtsgutachten im Auftrag der Bundesministerin für Umwelt, Naturschutz und Reaktorsicherheit, 1996, S. 4 f.).

55 Siehe z. B. A. Schmidt, Die Anwendbarkeit der umweltökonomischen Lizenzlösung auf die Umweltbelastungen durch den zivilen Luftverkehr, 1994, S. 62 m. Fußn. 4.

56 Vgl. dazu z. B. Heister / Michaelis u. a., Umweltpolitik mit handelbaren Emissionsrechten, 1991, S. 65.

57 W. Gick, Zertifikate – ein geeigneter Weg in der Umweltpolitik?, 1996, S. 7 ff.; A. Voigtländer, Kompensationslösungen in der Luftreinhaltung, 1995, S. 187 ff.; J. Scheelhaase, Abgaben und Zertifikate als Instrumente zur CO_2-Reduktion in der EG, 1994, S. 98 f.; M. Stahl, Das Problem der Regionalisierung im Konzept marktwirtschaftlicher Umweltpolitik mit Schadstoffzertifikaten, o.J., S. 39 ff.

58 Vgl. hierzu sowie zum folgenden C. Koenig, DÖV 1996, 943 (945).

59 M. Kemper, Das Umweltproblem in der Marktwirtschaft, 2. Aufl. 1993, S. 43.

ster Ziele. Als Beispiele wären hier aus dem Bereich der Agrarpolitik die Milchgarantiemengenregelungen und die Zuckerkontingente ebenso anzuführen wie aus dem Bereich der Verkehrspolitik die Kontingentierung der Taxikonzessionen bis hin zum Straßengüterfernverkehr. Aus der Energiepolitik sind derartige Instrumente mit dem Kohleimportkontingent ebenso vertraut wie im Bereich der Stahlproduktion oder mit der Vergabe von Studienplätzen in der Bildungspolitik[60].

Die praktischen Erfahrungen mit solchen Instrumenten in der Umweltpolitik sind aber bislang noch sehr dürftig[61]. Sie beschränken sich zumeist auf die Regelung anlagenbezogener Emissionen und die Zulassung von Kompensationsmöglichkeiten[62]. Als Ressourcen, die durch Umweltlizenzen geschützt werden könnten, werden zumeist Luft und Wasser diskutiert. Vereinzelt wurden auch bereits Zertifikate für Abfüllizenzen von Einwegflaschen vorgeschlagen[63].

Die in anderen Politikbereichen vorhandenen Erfahrungen mit Mengenlösungen sind auf die Umweltpolitik kaum übertragbar, da letztere andere Zielsetzungen verfolgt. Lizenzen in anderen Politikbereichen sind insbesondere nicht übertrag- und handelbar. Darüber hinaus sind Umweltlizenzen darauf gerichtet, die Knappheit von Umweltgütern wirtschaftlich auszudrücken, während Mengenlösungen in anderen Bereichen vielfach darauf gerichtet sind, einen gerechten Ausgleich in Mangelsituationen zu schaffen[64].

II. Ausgestaltung von Umweltlizenzen

Die ökonomische, ökologische und rechtliche Bewertung von Umweltlizenzen hängt entscheidend von deren Ausgestaltung im einzelnen ab. Dabei ist auf die konkrete zeitliche und räumliche Ausgestaltung von „Lizenzlösungen" ebenso abzustellen wie auf das Vergabeverfahren für die Lizenzen[65].

---

60 G. Maier-Rigaud, Umweltpolitik mit Mengen und Märkten, 1994, S. 39 ff.

61 B. Huckestein, Effizienzbedingungen ökonomischer Instrumente in der EU-Umweltpolitik, 1996, S. 127 ff.

62 G. Lübbe-Wolff, Modernisierung des Umweltordnungsrechts, 1996, S. 134.

63 J. Scheelhaase, Abgaben und Zertifikate als Instrumente zur CO_2-Reduktion in der EG, 1994, S. 99. Zum Einsatz von Umweltlizenzen außerhalb des Bereichs der Luftreinhaltung, insbesondere zu rechtspolitischen und internationalen Aspekten E. Rehbinder, in: Endres / Rehbinder / Schwarze, Umweltzertifikate und Kompensationslösungen aus ökonomischer und juristischer Sicht, 1994, S. 216 ff.

64 B. Huckestein, Effizienzbedingungen ökonomischer Instrumente in der EU-Umweltpolitik, 1996, S. 128 f.

65 Allgemein dazu z. B. ifo-Institut, Förderung ökologisch sinnvoller Getränkeverpackungen, 1996, S. 131 ff.; Heister / Michaelis u. a., Umweltpolitik mit handelbaren Emissionsrechten, 1991, S. 101 ff.

1. Formen der Lizenzvergabe

Bei Einführung eines Umweltlizenz-Systems können die Umweltzertifikate zum einen entweder kostenlos oder gegen Entgelt an die Interessenten abgegeben werden. Eine entgeltliche Vergabe kann entweder durch Versteigerung oder durch Verkäufe zum Festpreis erfolgen[66].

Bei einer kostenlosen Verteilung sind unterschiedliche Verteilungsschlüssel denkbar: Neben einer gleichmäßigen Verteilung der Umweltlizenzen auf alle Einweg-Getränkeverpackungshersteller und -vertreiber kommt auch eine dem Antrag des jeweiligen Herstellers bzw. Vertreibers entsprechende Zuteilung in Betracht. Darüber hinaus kann die Vergabe auch auf der Grundlage des Verhältnisses der tatsächlichen Produktion von Einweg-Getränkeverpackungen und zukünftig zulässiger Produktion erfolgen[67].

2. Zeitliche Ausgestaltung von Umweltlizenzen

Unbefristete Umweltlizenzen bedrohen jeglichen ökologischen Fortschritt. Dem Gesetz- und Verordnungsgeber ist es prinzipiell verwehrt, von den Unternehmern erworbene Rechte zur Inanspruchnahme von Umweltressourcen zu entziehen.

Zeitlich befristete Umweltlizenzen vermeiden zwar diese Stagnation der Umweltbemühungen, ihr Verfallsdatum kann aber massive Preisveränderungen auslösen. Namentlich bei besonders kurzen Laufzeiten der Umweltlizenzen wird auch deren Handelbarkeit beeinträchtigt, da kurzfristig ablaufende Lizenzen unverkäuflich sind[68]. Je kürzer die Geltungsdauer der Umweltlizenzen bemessen wird, desto größer wird die Planungsunsicherheit bei den Unternehmern.

---

66 Vgl. z. B. C. v. Carlowitz, Eine gemeinsame Umweltordnungspolitik für Ost- und Westeuropa, 1997, S. 99 ff.; W. Krendlesberger, Handelbare Belastungsrechte in der Umweltpolitik, 1996, S. 68 ff.; K. Deike, Auswirkungen der Umweltschutzpolitik auf die industrielle Produktion, 1993, S. 37 ff.; M. Kemper, Das Umweltproblem in der Marktwirtschaft, 2. Aufl. 1993, S. 44 ff.; M. Stahl, Das Problem der Regionalisierung im Konzept marktwirtschaftlicher Umweltpolitik mit Schadstoffzertifikaten, o.J., S. 40 f.

67 Ähnlich ifo-Institut, Förderung ökologisch sinnvoller Getränkeverpackungen, 1996, S. 127 ff., 131 ff.; K. Deike, Auswirkungen der Umweltschutzpolitik auf die industrielle Produktion, 1993, S. 35 ff.

68 A. Schmidt, Die Anwendbarkeit der umweltökonomischen Lizenzlösung auf die Umweltbelastungen durch den zivilen Lüftverkehr, 1994, S. 69 ff.; M. Kemper, Das Umweltproblem in der Marktwirtschaft, 2. Aufl. 1993, S. 51 ff.

III. Bewertung von Umweltlizenzen

Gegen das Modell der Umweltlizenzen bestehen gravierende ökonomische, ökologische und rechtliche Bedenken[69]. In ökonomischer Hinsicht sind nachhaltige Fehlentwicklungen zu befürchten, zumal trotz der Vielzahl möglicher Varianten keine sachgerechte Ausgestaltung ersichtlich ist.

1. Nachteile von Umweltlizenzen allgemein

Unabhängig von ihrer konkreten Ausgestaltung zeigen Umweltlizenzen folgende Nachteile:

a) Autoritative Festlegung der zulässigen Umweltnutzung durch den Staat

Der Staat muß bei Bestimmung der insgesamt zulässigen Umweltinanspruchnahme, die auf Umweltlizenzen verteilt werden soll, festlegen, inwieweit die Umwelt genutzt, inwieweit sie geschont werden soll. Hierzu ist der Staat mangels hinreichender Informationen aber kaum bzw. nicht in der Lage[70]. Wäre die aus ökologischen Gründen hinnehmbare Umweltverschmutzung bekannt, könnte deren Einhaltung schon durch das Ordnungsrecht gewährleistet werden.

Darüber hinaus kommen Umweltlizenzen nur zur Einhaltung absoluter Mengen in Betracht. Relative Mengen, auf die etwa die Mehrwegquoten in der VerpackV a.F. wie n.F. abstellen, können nicht durch Lizenzmodelle umgesetzt werden[71]

b) Prämierung von Untätigkeit

Zudem prämiieren Umweltlizenzen Untätigkeit. Lizenzinhaber werden für die Einstellung der Herstellung, des Vertriebs bzw. der Abfüllung von Einweg-Getränkeverpackungen belohnt, weil sie ihre Umweltlizenz nicht mehr benötigen und weiterverkaufen können.

---

69 Zu den ethischen und rechtlichen Verteilungsproblemen im Umweltstaat vgl. C. F. Gethmann, in: ders. / Kloepfer / Reinert, Verteilungsgerechtigkeit im Umweltstaat, 1995, S. 1 ff. sowie Kloepfer / Reinert, in: Gethmann / Kloepfer / Reinert, Verteilungsgerechtigkeit im Umweltstaat, 1995, S. 23 ff.

70 Vgl. dazu A. Endres, in: ders. / Rehbinder / Schwarze, Umweltzertifikate und Kompensationslösungen aus ökonomischer und juristischer Sicht, 1994, S. 1 ff., 14 ff. sowie Kloepfer / Reinert, in: Gethmann / Kloepfer / Reinert, Verteilungsgerechtigkeit im Umweltstaat, 1995, S. 47 ff., 73 ff.

71 B. Huckestein, Effizienzbedingungen ökonomischer Instrumente in der EU-Umweltpolitik, 1996, S. 129 f.

Hierdurch erfolgt eine Umwertung: Umweltschädliche Betätigungen werden nicht sanktioniert, vielmehr werden sie als wertneutraler Regelfall eingestuft. Das Unterlassen von Umweltverschmutzung – eigentlich eine Selbstverständlichkeit – wird gleichsam belohnt[72].

c) Verlust der Planungssicherheit

Darüber hinaus wird den Herstellern und Vertreibern von Einweg-Getränkeverpackungen auch die für künftige Investitionsentscheidungen erforderliche Sicherheit und Planbarkeit der Entwicklung entzogen, zumal nicht voraussehbar ist, ob hinreichende Umweltlizenzen gekauft bzw. ersteigert werden können.

d) Hohe Vollzugskosten

Die Einführung von Umweltlizenzen bzw. Umweltzertifikaten ist mit hohen, vielfach unterschätzten Kosten verbunden[73]. Lizenzmodelle sind, weil sie anders als ordnungsrechtliche Maßnahmen keine konkreten Ge- oder Verbote gegenüber bestimmten Adressaten erfordern, nur scheinbar vollzugsfreundlich. Tatsächlich verursachen sie einen erheblichen Aufwand, weil Lizenzmärkte abgegrenzt[74], Umweltlizenzen festgelegt und ausgegeben, Transaktionen registriert und kontrolliert sowie die Übereinstimmung von Produktion und Umweltlizenz überwacht werden muß[75].

Die hierdurch entstehenden Probleme lassen sich erahnen, wenn man sich die Schwierigkeiten der Duales System Deutschland AG beim Einzug des Nutzungsentgelts für den „Grünen Punkt" vergegenwärtigt. Der unlängst drohende Zusammenbruch des Dualen Systems resultierte namentlich und insbesondere aus den Problemen der Duales System Deutschland AG, die durch Nicht- bzw. zu geringe Abführung des Nutzungsentgelts für den „Grünen Punkt" entstanden.

---

72 Vgl. zum Argument der Vermarktung der Umwelt A. Endres, in: ders./Rehbinder/Schwarze, Umweltzertifikate und Kompensationslösungen aus ökonomischer und juristischer Sicht, 1994, S. 1 ff., 12 f.

73 Vgl. dazu B. Huckestein, Effizienzbedingungen ökonomischer Instrumente in der EU-Umweltpolitik, 1996, S. 140 ff.; A. Blankenagel, in: Wenz/Issing/Hofmann (Hrsg.), Ökologie, Ökonomie und Jurisprudenz, 1987, S. 71 ff., 77.

74 Siehe dazu ifo-Institut, Förderung ökologisch sinnvoller Getränkeverpackungen, 1996, S. 128.

75 Vgl. G. Lübbe-Wolff, Modernisierung des Umweltordnungsrechts, 1996, S. 134 ff.; Heister/Michaelis u. a., Umweltpolitik mit handelbaren Emissionsrechten, 1991, S. 68 f.

e) Mißbrauchs- und Manipulationsgefahr

Umweltlizenzen eröffnen schließlich Mißbrauchs- und Manipulationsmöglichkeiten[76]. So können große und finanzkräftige Hersteller, Vertreiber und Abfüller von Einweg-Getränkeverpackungen Lizenzen ersteigern bzw. kaufen und horten. Mittelständische und kleinere Hersteller, Vertreiber und Abfüller können die von ihnen benötigten Lizenzen hierdurch nicht bzw. nicht mehr zu einem für sie hinnehmbaren Preis erwerben und werden daher im Ergebnis vom Markt verdrängt.

f) Mißachtung des Zeitfaktors

Umweltlizenzen ermöglichen einen Ausgleich und eine Verteilung der Umweltnutzungen nur unter den jeweils gegenwärtigen Marktteilnehmern. Die Belange zukünftiger Generationen bleiben bei Lizenzmodellen unberücksichtigt[77].

2. Entgeltliche Vergabe von Umweltlizenzen

Bei einer entgeltlichen Vergabe von Umweltlizenzen[78] sind folgende Fehlentwicklungen zu befürchten:

a) Erhöhung des Staatsanteils

Eine entgeltliche Vergabe von Umweltlizenzen führt zu einer erhöhten finanziellen Belastung aller Hersteller, Vertreiber und Abfüller von Einweg-Getränkeverpackungen, der auf Seiten des Staates zusätzliche Einnahmen korrespondieren. Die Verwendung dieser Einnahmen ist ungeklärt, durch sie wird aber jedenfalls der Staatsanteil erhöht[79]. Je nach Ausgestaltung der Umweltlizenz müssen deshalb auch die aus der grundgesetzlichen Finanzverfassung resultierenden Anforderungen beachtet werden.

b) Entwertung bisheriger Investitionen

Das zentrale Problem für die Hersteller, Vertreiber und Abfüller von Einweg-Getränkeverpackungen ist bei Einführung und entgeltlicher Vergabe von Umwelt-

---

76 Siehe hierzu B. Huckestein, Effizienzbedingungen ökonomischer Instrumente in der EU-Umweltpolitik, 1996, S. 137 ff.; J. Scheelhaase, Abgaben und Zertifikate als Instrumente zur CO_2-Reduktion in der EG, 1994, S. 129 ff.; A. Schmidt, Die Anwendbarkeit der umweltökonomischen Lizenzlösung auf die Umweltbelastungen durch den zivilen Luftverkehr, 1994, S. 76 f.; A. Endres, in: ders. / Rehbinder / Schwarze, Umweltzertifikate und Kompensationslösungen aus ökonomischer und juristischer Sicht, 1994, S. 1 ff., 17 f.

77 C. Koenig, DÖV 1996, 943 (945 f.).

78 Vgl. dazu A. Endres, Umwelt- und Ressourcenökonomie, 1985, S. 33 ff.

79 M. Kemper, Das Umweltproblem in der Marktwirtschaft, 2. Aufl. 1993, S. 44 f.

lizenzen aber die schlagartige Entwertung aller bislang im Vertrauen auf den Fortbestand der Produktionsmöglichkeiten getätigten Investitionen.

Die VerpackV a.F. wie n.F. gibt bislang die Modalitäten für Produktion, Vertrieb und Abfüllung von Einweg-Getränkeverpackungen vor. Hersteller, Vertreiber und Abfüller von Einweg-Getränkeverpackungen durften sich bei ihren Investitionsentscheidungen auf den Fortbestand der Möglichkeit, Einweg-Getränkeverpackungen zu diesen Konditionen herstellen, abfüllen und vertreiben zu können, verlassen. Dieses berechtigte und betätigte Vertrauen wird bei einer Einführung und entgeltlichen Vergabe von Umweltlizenzen enttäuscht[80].

c) Versteigerung versus Verkauf

Werden die Umweltlizenzen zum staatlichen Festpreis verkauft, wird dem Staat nicht nur die Entscheidung über das Maß der hinzunehmenden Umweltnutzung aufgebürdet. Darüber hinaus ist er vielmehr bei einem Verkauf der Umweltlizenzen zum Festpreis auch aufgerufen, diesen autoritär festzulegen, wofür dem Staat hinreichende Informationen fehlen[81].

3. Kostenfreie Verteilung von Umweltlizenzen

Gegen eine Gratisabgabe von Umweltlizenzen[82] sind folgende Bedenken zu erheben:

a) Benachteiligung neuer Marktteilnehmer

Die Gratisvergabe von Umweltlizenzen an schon tätige Hersteller, Vertreiber und Abfüller von Einweg-Getränkeverpackungen führt zu einer Marktabschottung. Neue Konkurrenten finden mangels Umweltlizenz den Markt verschlossen. Sie müssen versuchen, Lizenzrechte von bereits etablierten Unternehmen zu erwerben. Diese haben so die Möglichkeit, ihre Umweltlizenzen als Mittel gegen Neueinsteiger einzusetzen[83].

b) Begünstigung exzessiver Umweltnutzung

Darüber hinaus werden bei einer an der bisherigen Produktion bzw. dem bisherigen Vertrieb oder der bisherigen Abfüllung orientierten Gratisvergabe von Um-

---

80 M. Kemper, Das Umweltproblem in der Marktwirtschaft, 2. Aufl. 1993, S. 45.

81 K.-H. Ladeur, Das Umweltrecht der Wissensgesellschaft, 1995, S. 173 ff.; M. Kemper, Das Umweltproblem in der Marktwirtschaft, 2. Aufl. 1993, S. 45 f.

82 Hierzu A. Endres, Umwelt- und Ressourcenökonomie, 1985, S. 36 ff.

83 M. Kemper, Das Umweltproblem in der Marktwirtschaft, 2. Aufl. 1993, S. 48.

weltlizenzen solche Hersteller, Vertreiber und Abfüller begünstigt, die schon bislang einen hohen Ausstoß von Einweg-Getränkeverpackungen hatten. Hersteller, Vertreiber und Abfüller, die demgegenüber bemüht waren, dem für Mehrweg-Systeme propagierten Umweltvorteil Rechnung zu tragen, würden keine oder nur sehr geringe Umweltlizenzen erhalten[84].

4. Diskrepanzen zwischen Ordnungsrecht und Umweltlizenz

Das Zusammenspiel von Ordnungsrecht und Umweltlizenzen[85] erfordert einen hohen Anpassungsbedarf.

Werden die Mehrwegquoten der VerpackV a.F. wie n.F. als herkömmliche ordnungsrechtliche Instrumentarien abgeschafft, droht eine räumlich ungleiche Verteilung von Ein- und Mehrwegverpackungen. Denkbar wäre etwa in den alten Bundesländern ein ausschließlicher Einsatz von Mehrwegverpackungen, in den neuen hingegen die alleinige Verwendung von Einwegverpackungen.

Bei einer Beibehaltung der Mehrwegquoten kann es zu nachhaltigen Friktionen zwischen Ordnungsrecht und Umweltlizenzen kommen. Dies gilt insbesondere bei einer Dynamisierung des Ordnungsrechts. Einer Erhöhung der Mehrwegquoten muß dann nämlich und z. B. die Gesamtmenge der Umweltlizenzen für Produktion, Vertrieb und Abfüllung von Einweg-Getränkeverpackungen angepaßt werden.

Die Einführung von Umweltlizenzen für Herstellung, Vertrieb und Abfüllung von Einweg-Getränkeverpackungen würde überdies die Aufgabe der in der VerpackV a.F. wie n.F. enthaltenen regional bezogenen Mehrwegquoten voraussetzen. Die Beibehaltung dieser regionalisierten Mehrwegquoten wäre nur möglich, wenn Umweltlizenzen nur jeweils für die entsprechende Region ausgegeben würden. Selbst wenn man den damit verbundenen, nochmals erhöhten Vollzugsaufwand in Kauf nehmen wollte, wäre eine derartige Regionalisierung von Umweltlizenzen nicht ökonomisch zielführend, da die sich ergebenden Märkte in aller Regel zu klein sein werden[86].

---

84 M. Kemper, Das Umweltproblem in der Marktwirtschaft, 2. Aufl. 1993, S. 47.

85 Siehe hierzu K.-H. Ladeur, Das Umweltrecht der Wissensgesellschaft, 1995, S. 174 f.

86 Vgl. dazu B. Huckestein, Effizienzbedingungen ökonomischer Instrumente in der EU-Umweltpolitik, 1996, S. 137 f.; A. Schmidt, Die Anwendbarkeit der umweltökonomischen Lizenzlösung auf die Umweltbelastungen durch den zivilen Luftverkehr, 1994, S. 75 f.

D. Umweltabgaben

Im Vordergrund der derzeitigen politischen Diskussion stehen aber weniger Umweltlizenzen als vielmehr ein ökologischer Umbau des Steuersystems und damit Umweltabgaben.

I. Definition von Umweltabgaben

Umweltabgaben im weiteren Sinn sind alle Abgaben, mit denen eine umweltpolitische Zielsetzung angestrebt wird. Anzuführen sind hier Abfallgebühren ebenso wie Energiesteuern, Wasserentnahmeentgelte oder Naturschutzabgaben.

Umweltabgaben im engeren Sinn belegen demgegenüber bestimmte umweltbelastende Wirtschaftsaktivitäten mit Zahlungsverpflichtungen, deren Höhe dem Ausmaß der Umweltbelastung korrespondiert[87].

Unter dem Begriff der Abgabe werden dabei Steuern, Gebühren und Beiträge zusammengefaßt. Während Steuern allen, die den jeweiligen Tatbestand erfüllen, ohne konkrete Gegenleistung auferlegt werden, stellen Gebühren und Beiträge ein Entgelt für die tatsächliche Inanspruchnahme einer Leistung bzw. eines Vorteils oder für die Möglichkeit hierzu dar.

Darüber hinaus kann zwischen Finanzierungs- und Lenkungsabgaben differenziert werden. Erstere dienen vorrangig der Einnahmenerzielung, letztere sind primär verhaltenslenkend[88].

II. Verbreitung von Umweltabgaben

Umweltabgaben im Verpackungsbereich existieren bereits in Form der kommunalen Verpackungssteuern[89].

III. Bewertung von Umweltabgaben

Umweltabgaben und Umweltlizenzen weisen zwar einige und durchaus weitreichende Gemeinsamkeiten auf:

Diese wie jene setzen über das Gewinninteresse der Verursacher an der jeweiligen Umweltbelastung an. Beide entsprechen überdies dem Verursacherprinzip[90].

---

87 B. Huckestein, Effizienzbedingungen ökonomischer Instrumente in der EU-Umweltpolitik, 1996, S. 59 ff.

88 J. Scheelhaase, Abgaben und Zertifikate als Instrumente zur CO_2-Reduktion in der EG, 1994, S. 82 f.

89 Siehe hierzu z. B. K. Konrad, BB 1995, 1109 ff.

Gleichwohl überwiegen aber die Unterschiede zwischen Umweltlizenzen und Umweltabgaben:

1. Tarifäres Instrument

Die Umweltabgabe ist im Gegensatz zu Umweltlizenzen, Quoten und dem Zwangspfand ein tarifäres Instrument. Es fixiert die Wirtschaft daher nicht auf eine – durch den Staat mehr oder weniger willkürlich festgesetzte – bestimmte Quote oder Menge, sondern erschwert Herstellung und Vertrieb bestimmter Produkte durch Einflußnahme auf die Preisgestaltung.

Umweltabgaben überlassen daher der Wirtschaft weiterhin die Entscheidung, ob ein Produkt auch zu den durch die Umweltabgabe verschlechterten Bedingungen hergestellt und vertrieben oder eingestellt werden soll.

2. Flexibilität von Umweltabgaben

Umweltabgaben setzen zwar grundsätzlich ebenso wie Umweltlizenzen oder die Mehrwegquoten und das Zwangspfand voraus, daß der Staat die Umweltschädlichkeit eines Verhaltens genau ökonomisch ausdrücken und die Wirkungsweise seines jeweils eingesetzten Instruments präzise voraussehen kann[91]. Fehlwirkungen einer Umweltabgabe sind dabei namentlich durch ein internes Auffangen der Belastungen, ein Schrägwälzen der Abgabe auf andere Produkte, die Produktion von Einweg-Getränkeverpackungen für andere Märkte oder anderes Packgut denkbar[92].

Das hieraus resultierende Dilemma minimiert sich im Fall der Umweltabgaben aber deshalb, weil diese im Gegensatz zu den anderen Instrumenten sehr flexibel sind. Eine zu niedrige Umweltabgabe kann unproblematisch erhöht bzw. eine zu hohe unproblematisch reduziert werden.

3. Hohe Vollzugsfreundlichkeit

Umweltabgaben ermöglichen die Steuerung komplexer Sachverhalte durch Anknüpfung an eine zumeist einfach feststellbare Bemessungsgrundlage[93]. Die hieraus resultierende Vollzugsfreundlichkeit wird noch weiter gefördert, wenn die Um-

---

90 B. Huckestein, Effizienzbedingungen ökonomischer Instrumente in der EU-Umweltpolitik, 1996, S. 63 f.

91 ifo-Institut, Förderung ökologisch sinnvoller Getränkeverpackungen, 1996, S. 118 ff. m. Fußn. 1.

92 ifo-Institut, Förderung ökologisch sinnvoller Getränkeverpackungen, 1996, S. 111.

93 G. Lübbe-Wolff, Modernisierung des Umweltordnungsrechts, 1996, S. 103 f.

weltabgabe auf Bundesebene und nicht wie die kommunale Verpackungssteuer nur auf lokaler und regionaler Ebene erhoben wird[94].

4. Akzeptanz von Verpackungsabgaben in der Wirtschaft

Die vorstehend geschilderten Vorzüge von Umweltabgaben erklären auch die Bereitschaft der Wirtschaft, eine Verpackungsabgabe jedenfalls eher zu akzeptieren als Umweltlizenzen, Mehrwegquoten oder ein Zwangspfand[95].

94 ifo-Institut, Förderung ökologisch sinnvoller Getränkeverpackungen, 1996, S. 121.

95 ifo-Institut, Förderung ökologisch sinnvoller Getränkeverpackungen, 1996, S. 200.

Fünfter Teil

Mehrwegquoten, Zwangspfand, Umweltlizenzen sowie Umweltabgaben und die Verpackungsverordnung a.F. wie n.F. als neuer Rechtstypus

Die gefundenen ökonomischen Besonderheiten der VerpackV a.F. wie n.F. insgesamt und insbesondere der Erfassungs-, Sortier- und Verwertungsquoten spiegeln sich in der rechtsdogmatischen Qualifizierung der VerpackV a.F. / n.F. wider[1]. Wie schon in den Bereichen Ökologie und Ökonomie nehmen die Mehrwegquoten ebenso wie die Umweltlizenzen auch im Rechtssystem eine Sonderstellung im Verhältnis zur VerpackV insgesamt und den Erfassungs-, Sortier- und Verwertungsquoten im besonderen ein.

Die Mehrwegquoten und die Umweltlizenzen sind daher im folgenden zunächst in den Spannungsfeldern von Wirtschaftsaufsicht und Wirtschaftslenkung, Gefahrenabwehr und Gefahrenvorsorge, Staat und Gesellschaft sowie im Spektrum der Handlungsformen zu verorten.

Dabei kann keine stringente und abschließende Zuordnung geboten werden, zumal sich sowohl die Kategorien Wirtschaftsaufsicht / Wirtschaftslenkung, Gefahrenabwehr / Gefahrenvorsorge, Staat / Gesellschaft als auch die VerpackV a.F. wie n.F. insgesamt und insbesondere die Duales System Deutschland AG in ständigem Fluß befinden[2]. Gerade bei letzteren ist zu beachten, daß die normativen Vorgaben der VerpackV a.F. bzw. n.F. höchst unterschiedlich vollzogen werden und überdies selbst sehr inhomogen sind.

---

1 Vgl. dazu jüngst M. Schmidt-Preuß, VVDStRL 56 (1997), 160 (162, 185 ff., 189 ff.) und U. Di Fabio, VVDStRL 56 (1997), 235 (238 f., 240 f., 249, 254 ff.) sowie A. Finckh, Regulierte Selbstregulierung im Dualen System, 1998, insb. S. 31 ff.

2 Zur nach wie vor sehr kontroversen Rechtsstellung der Duales System Deutschland AG vgl. BVerfG, NVwZ 1994, 261; T. Langer, Monopole als Handlungsinstrumente der öffentlichen Hand, 1998, insb. S. 21 ff., 31 f., 218 f.; S. M. Hirschfeld, Staatlich initiierte Monopole und Verfassungsrecht – das Beispiel Verpackungsverordnung, 1997, insb. S. 38 ff., 43 ff., 48 ff.; Bock, WiVerw. 1996, 187 ff.; Flanderka, BB 1996, 649 ff.; Riesenkampff, BB 1995, 833 ff.; Frenz, GewArch 1994, 145 ff.; Kiethe / Sproll, ZIP 1994, 275 ff.; A. U. Römer, ZfU 1994, 75 ff.; R. Spies, in: Staatswissenschaften und Staatspraxis 5 (1994), 267 ff.; Kloepfer / Wimmer, UPR 1993, 409 ff.; Scholz / Aulehner, BB 1993, 2250 ff.

A. Wirtschaftsaufsicht versus Wirtschaftslenkung

Staatliche Maßnahmen können heute nicht mehr trennscharf entweder der Wirtschaftsaufsicht oder der Wirtschaftslenkung zugeordnet werden. In dem komplexen Feld der staatlichen Maßnahmen zur Beeinflussung der Wirtschaft ist nämlich ein zunehmendes Ineinanderfließen von Wirtschaftslenkung und Wirtschaftsaufsicht zu konstatieren. Gleichwohl ergeben sich auch hier für Mehrwegquoten im Verhältnis zur VerpackV a.F. / n.F. insgesamt und den Erfassungs-, Sortier- und Verwertungsquoten im besonderen deutliche Unterschiede. Die VerpackV a.F. bzw. n.F. insgesamt und insbesondere die Erfassungs-, Sortier- und Verwertungsquoten sind – wie sich im folgenden zeigen wird – als wirtschaftslenkende Maßnahmen zu qualifizieren. Die Mehrwegquoten sind demgegenüber entweder direkt der Wirtschaftsaufsicht zuzuordnen oder jedenfalls in dem durch das Ineinanderfließen von Wirtschaftsaufsicht und Wirtschaftslenkung entstehenden Kontinuum der Wirtschaftsaufsicht sehr weit angenähert[3].

Für die Umweltlizenzen gilt dies ebenfalls; sie stehen der Wirtschaftsaufsicht sogar noch näher als die Mehrwegquoten.

Die Umweltabgaben hingegen sind der Wirtschaftslenkung zuzuordnen.

I. Die streitige Abgrenzung zwischen Wirtschaftsaufsicht und Wirtschaftslenkung allgemein

Eine nähere Skizzierung des Verhältnisses von Wirtschaftsaufsicht und Wirtschaftslenkung allgemein muß mit der Feststellung beginnen, daß – sowohl im historischen Rückblick als auch unabhängig von dem jeweiligen Wirtschaftssystem – jeder Staat Einfluß auf die Wirtschaft nimmt. Selbst in einer reinen Marktwirtschaft ist die – wenn auch lockere – Abhängigkeit der Wirtschaft vom Staat unbestreitbar. Der Staat schafft auch hier die Vorbedingungen, indem er einerseits die Wirtschaft dem Polizei- und Ordnungsrecht unterwirft und andererseits die wirtschaftliche Infrastruktur bereitstellt. Insbesondere obliegt es dem Staat, diejenigen öffentlichen Einrichtungen zu schaffen, die nicht mit Gewinnerzielungsabsicht betrieben werden können. E. Forsthoff[4] hat nicht nur Maßnahmen der Wirtschaftsaufsicht, sondern auch solche der Wirtschaftslenkung daher schon vor geraumer Zeit als dem modernen Staat wesensimmanent bezeichnet.

Da nahezu jede staatliche Maßnahme zumindest auch Auswirkungen auf die Wirtschaft zeitigt, muß das hierdurch entstehende breite Spektrum staatlicher, die

3 Ähnlich ifo-Institut, Förderung ökologisch sinnvoller Getränkeverpackungen, 1996, S. 9. Ausführlich zu den unterschiedlichen Regelungsansätzen K. Becker-Schwarze, Steuerungsmöglichkeiten des Kartellrechts bei umweltschützenden Unternehmenskooperationen, 1997, S. 11 ff.

4 E. Forsthoff, BB 1953, 421.

Wirtschaft beeinflussender Maßnahmen strukturiert werden. Eine erste, noch sehr grobe Struktur ergibt sich durch die Differenzierung zwischen Wirtschaftsaufsicht[5] und Wirtschaftslenkung. Akte staatlicher Wirtschaftslenkung sind ohne Rücksicht auf ihre Rechtsform alle staatlichen Maßnahmen, durch die auf den wirtschaftlichen Prozeß eingewirkt werden soll, um einen wirtschafts-, sozial- oder gesellschaftspolitisch erwünschten Zustand oder Ablauf des Wirtschaftslebens herzustellen oder zu erhalten[6]. Von der so zu verstehenden Wirtschaftslenkung (i.w.S.) ist die Wirtschaftsaufsicht zu unterscheiden[7].

Während die Wirtschaftslenkung die unternehmerischen Entschlüsse zu beeinflussen und so die Wirtschaft zu steuern versucht, ist die Wirtschaftsaufsicht darauf gerichtet, die Folgen unternehmerischer Entscheidungen durch punktuelle, defensive Maßnahmen zu verhindern[8]. Anders ausgedrückt hat die Wirtschaftsaufsicht eine beobachtende und ggf. berichtigende Funktion[9]. Der Wirtschaftslenkung i.w.S. kommt demgegenüber eine offensive Steuerungsfunktion zu. Der Sache nach[10] kann innerhalb der Wirtschaftslenkung i.w.S. weiter zwischen mittelbaren (auch sog. makroökonomischer im Gegensatz zur mikroökonomischen Steuerung) und unmittelbaren Maßnahmen unterschieden werden. Innerhalb letzterer kann nochmals zwischen Wirtschaftsförderung und Wirtschaftslenkung i.e.S. differenziert werden[11].

Diese Auffächerung der staatlichen Maßnahmen zur Beeinflussung der Wirtschaft ist dabei keineswegs so einfach und klar wie sie hier skizziert wurde. Das Verhältnis zwischen Wirtschaftsaufsicht und Wirtschaftslenkung ist vielmehr nachhaltig umstritten. Die „Funktionenschutztheorie" von E. Stein[12], derzufolge hinter

---

5 Zwischen „Wirtschaftsaufsicht" und „Wirtschaftsüberwachung" wird hier nicht differenziert. Ablehnend zu dieser der h.M. in der wirtschaftsverwaltungsrechtlichen Rechtsprechung und Literatur entsprechenden Ansicht R. Gröschner, Das Überwachungsrechtsverhältnis, 1992, S. 46 ff. – Der h.M. folgend wie hier z. B. C. Koenig, Die öffentlich-rechtliche Verteilungslenkung, 1994, S. 77.

6 BVerwGE 71, 183 (190); P. Badura, Wirtschaftsverwaltungsrecht, in: v. Münch (Hrsg.), Besonderes Verwaltungsrecht, 8. Auflage 1988, S. 283, 324.

7 Der Begriff der Wirtschaftslenkung ist stark umstritten. So wird unter Wirtschaftslenkung oder -einwirkung teilweise jede staatliche Einflußnahme auf die Wirtschaft verstanden (Weimar / Schimikowski, Grundzüge des Wirtschaftsrechts, 1983, insb. S. 212); andere (R. Schmidt, Öffentliches Wirtschaftsrecht – Allgemeiner Teil, 1990, S. 298 ff.) sprechen hier von Wirtschaftspolitik. Im folgenden soll mit Wirtschaftslenkung i.w.S. der Gegenpol zur Wirtschaftsaufsicht bezeichnet werden, während Wirtschaftseinwirkung als Oberbegriff dienen soll (ebenso H. D. Jarass, Wirtschaftsverwaltungsrecht und Wirtschaftsverfassungsrecht, 2. Aufl. 1984, S. 107 f.).

8 H. D. Jarass, Wirtschaftsverwaltungsrecht und Wirtschaftsverfassungsrecht, 2. Aufl. 1984, S. 107 f.

9 R. Scholz, Wirtschaftsaufsicht und subjektiver Konkurrentenschutz, 1971, S. 36

10 Die Terminologie ist auch hier uneinheitlich.

11 H. D. Jarass, Wirtschaftsverwaltungsrecht und Wirtschaftsverfassungsrecht, 2. Aufl. 1984, S. 107 f.

12 E. Stein, Die Wirtschaftsaufsicht, 1967, S. 26.

jeder Aufsichtsmaßnahme in der Wirtschaft unausgesprochen der Schutz der Funktionsfähigkeit der Gesamtwirtschaft steht, sieht zwischen Wirtschaftsaufsicht einerseits und Wirtschaftslenkung andererseits keine materiale, sondern eine nur formale Differenz: Wirtschaftsaufsicht, nicht Wirtschaftslenkung liegt vor, sobald eine Behörde eine Funktion an sich zieht und sie primär selbst ausübt[13]. Wirtschaftslenkung und Wirtschaftsaufsicht stellen danach beide Instrumente der Globalsteuerung der Wirtschaft dar. Die Wirtschaftsaufsicht begleitet die Wirtschaftslenkung und bereitet sie vor[14].

Diese „Funktionenschutztheorie", aus deren Blickwinkel das bereits angesprochene Ineinanderfließen von Wirtschaftsaufsicht und Wirtschaftslenkung nicht überraschen kann, ist jedoch auf teilweise vehementen Widerspruch gestoßen. Als Gegenargumente werden neben der historisch unterschiedlichen Entwicklung des Gewerbepolizeirechts einerseits und der Wohlfahrtsförderung andererseits, die mit der Einebnung des Unterschieds zwischen Wirtschaftsaufsicht und Wirtschaftslenkung verbundene und im Verzicht auf materielle Abgrenzungskriterien zwischen beiden zum Ausdruck kommende Überdehnung des Sozialstaatsprinzips, die übermäßige Ökonomisierung des Rechts und das Übergehen des rechts- und staatsphilosophischen Gegensatzes zwischen liberalem Freiheits- und sozialem Gerechtigkeitsverständnis angeführt[15]. Als Alternativen werden Differenzierungen angeboten, die weitgehend mit dem oben skizzierten Verhältnis von Wirtschaftsaufsicht und Wirtschaftslenkung in Einklang stehen: Wirtschaftslenkung wird auf gesamtwirtschaftliche Größen bezogen und kann deshalb nicht unmittelbar in einem besonderen Verwaltungsrechtsverhältnis zwischen Behörde und Wirtschaftssubjekt, sondern nur außerhalb eines solchen und mittelbar über den Markt erfolgen. Wirtschaftsaufsicht betrifft demgegenüber Freiheit und Gefährlichkeit einer einzelnen Unternehmung und kann deshalb innerhalb eines besonderen Verwaltungsrechtsverhältnisses zwischen Unternehmer und Behörde stattfinden[16]. Andere knüpfen an die Differenzierung zwischen gebundener und Ermessensentscheidung der Behörde an und nehmen bei ersterer Wirtschaftsaufsicht, bei letzterer hingegen Wirtschaftslenkung an[17].

---

13 E. Stein, Die Wirtschaftsaufsicht, 1967, S. 15.

14 W. Fikentscher, Wirtschaftsrecht, Bd. 2: Deutsches Wirtschaftsrecht, 1983, S. 465 unter Hinweis auf E. Stein.

15 Vgl. R. Gröschner, Das Überwachungsrechtsverhältnis, 1992, S. 65 f.; C. Koenig, Die öffentlich-rechtliche Verteilungslenkung, 1994, S. 86 ff.

16 So R. Gröschner, Das Überwachungsrechtsverhältnis, 1992, S. 66, 127 ff.

17 C. Koenig, Die öffentlich-rechtliche Verteilungslenkung, 1994, S. 97.

II. Verpackungsverordnung a.F. / n.F. – Mehrwegquoten und Erfassungs-, Sortier- und Verwertungsquoten – zwischen Wirtschaftsaufsicht und Wirtschaftslenkung

Die VerpackV a.F. wie n.F. insgesamt und die Erfassungs-, Sortier- und Verwertungsquoten im besonderen sind der Wirtschaftslenkung, die Mehrwegquoten hingegen der Wirtschaftsaufsicht zuzuordnen.

1. Mehrwegquoten als Wirtschaftsaufsicht

Die Mehrwegquoten in der in der VerpackV a.F. / n.F. derzeit fixierten Form wollen den status quo, der sich in der Vergangenheit bildete, festschreiben. Sie sind – im Gegensatz zu den Erfassungs-, Sortier- und Verwertungsquoten – vergangenheitsbezogen, statisch und beschränken sich nicht auf die Festlegung eines bloßen Rahmens für die künftige Entwicklung. Zum einen schließt nämlich § 9 II 1 VerpackV a.F. bzw. n.F. nur eine Unterschreitung der 1991 bestehenden Mehrweganteile – bezogen auf einzelne Länder oder die Bundesrepublik Deutschland insgesamt – aus. Zum anderen soll § 9 II 1 VerpackV a.F. ausweislich der amtlichen Begründung des Regierungsentwurfs zu § 9 VerpackV a.F.[18] gewährleisten, daß die in der Bundesrepublik Deutschland bestehenden Mehrwegsysteme für Massengetränke nicht über die Einrichtung dualer Systeme destabilisiert werden.

Die Mehrwegquoten der VerpackV knüpfen damit an die von der Wirtschaft gesellschaftlich autonom gefundene Verteilung zwischen Ein- und Mehrweg-Getränkeverpackungen als realem Sachverhalt an. Dieses von der Wirtschaft ohne staatliche Intervention freiheitlich und freiwillig geschaffene Verhältnis steht jedenfalls zunächst – § 9 II 2 VerpackV a.F. schreibt drei Jahre nach Inkrafttreten eine Entscheidung der Bundesregierung über die Erhöhung und Differenzierung der Mehrweganteile vor – im Einklang mit dem politisch angestrebten Zustand. Der normative, mit den Mehrwegquoten verfolgte wirtschaftsverwaltungsrechtliche Zweck und die reale wirtschaftliche Situation bei Inkrafttreten der VerpackV a.F. stimmen mithin überein. Die Mehrwegquoten streben daher derzeit nur die Konservierung des status quo an. Sie sind somit als Wirtschaftsaufsicht zu qualifizieren[19].

---

18 Abgedruckt bei Strecker / Berndt, Kommentar zur Verpackungsverordnung, 1992, S. 119.

19 Zu dieser Charakterisierung des Verhältnisses von normativem Verwaltungszweck und wirtschaftlicher Realität im Fall der Wirtschaftsaufsicht vgl. R. Scholz, Wirtschaftsaufsicht und subjektiver Konkurrentenschutz, 1971, S. 16ff.; ders., ZHR 132 (1969), 97 (108f., 131ff.); ders., Das Wesen und die Entwicklung der gemeindlichen öffentlichen Einrichtungen, 1967, S. 113ff., 118ff.

2. Erfassungs-, Sortier- und Verwertungsquoten als Wirtschaftslenkung

Mehrwegquoten einerseits und Erfassungs-, Sortier- und Verwertungsquoten andererseits differieren erheblich: Während erstere der Wirtschaftsaufsicht zuzuordnen sind, sind letztere als Wirtschaftslenkung zu qualifizieren.

Die Erfassungs-, Sortier- und Verwertungsquoten sind – anders als die Mehrwegquoten – zukunftsgerichtet, dynamisch und beschränken sich auf die Festlegung eines Rahmens für die Selbststeuerung der Wirtschaft durch staatliche Intervention[20].

Die Erfassungs-, Sortier- und Verwertungsquoten und deren Sanktionierung durch die Rücknahme- und Verwertungspflicht bilden ein selbstregulatives ökonomisches Anreizsystem, das marktorientierte Steuerungselemente zur Sicherung eines sparsamen und schonenden Umgangs mit den Umweltressourcen beim Einsatz von Verpackungen gewährleisten soll. Die von der VerpackV a.F. wie n.F. den Herstellern und Vertreibern von Verpackungen eröffnete Möglichkeit, sich von der Rücknahme- und Verwertungspflicht für gebrauchte Verpackungen zu befreien, wirkt als Verhaltensstimulierung. Die VerpackV a.F. / n.F. gebietet weder die Errichtung und Beteiligung an einem System i. S. d. § 6 III VerpackV a.F. bzw. n.F. noch die Rücknahme und Verwertung gebrauchter Verpackungen zwingend, sondern läßt den Herstellern und Vertreibern von Verpackungen die Wahl[21].

Insoweit ist das politische Interesse auf die Entstehung eines abgeänderten Zustandes in der Wirtschaft gerichtet. Der normative, mit den Erfassungs-, Sortier- und Verwertungsquoten verbundene Zweck ist die Grundlage für intervenierende, die Ausübung wirtschaftlicher Freiheiten programmierenden Rechtspflichten.

3. Schlußfolgerungen

Die VerpackV a.F. wie n.F. enthält mithin sowohl Elemente der Wirtschaftsaufsicht als auch solche der Wirtschaftslenkung. Beide Formen der Beeinflussung der Verpackungswirtschaft sind in der VerpackV a.F. / n.F. konditional verknüpft: Wenn ein System i. S. d. § 6 III VerpackV a.F. bzw. n.F. eingerichtet wird, dann müssen die in § 9 II VerpackV a.F. / n.F. festgelegten Mehrwegquoten eingehalten werden, andernfalls entfällt die in § 9 I VerpackV a.F. wie n.F. vorgesehene Freistellung. Zwischen diesen beiden, in der VerpackV a.F. und n.F. zwar ineinander eingreifenden und aufeinander einwirkenden Formen der Beeinflussung der Verpackungswirtschaft ist für die juristische Bewertung trennscharf zu differenzieren.

---

20 R. Spies, in: Staatswissenschaften und Staatspraxis 5 (1994), 267 ff.

21 Allgemein zu den unterschiedlichen Steuerungsansätzen der Verwaltung im Bereich des Umweltschutzes W. Hoffmann-Riem, in: ders. / Schmidt-Aßmann / Schuppert (Hrsg.), Reform des Allgemeinen Verwaltungsrechts, 1993, S. 115 ff., 135 ff.

Diese Instrumentenmischung soll eine Anreizverstärkung bewirken[22]. Ein über die Aufrechterhaltung der beim Inkrafttreten der VerpackV a.F. bestehenden Mehrwegquoten hinausgehendes ökologisches Engagement, das zur Einhaltung der im Anhang zu § 6 III VerpackV a.F. / n.F. festgelegten Erfassungs-, Sortier- und Verwertungsquoten führt, wird durch die Freistellung von dem in § 9 I VerpackV a.F. und n.F. prinzipiell angeordneten Zwangspfand für Einweg-Getränkeverpackungen prämiert.

Zugleich entsteht durch die Kombination von Wirtschaftsaufsicht und Wirtschaftslenkung aber ein unauflösbares Spannungsverhältnis: Die als Wirtschaftslenkung zu qualifizierenden Erfassungs-, Sortier- und Verwertungsquoten zielen auf eine Selbststeuerung der Wirtschaft durch staatliche Intervention ab. Die Mehrwegquoten hingegen treffen in eben dem Bereich, den die Erfassungs-, Sortier- und Verwertungsquoten der Selbstregulation der Wirtschaft überantworten, ordnungsrechtliche Anforderungen. Damit wird die den Wirtschaftslenkungsmaßnahmen immanente Freiheit beschränkt.

III. Umweltlizenzen und Umweltabgaben zwischen Wirtschaftsaufsicht und Wirtschaftslenkung

Umweltlizenzen und Umweltabgaben nehmen in dem Kontinuum zwischen Wirtschaftsaufsicht und Wirtschaftslenkung eine Mittelstellung ein.

Umweltlizenzen sind einerseits der Wirtschaftsaufsicht zuzuordnen, weil sie eine absolute Mengenbeschränkung beinhalten. Insoweit stehen sie dem Ordnungsrecht sogar näher als Mehrwegquoten, die die Anzahl der produzierten Einweg-Getränkeverpackungen offen lassen und allein verlangen, daß diese nur einen bestimmten Anteil der insgesamt produzierten und vertriebenen Getränkeverpackungen erreichen dürfen. In das Maßnahmenspektrum der Wirtschaftslenkung sind Umweltlizenzen insofern einzuordnen, als bei ihnen der Staat zwar einerseits autoritär die Gesamtmenge der produzierten und vertriebenen Einweg-Getränkeverpackungen festlegt, andererseits aber die Verteilung dieses Kontingentes unter den Herstellern, Vertreibern und Abfüllern von Einweg-Getränkeverpackungen dem Markt überantwortet bleibt.

Umweltabgaben sind demgegenüber in vollem Umfang der Wirtschaftslenkung zuzuordnen. Durch Umweltabgaben verbietet der Staat die Produktion und den Vertrieb von Einweg-Getränkeverpackungen weder insgesamt noch beschränkt er sie – wie bei den Umweltlizenzen – auf eine fixierte Gesamtmenge oder – wie bei den Mehrwegquoten – auf einen festen Anteil der insgesamt hergestellten, vertrie-

---

22 Zur Anreizverstärkung durch Instrumentenmischung allgemein W. Hoffmann-Riem, in: ders. / Schmidt-Aßmann / Schuppert (Hrsg.), Reform des Allgemeinen Verwaltungsrechts, 1993, S. 115 ff., 142 ff.

benen und abgefüllten Getränkeverpackungen. Umweltabgaben erschweren Produktion, Vertrieb und Abfüllung von Einweg-Getränkeverpackungen nur, indem sie den Herstellern, Vertreibern und Abfüllern eine (zusätzliche) finanzielle Belastung auferlegen.

B. Gefahrenabwehr und Gefahrenvorsorge

Der bei der Zuordnung der VerpackV a.F. wie n.F. gefundene Widerspruch zwischen den als Wirtschaftsaufsicht zu qualifizierenden Mehrwegquoten einerseits und der übrigen als Wirtschaftslenkung einzustufenden, in der VerpackV a.F. / n.F. vorgesehenen Maßnahmen spiegelt sich wider, wenn man die VerpackV a.F. bzw. n.F. aus dem Blickwinkel der Differenz zwischen Gefahrenabwehr einerseits und Gefahrenvorsorge andererseits betrachtet. Die Mehrwegquoten sind hierbei der Gefahrenabwehr, die VerpackV a.F. und n.F. im übrigen, insbesondere die Erfassungs-, Sortier- und Verwertungsquoten hingegen der Gefahrenvorsorge zuzuordnen. Umweltlizenzen kommt auch hier eine Mittelstellung zwischen Gefahrenabwehr und Gefahrenvorsorge zu, während Umweltabgaben allein letzterer zuzuordnen sind.

I. Das Verhältnis von Gefahrenabwehr und Gefahrenvorsorge allgemein

Das Verhältnis zwischen Gefahrenabwehr einerseits und Gefahrenvorsorge andererseits erweist sich als ebenso umstritten wie dasjenige zwischen Wirtschaftsaufsicht und Wirtschaftslenkung. Der diesbzgl. Streit entzündet sich insbesondere am Verhältnis von § 5 I Nr. 1 BImSchG einerseits und § 5 I Nr. 2 BImSchG andererseits. Während ein Teil der Literatur die Gefahrenvorsorge in Relation zur Gefahrenabwehr bzw. § 5 I Nr. 2 BImSchG im Verhältnis zu § 5 I Nr. 1 BImSchG als aliud betrachtet, sehen andere in der Gefahrenvorsorge eine eher nur quantitative Erweiterung der Gefahrenabwehr. Letztere weisen auf den präventiven Gehalt sowohl der Gefahrenvorsorge als auch der Gefahrenabwehr hin; erstere bezeichnen die Gefahrenvorsorge als sozialstaatlich gebotene Alternative zum liberalen Polizeirecht[23].

---

[23] Ein aliud-Verhältnis zwischen Gefahrenvorsorge und Gefahrenabwehr bzw. § 5 I Nr. 2 BImSchG und § 5 I Nr. 1 BImSchG nehmen D. Murswiek, Die staatliche Verantwortung für die Risiken der Technik, 1985, S. 301 ff.; F. Hansen-Dix, Die Gefahr im Polizeirecht, im Ordnungsrecht und im Technischen Sicherheitsrecht, 1982, S. 212 ff.; D. Sellner, NJW 1980, 1255 (1257); G. Feldhaus, DVBl. 1980, 133 (135) an.

Dagegen wenden sich z. B. R. Gröschner, Das Überwachungsrechtsverhältnis, 1992, S. 37 ff.; H.-W. Rengeling, DVBl. 1982, 622 (624 ff.); R. Breuer, Der Staat 1981, 393 (410 ff.).

Obwohl diese Kontroverse hier nicht in vollem Umfang erörtert werden kann, ist festzustellen, daß sich die Gefahrenvorsorge gegenüber der Gefahrenabwehr aus hiesiger Perspektive als qualitatives aliud darstellt. Gefahrenabwehr ist eine punktuelle retrospektive, Gefahrenvorsorge demgegenüber eine prospektive und umfassende Risikosteuerung.

Maßnahmen der Gefahrenabwehr sind bestimmt durch Schaden, Eintrittswahrscheinlichkeit und Zurechenbarkeit. Die Gefahrenabwehr schützt nur den jeweils Gefährdeten gegen sich bereits konkret abzeichnende, einzelne und eingrenzbare Gefährdungen. Die Tatbestandsvoraussetzungen für die traditionellen Maßnahmen der Gefahrenabwehr sind durch Literatur und Rechtsprechung detailliert dargestellt und konkretisiert worden.

Maßnahmen der Gefahrenvorsorge können demgegenüber auch schon dann getroffen werden, wenn ein Schadenseintritt nach der Lebenserfahrung noch nicht hinreichend wahrscheinlich ist. Die Gefahrenvorsorge ist auf die Beeinflussung der Gesamtentwicklung gerichtet. Sie kann zum Schutz der Allgemeinheit angewendet werden und setzt nur die Vorsorgefähigkeit der Gefährdung voraus; einzige und äußerste Grenze der Gefahrenvorsorge ist das Verhältnismäßigkeitsprinzip. Der umfassende Anwendungsbereich der Gefahrenvorsorge erfordert eine abstrakte Typenbildung.

Eine zusätzliche Bestätigung des aliud-Verhältnisses zwischen Gefahrenabwehr und Gefahrenvorsorge ergibt sich aus deren divergierenden Beurteilungsgrundlagen: Maßnahmen der Gefahrenabwehr liegt eine auf einen bestimmten Zeitpunkt bezogene Gesamtbeurteilung, die auf allen für das Vorliegen einer Gefahr relevanten Umständen beruht, zugrunde. Maßnahmen der Gefahrenvorsorge gehen demgegenüber von einem bestimmten, bekannten einzelnen Faktor aus. Die Gefahrenabwehr erweist sich damit als vergangenheits-, die Gefahrenvorsorge hingegen als zukunftsbezogen.

Ausgehend von dieser Eingrenzung des Verhältnisses zwischen Gefahrenabwehr einerseits und Gefahrenvorsorge andererseits kann deren jeweilige – wiederum ihrerseits vehement umstrittene[24] – Zuordnung zur Wirtschaftsaufsicht oder Wirtschaftslenkung skizziert werden: Nach hiesiger Ansicht unterfällt die punktuelle und retrospektive Gefahrenabwehr der Wirtschaftsaufsicht, die prospektive und Risiken umfassend steuernde Gefahrenvorsorge hingegen der Wirtschaftslenkung. Dem entspricht auch die Definition der Gefahrenvorsorge im Wirtschaftsrecht als Lenkung zum Zweck wirtschaftlicher Daseinsvorsorge[25].

---

24 Vgl. zum Streitstand z. B. C. Koenig, Die öffentlich-rechtliche Verteilungslenkung, 1994, S. 77 ff.

25 Vgl. G. Roth, Die Gefahrenvorsorge im sozialen Rechtsstaat, 1968, S. 10.

II. Die Erfassungs-, Sortier- und Verwertungsquoten der VerpackV als Gefahrenvorsorge

Entsprechend der soeben umrissenen systematischen Zuordnung von Wirtschaftsaufsicht und Wirtschaftslenkung einerseits und Gefahrenabwehr und Gefahrenvorsorge andererseits sind die VerpackV a.F. wie n.F. allgemein und insbesondere die Erfassungs-, Sortier- und Verwertungsquoten als Maßnahmen der Gefahrenvorsorge zu qualifizieren.

Diese zunächst nur mittelbar aus der Zuordnung sowohl der Erfassungs-, Sortier- und Verwertungsquoten als auch der Gefahrenvorsorge zur Wirtschaftslenkung abgeleitete Qualität wird durch die bereits mehrfach angeführten Kennzeichen der Erfassungs-, Sortier- und Verwertungsquoten bestätigt. Diese sind zukunftsbezogene dynamische Rahmenregelungen und erfüllen damit die Kriterien der Gefahrenvorsorge als einer prospektiven umfassenden Risikosteuerung.

III. Die Mehrwegquoten der VerpackV a.F. / n.F. als Gefahrenabwehr

Für die Mehrwegquoten ergibt sich der spiegelbildliche Befund aus den gleichen Gründen: Schon wegen der Zuordnung der Mehrwegquoten zur Wirtschaftsaufsicht und der Einstufung der Gefahrenabwehr ebenfalls als Teil der Wirtschaftsaufsicht sind auch die Mehrwegquoten der Gefahrenabwehr zuzuordnen. Diese Qualifizierung der Mehrwegquoten wird zudem durch deren Charakteristika bestärkt: Die Mehrwegquoten wurden bereits als vergangenheitsbezogene statische Detailregelung qualifiziert.

IV. Umweltlizenzen und Umweltabgaben zwischen Gefahrenabwehr und Gefahrenvorsorge

Lizenzmodelle sind nicht nur – wie sich bereits ergeben hat[26] – zwischen Wirtschaftsaufsicht und Wirtschaftslenkung zu verorten, sondern nehmen auch im Kontinuum zwischen Gefahrenabwehr einerseits und Gefahrenvorsorge andererseits eine entsprechende Mittelstellung ein.

Die staatliche Festsetzung einer bestimmten Menge von Einweg-Getränkeverpackungen tendiert ebenso zur Gefahrenabwehr wie zur Wirtschaftsaufsicht[27]. Die marktmäßige Verteilung dieses Mengenkontingents unter Herstellern und Vertrei-

---

[26] Vgl. oben im Text sub 5. Teil. A. III.

[27] Ähnlich D. Cansier, NVwZ 1994, 642 ff.; a.A. M. Bothe, NVwZ 1995, 937 (938 ff.).

bern von Einweg-Getränkeverpackungen ist demgegenüber für Wirtschaftslenkung und Gefahrenvorsorge charakteristisch.

Umweltabgaben hingegen sind der Wirtschaftslenkung und im Verhältnis von Gefahrenabwehr und Gefahrenvorsorge letzterer zuzuordnen.

V. Folgerungen

1. Bestätigung der Divergenz zwischen den Mehrwegquoten und Umweltlizenzen einerseits und der VerpackV a.F. / n.F. allgemein andererseits

Die Zuordnung der VerpackV a.F. wie n.F. allgemein und der Erfassungs-, Sortier- und Verwertungsquoten zur Gefahrenvorsorge einerseits und die der Mehrwegquoten und Umweltlizenzen zur Gefahrenabwehr andererseits bestätigt den bereits mehrfach in anderen Zusammenhängen gefundenen systematischen Konflikt zwischen den Mehrwegquoten und den diskutierten Umweltlizenzen auf der einen und der VerpackV a.F. bzw. n.F. im übrigen auf der anderen Seite. Gerade die Unterscheidung von Gefahrenabwehr und Gefahrenvorsorge macht dabei die Tragweite des hiermit verbundenen Widerspruchs deutlich: Maßnahmen der Gefahrenvorsorge beruhen auf bestimmten Erwartungen und strukturieren hierdurch die Zukunft. Die in der VerpackV a.F. wie n.F. festgelegten Erfassungs-, Sortier- und Verwertungsquoten artikulieren explizit die Vermutung, daß bei ihrer Einhaltung die Probleme der Entsorgung gebrauchter Getränkeverpackungen bewältigt werden können. Die Erfassungs-, Sortier- und Verwertungsquoten beinhalten dabei – korrekt betrachtet – zwei Aussagen: Sie stellen nicht nur fest, daß bei ihrer Unterschreitung die in § 6 III VerpackV a.F. / n.F. vorgesehene Freistellung von den Rücknahme- und Verwertungspflichten des § 6 I, II VerpackV a.F. bzw. n.F. entfällt; vielmehr bringen sie umgekehrt zum Ausdruck, daß bei Einhaltung dieser Quoten Einweg-Getränkeverpackungen produziert werden dürfen und deren Herstellung, Vertrieb und Abfüllung die ordnungsgemäße Entsorgung des Verpakkungsmüll nicht gefährden. Die Erfassungs-, Sortier- und Verwertungsquoten wirken daher gegenüber den Herstellern, Vertreibern und Abfüllern von Einweg-Getränkeverpackungen nicht nur beschränkend, sondern auch fördernd. Erfassungs-, Sortier- und Verwertungsquoten sollen nämlich mindestens in Aussicht stellen, daß bei Einhaltung ihrer Vorgaben Herstellung, Vertrieb und Abfüllung von Einweg-Getränkeverpackungen die Schwelle der noch hinnehmbaren ökologischen Folgekosten und die in Anspruch genommenen knappen Umweltressourcen, insbesondere Deponiekapazitäten, nicht überbeansprucht werden.

Die Mehrwegquoten und Umweltlizenzen schreiben daher in einem Bereich zusätzliche Einschränkungen vor, in dem die Erfassungs-, Sortier- und Verwertungsquoten und die VerpackV a.F. wie n.F. allgemein die negativen Umweltfolgen von Einweg-Getränkeverpackungen als mindestens hinnehmbar qualifiziert haben.

2. Anpassungsbedarf für die Mehrwegquoten und die Umweltlizenzen

Jenseits der damit nochmals zum Ausdruck gekommenen Systemwidrigkeit der Mehrwegquoten und der Umweltlizenzen führt diese Überlegung zu einem weiteren Befund: Wenn sowohl den Erfassungs-, Sortier- und Verwertungsquoten der VerpackV a.F. wie n.F. einerseits als auch ihren Mehrwegquoten und den diskutierten Umweltlizenzen andererseits eine auf einen bestimmten Zeitpunkt fixierte Erwartung der zukünftigen Entwicklung der Entsorgung gebrauchter Verpackungen zugrundeliegt, müssen diese Erwartungen und damit hier die Mehrwegquoten und die Umweltlizenzen dann korrigiert werden, wenn die Erwartungen nicht bzw. nur in modifizierter Form erfüllt werden. Erweisen sich Mehrweg-Getränkeverpackungen nicht als durchgängig umweltfreundlicher als Einweg-Getränkeverpackungen müssen die Mehrwegquoten ebenso wie die Umweltlizenzen aufgehoben bzw. geändert und spezifiziert werden. Gerade in dieser Anpassungsfähigkeit liegt der Vorteil einer Gesellschaftssteuerung über Erwartungen: Wollte man stattdessen ein bestimmtes Verhalten vorschreiben, wäre dieses irreversibel. Erwartungen sind demgegenüber korrigierbar.

Die in § 9 II 5 VerpackV n.F. vorgesehene Gleichstellung von Schlauchbeutel-Verpackungen aus Polyethylen mit Mehrweg-Getränkeverpackungen wäre zwar ein erster Schritt in diese Richtung, zumal hierdurch ausdrücklich den zwischenzeitlich vorliegenden Ökobilanzuntersuchungen Rechnung getragen werden soll[28]. Diese Modifikation ist aber – verglichen mit den Vorschriften zu den Erfassungs-, Sortier- und Verwertungsquoten – noch unzureichend. Bei den Mehrwegquoten will sich der Verordnungsgeber nämlich nach wie vor auf eine retrospektive Anpassung der Vorschriften an die tatsächliche Entwicklung beschränken. Die Erfassungs-, Sortier- und Verwertungsquoten bleiben demgegenüber schon im Hinblick auf die zukünftige Entwicklung dynamisch ausgelegt. Der Systembruch zwischen Mehrwegquoten einerseits und Erfassungs-, Sortier- und Verwertungsquoten andererseits wird demnach nicht behoben.

Eine Einführung von Umweltlizenzen würde diesen Systembruch sogar noch vertiefen. Umweltlizenzen fußen nämlich – anders als die Mehrwegquoten – nicht auf einer relativen, sondern auf einer absoluten staatlichen Mengenbeschränkung. Die Umweltlizenzen erweisen sich damit als noch weniger flexibel als die Mehrwegquoten. Dies gilt umso mehr dann, wenn die Lizenzen – wie im GetränkeverpackungsVO-Konzept – zeitlich unbefristet und unentgeltlich erteilt werden sollen.

3. Prozeduraler Handlungsbedarf

Die Mehrwegquoten der VerpackV a.F. wie n.F. und das hieran anknüpfende Zwangspfand beruhen auf einer mittlerweile überholten, nur früher in Anspruch

28 Vgl. BT-Drs. 13/5999, S. 22.

nehmbaren, vordergründigen Plausibilität der Gleichsetzung von Einweg als umweltfeindlich und Mehrweg als umweltfreundlich. Diese wird verständlich, wenn man seinen Blick auf die Entwicklung abfallrechtlicher Zielsetzungen richtet: In der ersten Entwicklungsphase wird auf die rapide gestiegenen Abfallmengen und die neuartigen Stoffgemische reagiert. Zu lösen sind daher mengen- und stoffbezogene Abfallprobleme. Die zweite Phase wird durch die Ölkrise im Jahr 1973 markiert: Abfälle sollen nun als Sekundärrohstoffe genutzt werden. In einer dritten Phase soll das Verwerten durch das Vermeiden ergänzt werden[29].

Das Müllproblem wurde mithin nie insgesamt, sondern immer nur aus einem bestimmten Blickwinkel – knappe Deponiekapazität, Sekundärrohstoff, etc. – betrachtet. Dies zeigt auch § 14 AbfG, wenn er (nur) zwischen der Schadstoffproblematik (§ 14 I AbfG) einerseits und der Mengenproblematik (§ 14 II AbfG) andererseits differenziert.

Erforderlich ist demgegenüber eine Gesamtbetrachtung, die die ökologische Relevanz eines Produktes – hier der Getränkeverpackungen – möglichst umfassend beurteilt.

Dem beginnt das neue KrW-/AbfG, das insoweit auf den Erfahrungen mit der VerpackV a.F. aufbaut, Rechnung zu tragen[30], indem es in den §§ 22 ff. KrW-/AbfG die Produktverantwortung hervorhebt[31].

4. Produktlinienanalysen und Öko-Bilanzen statt Mehrwegquoten

Die damit geforderte Anpassung der Mehrwegquoten, die sich zugleich als Einwände gegen eine Einführung von Umweltlizenzen darstellen, darf nicht bei einer Detailkorrektur stehenbleiben, sondern muß eine grundlegende Neukonstruktion beinhalten. Den neuen Erkenntnissen, denen zufolge Mehrweg-Getränkeverpakkungen nur unter ganz bestimmten eingeschränkten Umständen umweltfreundlicher sind als Einweg-Getränkeverpackungen kann nicht allein durch eine Änderung – z. B. der Höhe der Mehrwegquoten – bzw. Spezifizierung der Mehrwegquoten Rechnung getragen werden.

Konsequent und erforderlich erscheint vielmehr der Übergang von den Mehrwegquoten zur Produktlinienanalyse. Die hierdurch mögliche – auch gegenüber der Ökobilanz umfassendere[32] – Beurteilung der ökologischen Auswirkungen einer Getränkeverpackung beinhaltet zwar ihrerseits keine definitive Aussage darüber, welche Verpackungsart – insbesondere eine Ein- oder eine Mehrweg-

---

29 Vgl. hierzu Castro / Rösler, Abfallwirtschaft, 1992, S. 19 f.

30 Vgl. dazu W. Frenz, Kreislaufwirtschafts- und Abfallgesetz, 1996, Einl. Rdnrn. 4 f.

31 Vgl. dazu M. Beckmann, UPR 1996, 41 ff.; Budde, JA 1993, 613 ff.; M. Hoffmann, DVBl. 1996, 347 ff. ,

32 Zum Verhältnis von Ökobilanz und Produktlinienanalyse vgl. bereits oben im Text sub 3. Teil. C. II.

Getränkeverpackung – im konkreten Fall größere ökologische Vor- bzw. Nachteile aufweist. Die Produktlinienanalyse gibt keine diesbezügliche Anleitung zur Bewertung; ihr Nutzen beschränkt sich vielmehr auf die Sammlung und Zusammenstellung von Informationen über die umweltrelevanten Aspekte einer Verpackungsart. Eine weitergehende Aussage kann nicht erwartet werden; Bewertungsregeln können nicht unabhängig von den betroffenen und miteinbezogenen Menschen sowie Gruppen und dem zu betrachtenden geographischen Raum aufgestellt werden. Die der Produktlinienanalyse fehlende Bewertungsanleitung erweist sich aber als vorteilhaft; sie zwingt beim Umgang mit einer Produktlinienanalyse nämlich dazu, sich die eigenen und fremden Bewertungskriterien – insbesondere die von gegnerischen Ansichten – zu verdeutlichen und sie transparent zu machen[33].

Der Produktlinienanalyse kommt damit gegenüber den heutigen Mehrwegquoten und den diskutierten Umweltlizenzen ein entscheidender Vorteil zu: Der Gesetz- bzw. Verordnungsgeber kann sich hierdurch von der mit den Mehrwegquoten und den Umweltlizenzen verbundenen vordergründigen und falschen Pauschalierung – Mehrweg gleich umweltfreundlich und Einweg gleich umweltfeindlich – lösen und zu einem transparenten, den komplexen Umweltauswirkungen von Verpackungen gerecht(er) werdenden System übergehen.

Diese Neukonstruktion ist umso mehr zu fordern, als die Produktlinienanalyse anders als die Mehrwegquoten und die Umweltlizenzen der Gefahrenvorsorge und Wirtschaftsaufsicht zuzuordnen ist und der Widerspruch zwischen den Mehrwegquoten und Umweltlizenzen einerseits und der VerpackV im übrigen andererseits damit aufgelöst würde.

C. Staat und Gesellschaft

Die in den Bereichen Wirtschaftsaufsicht / Wirtschaftslenkung und Gefahrenabwehr / Gefahrenvorsorge gefundene Diskrepanz zwischen der VerpackV a.F. wie n.F. als solcher einerseits und den Mehrwegquoten, dem Zwangspfand und den Umweltlizenzen andererseits fußt auf deren unterschiedlicher Verortung im Verhältnis von Staat und Gesellschaft allgemein. Während die VerpackV a.F. / n.F. die gesellschaftliche Selbstregulierung initiieren will, markieren Mehrwegquoten, Zwangspfand und Umweltlizenzen einen Rückfall in das überkommene Ordnungsrecht[34].

---

33 G. Häußler, Das Vorsorge- / Präventionsprinzip in der umweltpolitischen Praxis unter besonderer Berücksichtigung der Produktlinienanalyse, 1994, S. 205.

34 Allgemein zur Steuerung durch unterschiedliche Arten von Recht E. Schmidt-Aßmann, in: Hoffmann-Riem / Schmidt-Aßmann (Hrsg.), Innovation und Flexibilität des Verwaltungshandelns, 1994, S. 407 ff., 415 ff.

I. Die VerpackV a.F. / n.F. als Form kooperativer Staatlichkeit

Sowohl die in der VerpackV primär vorgesehenen Pflichten zur Pfanderhebung, Rücknahme und Verwertung von Verpackungen als auch die für die Freistellung hiervon erforderliche und damit zweitrangige bloße Obliegenheit zur Beteiligung an einem System i. S. d. § 6 III VerpackV a.F. wie n.F. initiieren ein Stück an Selbststeuerung der Wirtschaft durch die Internalisierung externer Kosten[35]. M. Schmidt-Preuß qualifiziert die VerpackV als Form der Kontextsteuerung, bei der eine ordnungsrechtliche Primärpflicht mit einer Abwendungsbefugnis kombiniert wird[36]. U. Di Fabio sieht in der Duales System Deutschland AG eine selbständige Erfüllungsorganisation und damit eine Form selbstregulativen Gesetzesvollzuges[37]. Die VerpackV a.F. wie n.F. stellt mit ihren Instrumentarien jedenfalls den deutlichen Versuch dar, für das Feld der Entsorgung von Verpackungsmüll eine „Verantwortungsgemeinschaft"[38] von Verwaltung und Wirtschaft zu installieren, wobei der grundsätzlich experimentelle Charakter dessen nicht übersehen werden darf[39].

Die VerpackV a.F. wie n.F. insgesamt ist dem reflexiven Recht zuzuordnen. Während formales Recht durch Konditionalprogramme, die genau definierten Tatbeständen ebenso genau definierte Rechtsfolgen zuordnen, geprägt und materiales Recht durch Finalprogramme, die nur den zu erreichenden Zweck, nicht aber die Mittel vorschreiben, charakterisiert ist, stellt reflexives Recht eine der Antworten auf die Forderungen nach einem „neuen Recht" dar. Reflexives Recht[40] wird anders als das interventionistische Recht durch Organisations-, Verfahrens- und Kompetenznormen geprägt. Es reguliert indirekt und abstrakt die soziale Selbstregulierung. Damit schafft es die verfahrensmäßigen und organisatorischen Voraussetzungen für Reflexionsprozesse innerhalb sozialer Subsysteme. Reflexives Recht vermittelt im Gegensatz zum formalen und materialen Recht Sicherheit weniger

---

35 Vgl. dazu sowie zum folgenden bereits ausführlich und wie hier Scholz / Aulehner, BB 1993, 2250 (2251 ff.). Siehe auch bereits oben im Text sub 4. Teil. II. 3. Ausführlicher zur staatlichen Initiierung und der Abgrenzung zur unmittelbaren Verpflichtung S. M. Hirschfeld, Staatlich initiierte Monopole und das Verfassungsrecht – das Beispiel Verpackungsverordnung, 1997, S. 43 ff. sowie A. Finckh, Regulierte Selbstregulierung im Dualen System, 1998, insb. S. 31 ff., 74 ff., 121 ff.

36 M. Schmidt-Preuß, VVDStRL 56 (1997), 160 (185); ders., in: Niederleithinger / Werner / Wiedemann (Hrsg.), Festschrift für Otfried Lieberknecht, 1997, S. 549 ff., 551 ff.

37 U. Di Fabio, VVDStRL 56 (1997), 235 (242 ff., 249).

38 R. Pitschas, Verwaltungsverantwortung und Verwaltungsverfahren, 1990, S. 275. Ausführlich für den Umweltbereich ders., in: K. Lüder (Hrsg.), Staat und Verwaltung, 1997, S. 269 ff.

39 Vgl. dazu bereits Scholz / Aulehner, BB 1993, 2250 (2252).

40 Dazu auch R. Pitschas, Verwaltungsverantwortung und Verwaltungsverfahren, 1990, S. 152 ff. m. zahlr. Nachw. in Fußn. 80 bis 82; ders., VSSR 1990, 241 (241 f.); Görlitz / Voigt, Rechtspolitologie – eine Einführung, 1985, S. 221 ff. und aus jüngerer Zeit M. Schmidt-Preuß, VVDStRL 56 (1997), 160 (192 ff.).

dadurch, daß es den Bestand bestimmter Rechtsgüter bzw. deren Optimierung gewährleistet, sondern durch die „Permanenz der Rechtsänderung im Medium des Rechts“[41].

II. Mehrwegquoten, Zwangspfand und Umweltlizenzen als Ausdruck interventionistischen Rechts

Die Mehrwegquoten, das Zwangspfand und die Umweltlizenzen stellen in dieser in der VerpackV a.F. wie n.F. zum Ausdruck kommenden Entwicklung einen Rückschritt dar[42]. Mehrwegquoten, Zwangspfand und Umweltlizenzen nähern sich stark der überkommenen Regelung durch staatliche Ge- bzw. Verbote an. Im Gegensatz zur Duales System Deutschland AG stellen sich Mehrwegquoten, Zwangspfand und Umweltlizenzen aber als interventionistische Regelungen dar. Sie ermöglichen der Wirtschaft bzw. Gesellschaft keine eigenverantwortliche Reaktion auf die zukünftige Entwicklung. Sie privilegieren Mehrweg-Systeme unabhängig von den zukünftigen ökologischen Erkenntnissen und der ökonomischen Entwicklung. Mehrwegquoten und Umweltlizenzen lassen nur die Herstellung, den Vertrieb und die Abfüllung einer relativ bzw. absolut bestimmten Menge an Einweg-Getränkeverpackungen zu[43].

D. Mehrwegquoten, Umweltlizenzen und Umweltabgaben im Spektrum der staatlichen Handelsformen im Wirtschaftsverwaltungsrecht

Die Mehrwegquoten der VerpackV a.F. wie n.F. stellen eine besondere, im Wirtschaftsverwaltungsrecht bislang ihrem Typ nach noch nicht oder allenfalls unzureichend erfaßte Handlungsform dar: Sie unterscheiden sich sowohl von freiwilligen Selbstbeschränkungsabkommen einerseits als auch von den anerkannten Formen der staatlichen Vergabeentscheidungen andererseits; eben dies gilt auch für Umweltlizenzen.

---

41 U. K. Preuß, in: D. Grimm (Hrsg.), Staatsaufgaben, 1994, S. 523 ff., 526.

42 Ähnlich K.-H. Ladeur, Das Umweltrecht der Wissensgesellschaft, 1995, S. 176.

43 M. Schmidt-Preuß, VVDStRL 56 (1997), 160 (223) zu Lizenzmodellen: „Steuerungstyp (...), der auf pretiale Lenkung zielt, freilich einen verordneten Markt darstellt.“

I. Die Selbstbeschränkungsabkommen

Die Selbstbeschränkungsabkommen[44] zeichnen sich im Gegensatz zu den Mehrwegquoten der VerpackV a.F. / n.F. und den diskutierten Umweltlizenzen durch ihre Freiwilligkeit aus. Befolgt die Wirtschaft ihre in Selbstbeschränkungsabkommen eingegangenen Verpflichtungen nicht, kann der Gesetz- bzw. Verordnungsgeber hierauf nur durch den Erlaß einer Rechtsnorm reagieren. Die Selbstbeschränkungsabkommen selbst sehen keine Sanktion für ihre Nichtbefolgung vor. Die Ratio der Selbstbeschränkungsabkommen besteht gerade in ihrer Unverbindlichkeit. Sowohl der Gesetzgeber als auch die beteiligten Unternehmen handeln ohne Rechtsfolgenwillen. Die Unternehmen wollen sich bei einer Veränderung der wirtschaftlichen Lage von ihrer Zusage lösen können; der Gesetzgeber kann sich rechtlich nicht zur Unterlassung eines Gesetzes verpflichten. Die Bindungswirkung normvertretender Absprachen ist daher allein politischer Natur und hängt vom Ausmaß der politischen Interessenübereinstimmung und den politisch-sozialen Sanktionsmöglichkeiten der Partner ab[45].

Die Mehrwegquoten und Umweltlizenzen unterscheiden sich hiervon deutlich: Sie beinhalten eine Mengenbeschränkung und sanktionieren diese.

Die gefundene Divergenz zwischen Selbstbeschränkungsabkommen einerseits und den Mehrwegquoten der VerpackV sowie den Umweltlizenzen andererseits wird zudem durch das AbfG selbst bestätigt: Dieses unterscheidet nämlich in § 14 II 1, 3 AbfG ausdrücklich zwischen sog. Zielfestlegungen und einer Regelung durch Rechtsverordnung. Während erstere Selbstbeschränkungsabkommen zumindest ähneln, sind letztere nicht mehr als „soft law", sondern bereits als „hard law" zu qualifizieren.

Das KrW- / AbfG übernimmt diese Differenzierung und ergänzt sie. § 25 I KrW- / AbfG sieht weiterhin Zielfestlegungen durch die Bundesregierung vor. § 25 KrW- / AbfG sieht darüber hinaus freiwillige Selbstverpflichtungen[46] vor und normiert damit jedenfalls einen weiteren Teilaspekt der Selbstbeschränkungsabkommen.

---

44 Ausführlich zu diesen ifo-Institut, Förderung ökologisch sinnvoller Getränkeverpackungen, 1996, S. 12f., 149ff., 161ff. sowie M. Schmidt-Preuß, VVDStRL 56 (1997), 160 (214ff.). Strukturelle Paralellelen zwischen Selbstbeschränkungsabkommen und der VerpackV erörtern A. Finckh, Regulierte Selbstregulierung im Dualen System, 1998, S. 141ff. und K. Becker-Schwarze, Steuerungsmöglichkeiten des Kartellrechts bei umweltschützenden Unternehmenskooperationen, 1997, S. 143ff.

45 Hierzu J. Oebbecke, DVBl. 1986, 793 (795); J. Becker, DÖV 1985, 1003 (1010); E. Bohne, VerwArch 75 (1984), 343 (361f.).

46 Vgl. dazu z. B. W. Frenz, Kreislaufwirtschafts- und Abfallgesetz, 1996, § 25 Rdnrn. 9ff.

II. Staatliche Verteilungslenkung

Die Mehrwegquoten der VerpackV a.F. wie n.F. und die Umweltlizenzen sind ebensowenig der klassischen staatlichen Verteilungslenkung zuzuordnen wie sie als Selbstbeschränkungsabkommen qualifiziert werden konnten. Trotz der äußerst heterogenen – als staatliche Verteilungslenkung zu qualifizierenden – Instrumente, deren Abgrenzung zueinander teilweise vehement umstritten ist, erweisen sich die Mehrwegquoten der VerpackV a.F. bzw. n.F. und die Umweltlizenzen auch insoweit als aliud. Konzessionen, Genehmigungen und Kontingente verknappen nämlich – im Gegensatz zu den Mehrwegquoten der VerpackV a.F. / n.F. und den Umweltlizenzen – ein prinzipiell unbegrenztes Angebot nicht nur künstlich, sondern legen auch dessen Verteilung unter den Konkurrenten fest.

III. Folgerungen

Die Mehrwegquoten der VerpackV a.F. und n.F. stellen rechtlich einen zwischen den unverbindlichen Selbstbeschränkungsabkommen einerseits und den Konzessionen, Genehmigungen und Kontingenten als klassischen Instrumenten der staatlichen Verteilungslenkung andererseits einzugruppierenden besonderen Rechtstypus dar.

Eben dieser Befund gilt auch für Umweltlizenzen. Diese sind den Konzessionen, Genehmigungen und Kontingenten sogar noch weiter angenähert als die Mehrwegquoten. Anders als Mehrwegquoten legen Umweltlizenzen nämlich zum einen den Höchstumfang der Inanspruchnahme von Umweltressourcen fest und verpflichten zum anderen und überdies nicht nur die Gemeinschaft der Hersteller und Vertreiber von Einweg-Getränkeverpackungen, sondern teilen dem einzelnen ein Kontingent der staatlich festgesetzten Gesamtmenge zu.

Umweltabgaben stellen demgegenüber die nach den Selbstbeschränkungsabkommen am wenigsten einschneidenden Maßnahmen dar. Sie verteuern Einweg-Getränkeverpackungen zwar, überlassen es aber dem einzelnen Hersteller und Vertreiber, ob er gleichwohl noch Einweg-Getränkeverpackungen produzieren bzw. in den Handel bringen oder abfüllen will. Umweltabgaben beschränken weder die Gesamtmenge der ausgestoßenen Einweg-Getränkeverpackungen absolut oder relativ noch differenzieren sie durch unterschiedliche Zuteilungen zwischen den einzelnen Herstellern und Vertreibern.

E. Zwischenergebnis

Anders als die VerpackV a.F. wie n.F. im übrigen sind die Mehrwegquoten in den Kontinuen von Wirtschaftsaufsicht / Wirtschaftslenkung und Gefahrenabwehr / Gefahrenvorsorge nicht bei letzteren, sondern bei den ersteren zu verorten.

Die diskutierten Umweltlizenzen sind dabei der Wirtschaftsaufsicht und Gefahrenabwehr sogar noch weiter angenähert als die Mehrwegquoten, da erstere im Gegensatz zu letzteren zum einen eine absolute – nicht wie die Mehrwegquoten nur relative, von der Gesamtzahl der Getränkeverpackungen abhängige – Mengenbeschränkung für Einweg-Getränkeverpackungen enthalten. Zum anderen nehmen die Umweltlizenzen – anders als die Mehrwegquoten – nicht nur die Gesamtheit der Hersteller, Vertreiber und Abfüller, sondern jeden einzelnen in die Pflicht.

Die Umweltabgaben hingegen haben sich als eher der Wirtschaftslenkung und Gefahrenvorsorge angenähert erwiesen.

Wegen der Sonderstellung der Mehrwegquoten können diese weder als Selbstbeschränkungsabkommen noch als klassische Instrumente der staatlichen Verteilungslenkung qualifiziert werden. Die Umweltlizenzen sind auch hier eher letzteren, die Umweltabgaben eher ersteren zuzuordnen.

Die durch den Systembruch schon zwischen Mehrwegquoten einerseits und dem übrigen Instrumentarium der VerpackV a.F. und n.F. andererseits erneut zum Ausdruck kommende Divergenz innerhalb der VerpackV a.F. wie n.F. bestätigt die bereits vorgeschlagene Neukonstruktion, bei der die Mehrwegquoten durch Produktlinienanalysen ersetzt werden sollen.

Umweltlizenzen würden demgegenüber eine Verschärfung bedeuten und den Systembruch innerhalb der VerpackV a.F. wie n.F. vertiefen.

Umweltabgaben wären als schwächerer, den Selbstbeschränkungsabkommen angenäherter Eingriff zwar eher zu befürworten, berücksichtigen aber – anders als ein an Produktlinienanalysen anknüpfendes Instrumentarium – die unterschiedliche Umweltrelevanz der einzelnen Verpackungen nicht.

Sechster Teil

Gesetzgebungszuständigkeit und Ermächtigungsgrundlage für Mehrwegquoten, Zwangspfand und Umweltlizenzen

Für die in der VerpackV a.F. wie n.F. festgelegten und durch ein Zwangspfand für Einweg-Getränkeverpackungen sanktionierten Mehrwegquoten und für die diskutierten Umweltlizenzen kommt dem Bund zwar die Gesetzgebungszuständigkeit zu. Mehrwegquoten, Zwangspfand und Umweltlizenzen stehen aber im Widerspruch zum AbfG als Ermächtigungsgrundlage für die VerpackV a.F. und zum KrW- / AbfG als Ermächtigungsgrundlage für die VerpackV n.F.

A. Gesetzgebungszuständigkeit für Mehrwegquoten, Zwangspfand und Umweltlizenzen

Für die in der VerpackV a.F. wie n.F. festgelegten Mehrwegquoten und das sie sanktionierende Zwangspfand für Einweg-Getränkeverpackungen hat der Bund ebenso die Kompetenz wie für Umweltlizenzen.

Dies gilt unabhängig davon, ob die Mehrwegquoten und das Zwangspfand sowie die Umweltlizenzen als „Abfallbeseitigung" oder als „Recht der Wirtschaft" zu klassifizieren sind; dem Bund kommt in beiden Fällen gemäß Art. 74 I Nr. 24 GG oder nach Art. 74 I Nr. 11 GG die konkurrierende Gesetzgebungszuständigkeit zu[1].

B. Das Abfallgesetz als Ermächtigungsgrundlage für Mehrwegquoten und Zwangspfand

Weder das in § 7 VerpackV a.F. geregelte Zwangspfand für Einweg-Getränkeverpackungen noch die Mehrwegquoten des § 9 II VerpackV a.F. sind durch § 14 II 3 Ziff. 2, 3 AbfG als Ermächtigungsgrundlage gedeckt. Die VerpackV a.F. verstößt insoweit sowohl formell als auch materiell gegen das AbfG.

---

1 Ausführlich hierzu bereits Scholz / Aulehner, BB 1993, 2250 (2256).

I. Verfahren der Verordnungsgebung

Die in der VerpackV a.F. geregelten Mehrwegquoten und das sie sanktionierende Zwangspfand auf Einweg-Getränkeverpackungen sind in formell rechtswidriger Weise zustande gekommen. Die Bundesregierung hat die einschlägigen §§ 7, 9 I, II VerpackV a.F. erlassen, ohne den Ablauf der in einer vorausgegangenen Zielfestlegung gemäß § 14 II 1 AbfG gesetzten Frist abzuwarten und ohne (hinreichend) zu prüfen, ob die in der Zielfestlegung geforderten Mehrwegquoten erreicht worden waren[2].

Der Erlaß von Rechtsverordnungen nach § 14 II 3 AbfG ist – was teilweise nicht hinreichend beachtet wird[3] – gegenüber den Zielvorgaben gemäß § 14 II 1 AbfG subsidiär. Die Zielvorgaben sind keine rein formale Obliegenheit, sondern eine konstitutive Voraussetzung der Verordnungsermächtigung des § 14 II 3 AbfG. Dies ergibt sich sowohl aus dem Wortlaut des § 14 II 1 AbfG („Die Bundesregierung ... legt ... fest")[4] und des § 14 II 3 (Soweit ..., insbesondere soweit dies durch Zielfestlegungen nach Satz 1 nicht erreichbar ist, ...")[5] als auch aus dem Kontext und der Intention, in der die Zielfestlegungen des § 14 II 1 AbfG stehen. § 14 II AbfG will abfallwirtschaftliche Erfordernisse nämlich primär durch Eigeninitiativen der Wirtschaft und erst sekundär durch staatliche Regelung im Verordnungswege realisieren. Überdies ergibt sich der Vorrang einer Zielfestlegung zudem aus dem Kooperationsprinzip, dem § 14 II AbfG verstärkt verpflichtet ist, ebenso wie aus dem verfassungsrechtlichen Übermaßverbot.

Der Verordnungserlaß gemäß § 14 II 3 AbfG ist daher nach wohl überwiegender[6] und richtiger Meinung subsidiär gegenüber der Zielfestlegung gemäß § 14 II 1 AbfG. §§ 7, 9 VerpackV a.F. sind daher formell rechtswidrig zustande gekommen.

---

2 Siehe hierzu oben im Text sub 2. Teil. A. I. 2.

3 BReg., BT-Drs. 10/5656, S. 77, 79; S. M. Hirschfeld, Staatlich initiierte Monopole und Verfassungsrecht – das Beispiel Verpackungsverordnung, 1997, S. 41 f. m. Fußnote 108; J. Jekewitz, DÖV 1990, 51 (56); C. Backes, DVBl. 1987, 333 (338); R. P. Eckert, NVwZ 1986, 898 (899).

4 Hösel / v.Lersner, Recht der Abfallbeseitigung. Kommentar, Stand: Juni 1994, Kz. 1240, Rdnr. 35; C. Klages, NVwZ 1988, 481 (482).

5 L.-A. Versteyl, in: Kunig / Schwermer / Versteyl, Abfallgesetz. Kommentar, 2. Aufl. 1992, § 14 Rdnr. 22.

6 Hösel / v.Lersner, Recht der Abfallbeseitigung. Kommentar, Stand: Juni 1994, Kz. 1240, Rdnr. 35; L.-A. Versteyl, in: Kunig / Schwermer / Versteyl, Abfallgesetz. Kommentar, 2. Aufl. 1992, § 14 Rdnr. 22; M. Kloepfer, Umweltrecht, 1989, S. 697; W. Schutt, NVwZ 1991, 10 (14 f.); H. C. Atzpodien, UPR 1990, 7 (8 f.); C. Klages, NVwZ 1988, 481 (482); H. C. Atzpodien, DB 1987, 727 (728 f.).

II. Mehrwegquoten und Zwangspfand als Inhalt der VerpackV

Die formell rechtswidrig zustande gekommenen Mehrwegquoten der VerpackV sind auch in materieller Hinsicht nicht durch das AbfG gedeckt. Im Rahmen der folgenden Prüfung soll dabei weniger auf die allgemeine Unvereinbarkeit der VerpackV a.F. mit dem AbfG eingegangen werden, weil z. B. die von der Duales System Deutschland AG eingesammelten gebrauchten Verpackungen schon keine Abfälle i. S. d. AbfG darstellen[7]; im Zentrum der Betrachtungen sollen vielmehr gerade die durch das Zwangspfand und die Mehrwegquoten hervorgerufenen Zweifel stehen.

§ 14 II Ziff. 2, 3 AbfG ermöglicht zwar die Anordnung eines Zwangspfandes wie es § 7 VerpackV a.F. vorsieht. Dies gilt aber nicht für die in § 9 II VerpackV a.F. festgelegten Mehrwegquoten.

1. Das Zwangspfand

Zur Anordnung des in § 7 VerpackV a.F. festgelegten Zwangspfandes für Einweg-Getränkeverpackungen ist die Bundesregierung durch § 14 II 3 Ziff. 3 AbfG ermächtigt. § 14 II 3 Ziff. 3 AbfG sieht ausdrücklich vor, daß im Wege der Rechtsverordnung die Rückgabe gebrauchter Verpackungen durch geeignete Rücknahme- und Pfandsysteme sichergestellt werden kann.

2. Die Mehrwegquoten

Die in § 9 II VerpackV a.F. geregelten Mehrwegquoten sind demgegenüber mit § 14 II 3 Ziff. 2, 3 VerpackV unvereinbar. Die Mehrwegquoten sind nämlich keine Vorsorgemaßnahmen, sind in § 14 II 3 Ziff. 2, 3 AbfG nicht vorgesehen und dienen allenfalls teilweise dazu, den durch Abfallmengen bedingten Deponie- und Landschaftsverbrauch zum Wohl der Allgemeinheit zu begrenzen.

a) § 14 II AbfG als Ausdruck des Vorsorgeprinzips

§ 14 II 3 Ziff. 2, 3 AbfG ermächtigt nur zu Vorsorgemaßnahmen; die Mehrwegquoten des § 9 II VerpackV a.F. wurden aber bereits der Gefahrenabwehr zugeordnet[8].

§ 14 II AbfG ist wie das AbfG insgesamt dem Vorsorgeprinzip verpflichtet, obwohl der Begriff der Vorsorge nicht ausdrücklich in das Gesetz aufgenommen wur-

---

7 Ausführlich hierzu bereits Scholz / Aulehner, BB 1993, 2250 (2257 f.) sowie S. M. Hirschfeld, Staatlich initiierte Monopole und 1Verfassungsrecht – das Beispiel Verpackungsverordnung, 1997, S. 155 ff.; W. Frenz, DÖV 1994, 421 ff. – Allgemein zum Abfallbegriff siehe BVerwGE 92, 353 (359 ff.); A. Kersting, DVBl. 1994, 273 (274 ff.).

8 Vgl. dazu bereits oben im Text sub 5. Teil. B. III.

de. Das Abfallrecht beschränkt sich nicht mehr – wie insbesondere § 14 AbfG zeigt – auf nachsorgende Anordnungen zur Entsorgung bereits angefallener Abfälle (§§ 2-4 AbfG – sog. end-of-pipe-Strategie), sondern strebt vorsorgend die Vermeidung oder Verringerung von Abfall an[9]. Die Entstehungsgeschichte des § 14 II AbfG zeigt, daß gerade mit dieser Ermächtigung für auf die Abfallmenge bezogenen Verordnungen ein Vorsorgeinstrument geschaffen werden sollte[10]. Eben dies kommt auch im Wortlaut des § 14 II 3 AbfG zum Ausdruck, wenn die „Vermeidung oder Verringerung von Abfallmengen" als Ziel der Verordnungen angegeben wird[11]. Die Zuordnung des § 14 II AbfG zur Gefahrenvorsorge wird zudem durch die in § 14 II 1, 3 AbfG angeordnete Subsidiarität des Verordnungserlasses bestätigt. § 14 II 1, 3 AbfG räumt den Zielfestlegungen gemäß § 14 II 1 AbfG einen prinzipiellen Vorrang vor einem Verordnungserlaß ein[12]. Im Bereich der Gefahrenabwehr, in dem eine schnell wirkende Abhilfe gefordert wird, scheidet ein derartiger langer Vorlauf aus. Eben deshalb sind die Zielfestlegungen auch nur in § 14 II AbfG, nicht aber in § 14 I AbfG vorgesehen[13].

Die als Maßnahmen der Gefahrenabwehr zu qualifizierenden Mehrwegquoten sind daher durch den der Gefahrenvorsorge zuzuordnenden § 14 II AbfG als Ermächtigungsgrundlage nicht gedeckt.

b) Mehrwegquoten – weder eine Regelung der Art und Weise des Inverkehrbringens noch einer Rücknahmepflicht nach Gebrauch i. S. d. § 14 II 3 Ziff. 2 bzw. 3 AbfG

Die in § 9 II VerpackV a.F. angeordneten Mehrwegquoten sind weder in § 14 II 3 Ziff. 2 AbfG noch in § 14 II 3 Ziff. 3 AbfG als vorsorgende Maßnahmen vorgesehen.

§ 14 II 3 Ziff. 2 AbfG ermächtigt zwar zu vielfältigen Maßnahmen, die z. B. die Vermeidung von Verbundverpackungen, die Homogenisierung von Kunststoffverpackungen, möglichst dünnwandige und kleinvolumige Verpackungen, länger haltbare und deshalb leichter wieder verwendbare Verpackungen, die Normierung von Kästen und Getränkeflaschen und auch Mehrwegverpackungen[14] betreffen können. Darüber hinaus sieht § 14 II 3 Ziff. 2 AbfG ausdrücklich vor, durch Rechtsverordnung zu bestimmen, daß Verpackungen nur „insbesondere in einer die mehrfa-

---

9 Zum insbesondere in § 14 AbfG zum Ausdruck kommenden umweltrechtlichen Vorsorgeprinzip vgl. z. B. Hösel / v.Lersner, Recht der Abfallbeseitigung. Kommentar, Stand: Juni 1994, Kz. 1240, Rdnr. 3; H. C. Atzpodien, NVwZ 1989, 415.

10 H. C. Atzpodien, NVwZ 1989, 415 (418).

11 Siehe zusammenfassend H. C. Atzpodien, UPR 1990, 7 (9).

12 Vgl. dazu soeben oben im Text sub 6. Teil. B. I.

13 M. Kloepfer, Umweltrecht, 1989, S. 697.

14 Vgl. zu den denkbaren Möglichkeiten Hösel / v.Lersner, Recht der Abfallbeseitigung. Kommentar, Stand: Juni 1994, Kz. 1240, Rdnr. 47.

che Verwendung oder die Verwertung erleichternden Form" in Verkehr gebracht werden dürfen. Damit mag zwar eine Verpflichtung zum Mehrwegsystem möglich sein[15]; die Mehrwegquoten des § 9 II VerpackV a.F. können gleichwohl nicht auf § 14 II 3 Ziff. 2 AbfG als Ermächtigungsgrundlage gestützt werden. Zum einen ist die als Verordnungsziel zitierte „mehrfache Verwendung" in § 14 II 3 Ziff. 2 AbfG lediglich als ein Regelbeispiel für das Inverkehrbringen von Verpackungen „nur in bestimmter, die Abfallentsorgung spürbar entlastender Weise" angeführt. Die Abfallentsorgung wird aber durch Mehrweg-Getränkeverpackungen im Vergleich mit Einweg-Getränkeverpackungen nicht durchgängig „spürbar entlastet". Das für Einweg-Getränkeverpackungen und Mehrweg-Getränkeverpackungen erforderliche Deponievolumen ist z. B. im wesentlichen gleich. Eine Ausnahme bildet hier allein die Einweg-Glasflasche, die vergleichsweise sehr viel höhere Deponiekapazitäten beansprucht. Zum anderen rechtfertigen Vorschriften über die Art und Weise des Inverkehrbringens von Verpackungen keine Quotierung zwischen Einweg- und Mehrwegverpackungen. Die Quotierung beinhaltet nämlich einen spezifischen Eingriff, indem sie Mehrwegverpackungen bevorzugt und Einwegverpackungen benachteiligt.

Aus eben diesen Gründen scheidet auch § 14 II 3 Ziff. 3 AbfG als Ermächtigungsgrundlage für die Mehrwegquoten der VerpackV aus. Darüber hinaus dürfen Rechtsverordnungen auf der Grundlage des § 14 II 3 Ziff 3 AbfG nur zur Rücknahme, nicht aber auch zur Wiederverwendung, Verwertung oder sonstigen Entsorgung verpflichten. Verordnungen auf der Grundlage des § 14 II AbfG können nämlich nur Bestimmungen für die Produktion und das Inverkehrbringen von Stoffen sowie für das Verfahren mit Stoffen nach ihrem Gebrauch mit dem Ziel eine Wiederverwendung, Verwertung oder sonstige Entsorgung zu erleichtern, treffen. § 1a II AbfG, demzufolge Abfälle zu verwerten sind, soweit dies eine Rechtsverordnung nach § 14 AbfG vorschreibt, ist nur im Zusammenhang mit § 3 II 3 AbfG zu verstehen. Wenn nämlich eine auf § 14 AbfG beruhende Verordnung auf die Verwertung gerichtet ist, so hat diese – dies ist der Regelungsgehalt des § 1a II AbfG – unabhängig vom Vorliegen der Voraussetzungen des § 3 II 3 AbfG zu erfolgen[16]. Selbst wenn man mit einer Gegenmeinung[17] eine Verpflichtung nicht nur zur Rücknahme, sondern auch zur Wiederverwendung, Verwertung oder sonstigen Entsorgung bejahen wollte, folgt daraus noch nicht, daß auch allein die Wiederverwendung aus dieser Möglichkeitentrias im Wege einer Rechtsverordnung herausgegriffen werden kann.

Die Mehrwegquoten der VerpackV a.F. sind daher weder als Regelung über die Art und Weise des Inverkehrbringens nach § 14 II 3 Ziff. 2 AbfG noch als solche

---

15 R. Spies, in: Staatswissenschaften und Staatspraxis 5 (1994), 267 ff., 273; C. Klages, NVwZ 1988, 481 (482).

16 E. Bartels, Abfallrecht, 1987, S. 80 f.

17 Hösel / v.Lersner, Recht der Abfallbeseitigung. Kommentar, Stand: Juni 1994, Kz. 1240, Rdnr. 50.

über eine Rücknahmepflicht nach Gebrauch i. S. d. § 14 II 3 Ziff. 3 AbfG gerechtfertigt.

c) Verringerung des durch die Abfallmengen bedingten Deponie- und Landschaftsverbrauchs als Ziel des § 14 II AbfG

Verordnungen auf der Grundlage des § 14 II 3 AbfG müssen darauf gerichtet sein, den durch Abfallmengen bedingten Deponie- und Landschaftsverbrauch zum Wohl der Allgemeinheit zu begrenzen; eben hierfür sind die Mehrwegquoten allenfalls teilweise geeignet und jedenfalls nicht erforderlich. Deponie- und Landschaftsverbrauch sind nämlich bei Einweg-Getränkekartonverpackungen und Einweg-Getränkedosen einerseits und Mehrweg-Glasflaschen andererseits ähnlich. Ein deutlich erhöhter Deponie- und Landschaftsverbrauch ergibt sich nur bei der Einweg-Glasflasche[18]. § 14 II 3 AbfG ermächtigt daher allenfalls zu restriktiven Maßnahmen gegen Einweg-Glasflaschen.

d) Folgerung

Die Mehrwegquoten der VerpackV a.F. wurden ohne hinlängliche gesetzliche Grundlage erlassen. Dieser Befund ergibt sich bereits aus der nur ansatzweisen vorstehenden Untersuchung. Auf die Prüfung der weiteren Anforderungen des § 14 II AbfG an Rechtsverordnungen, insbesondere der möglichen Mittel, des verfolgbaren Zwecks und der Zweck-Mittel-Relation kann daher hier verzichtet werden, zumal eben diese Gesichtspunkte mit den diesbezüglichen verfassungsrechtlichen Anforderungen identisch sind und bei der folgenden[19] Untersuchung am Maßstab des Grundgesetzes ohnehin ausführlich zu erörtern sind[20].

III. Der Bestimmtheitsgrundsatz und § 14 II AbfG als Ermächtigungsgrundlage für die Mehrwegquoten der VerpackV

Der soeben bei der Subsumtion der Mehrwegquoten unter das AbfG festgestellte Befund der Unvereinbarkeit des § 9 II VerpackV a.F. mit § 14 II 3 Ziff. 2, 3 AbfG findet aus dem Blickwinkel des Art. 80 I 2 GG eine zusätzliche Bestätigung. Wollte man nämlich § 14 II 3 Ziff. 2, 3 AbfG – entgegen hiesiger Ansicht und fälschlicher-

---

18 Vgl. hierzu oben im Text sub 3. Teil. B. II. 4.

19 Vgl. dazu unten im Text sub 7. Teil.

20 Zu den weiteren einfach-rechtlichen Anforderungen des § 14 II AbfG, auf die hier erst aus dem Blickwinkel des Grundgesetzes eingegangen wird vgl. z. B. H. C. Atzpodien, NVwZ 1989, 415 (419 ff.). – Auf die Identität der weiteren Anforderungen des § 14 II AbfG mit verfassungsrechtlichen Voraussetzungen verweist H. C. Atzpodien, DB 1987, 727 (728 ff.).

weise – einfachrechtlich großzügiger interpretieren und die Festsetzung der Mehrwegquoten in der VerpackV a.F. als durch das AbfG gedeckt bewerten, stünde diese Auslegung des § 14 II 3 Ziff. 2, 3 AbfG im Widerspruch zu Art. 80 I 2 GG.

1. Allgemeines, rechtsstaatliches und grundrechtliches Bestimmtheitsgebot

Die Anforderungen des allgemeinen Bestimmtheitsgrundsatz[21] würden zwar auch ein derartiges großzügiges Verständnis des § 14 II 3 Ziff. 2, 3 AbfG zulassen. Denn unklare und unbestimmte Gesetze sind nur in Extremfällen wegen Verstoßes gegen den aus dem Rechtsstaatsprinzip abgeleiteten allgemeinen Bestimmtheitsgrundsatz verfassungswidrig. Ein solch außergewöhnlicher Fall ist nicht schon dann anzunehmen, wenn der Gesetzgeber auslegungsfähige und -bedürftige Begriffe verwendet. Rechtsvorschriften sind nämlich nur so genau zu fassen, wie dies nach der Eigenart der zu ordnenden Lebenssachverhalte und mit Rücksicht auf den Normzweck möglich ist. Grundrechtseinschränkende Gesetze müssen zudem der Wesentlichkeitstheorie gerecht werden. Danach müssen die Vorgaben des Gesetzgebers desto genauer sein je schwerwiegender die Auswirkungen einer Regelung sind[22].

2. Verordnungsermächtigungen und Bestimmtheitsgrundsatz

Für Gesetze, die zum Erlaß von Rechtsverordnungen ermächtigen, modifiziert und verschärft Art. 80 I 2 GG diese Anforderungen des allgemeinen Bestimmtheitsgrundsatzes aber[23]. Nach Art. 80 I 2 GG müssen Inhalt, Zweck und Ausmaß der erteilten Ermächtigung im Gesetz bestimmt sein. Aus dem ermächtigenden Gesetz selbst muß sich hinreichend deutlich ergeben, in welchen Fällen und mit welcher Tendenz von der Ermächtigung Gebrauch gemacht werden kann und welchen Inhalt die hierauf beruhenden Verordnungen haben dürfen. Die Ermächtigungsgrundlage muß für die Verordnungen ein „Programm" erkennen lassen[24]. Einerseits dürfen zwar auch an die Bestimmtheit i. S. d. Art. 80 I 2 GG keine überzogenen Anforderungen gestellt werden, zumal eine hinreichende Bestimmtheit ausreicht und keine größtmögliche gefordert wird. Der Gesetzgeber darf sich andererseits aber seiner Verantwortung nicht im Wege der Ermächtigung entziehen und muß trotz der Verordnungsermächtigung die Funktionen des Gesetzgebungsverfahrens, insbesondere die Publizität gewährleisten[25].

---

21 Zu diesem vgl. noch näher unten 7. Teil. B. III. 2. a. sowie Papier / Möller, AöR 122 (1997), 177 ff. und im Hinblick auf die VerpackV A. Finckh, Regulierte Selbstregulierung im Dualen System, 1997, S. 250 ff.

22 H. D. Jarass, in: ders. / Pieroth, GG, 3. Aufl. 1995, Art. 20 Rdnrn. 38 ff.; F. E. Schnapp, in: v.Münch / Kunig, GG, Bd. 1, 4. Aufl. 1992, Art. 20 Rdnr. 25.

23 Vgl. dazu ausführlich W. Cremer, AöR 122 (1997), 248 ff.

24 BVerfGE 68, 319 (333); 38, 61 (84); 20, 296 (305).

25 BVerfGE 78, 249 (272); 58, 257 (277).

3. Zwischenergebnis

Diesen Anforderungen des Art. 80 I 2 GG wird § 14 II 3 Ziff. 2, 3 AbfG nicht gerecht, wenn man ihn auch als Ermächtigungsgrundlage für die in § 9 II VerpackV a.F. vorgenommene Quotierung zwischen Einweg-Getränkeverpackungen einerseits und Mehrweg-Getränkeverpackungen andererseits verstehen wollte. Die mit einer Quotierung verbundene Privilegierung der Mehrwegverpackung und Diskriminierung der Einwegverpackung stellt einen derartig massiven Eingriff dar, daß dessen Möglichkeit bereits aus der Ermächtigungsgrundlage hinreichend deutlich hervorgehen müßte. § 14 II Ziff. 2, 3 AbfG läßt aber nur allgemeine Anforderungen an die Produkt-und Verpackungsgestaltung sowie gleiche Verhaltenspflichten für Hersteller und Vertreiber erwarten. Die Möglichkeit der mit den Mehrwegquoten verbundenen Differenzierung nicht nur zwischen Einwegverpackungen einerseits und Mehrwegverpackungen andererseits, sondern auch zwischen absolut identischen Verpackungen – Einweg-Getränkeverpackung innerhalb und außerhalb des durch die Mehrwegquote zugebilligten Anteils – ist § 14 II 3 Ziff. 2, 3 AbfG nicht zu entnehmen.

C. Das KrW- / AbfG als Ermächtigungsgrundlage für Mehrwegquoten, Zwangspfand, Umweltlizenzen und Umweltabgaben

Das neue KrW- / AbfG und die Novelle der VerpackV führen zu keiner Änderung des gefundenen Ergebnisses, obwohl das KrW- / AbfG namentlich das Modell der VerpackV a.F. umfassend verwirklichen wollte[26].

Das KrW- / AbfG bietet dem Verordnungsgeber kaum weitergehende Regelungsmöglichkeiten als das AbfG. Darüber hinaus verstärken sich unter dem KrW- / AbfG die aus dem Bestimmtheitsgrundsatz resultierenden Bedenken eher noch.

I. Der Umfang der Verordnungsermächtigung nach dem KrW- / AbfG

Das KrW- / AbfG enthält einerseits ebensowenig eine Ermächtigung für eine Mehrwegquote wie das AbfG; die VerpackV n.F. läßt andererseits § 9 II VerpackV a.F. weitgehend unverändert[27]. Auch die Umweltlizenzen finden im KrW- / AbfG keine hinreichende Grundlage.

---

26 W. Frenz, Kreislaufwirtschafts- und Abfallgesetz, 1996, § 1 Rdnrn. 1 ff. Zu den Auswirkungen des KrW- / AbfG auf die VerpackV allgemein vgl. A. Finckh, Regulierte Selbstregulierung im Dualen System, 1997, S. 244 ff.

27 Vgl. dazu bereits oben im Text sub 2. Teil. A. II. 1.

§§ 22 IV, 23 Ziff. 3 KrW-/AbfG und § 14 II 3 Ziff. 2 AbfG sind nahezu wortgleich; Divergenzen ergeben sich nur in den Formulierungen der durch die Rechtsverordnungen zu verfolgenden Ziele. Selbst wenn nach § 23 Ziff. 3 KrW-/AbfG die Verwendung von Mehrweg-Getränkeverpackungen angeordnet werden könnte, würde dies noch nicht die Einführung einer Mehrwegquote oder von Umweltlizenzen rechtfertigen. Mit einer Quotierung geht nämlich ebenso wie mit einer Umweltlizenz eine Ungleichbehandlung von Einweg-Getränkeverpackungen einher; der Verordnungsgeber differenziert dabei zwischen Einweg-Getränkeverpackungen, die innerhalb der Quote liegen bzw. lizenziert sind, und solchen, die sie überschreiten bzw. nicht lizenziert sind.

§§ 22 IV, 24 I Ziff. 2 KrW-/AbfG erlauben ebenso wie bislang § 14 II 3 Ziff. 3 AbfG nur die Anordnung eines Zwangspfandes[28]. Gegen die §§ 22 IV, 23 Ziff. 2 KrW-/AbfG als Ermächtigungsgrundlage für die Mehrwegquoten sind die schon gegen § 14 II 3 Ziff. 2 AbfG angeführten Einwände zu erheben.

II. KrW-/AbfG und Bestimmtheitsgrundsatz

Selbst wenn die für eine Subsumtion der Mehrwegquoten, des Zwangspfandes und der Umweltlizenzen unter das KrW-/AbfG erforderliche weite Auslegung dessen Wortlaut vielleicht (noch) entsprechen würde, wirft sie nachhaltige Bedenken im Hinblick auf die verfassungsrechtlich geforderte Bestimmtheit einer Ermächtigungsgrundlage auf. Die schon früher im Hinblick auf den Bestimmtheitsgrundsatz gegenüber dem AbfG erhobenen Zweifel[29] werden durch das KrW-/AbfG nicht nur nicht ausgeräumt, sondern verschärft. Dabei hatte auch der Rat von Sachverständigen für Umweltfragen angesichts des erheblichen Eingriffscharakters der Ermächtigungsgrundlagen der §§ 14 ff. AbfG für eine Neufassung des Abfallrechts angeregt, das Ermessen des Verordnungsgebers beim Erlaß derartiger Verordnungen zu reduzieren[30].

1. Allgemeines, rechtsstaatliches und grundrechtliches Bestimmtheitsgebot

Jenseits seines Charakters als Verordnungsermächtigung ist das KrW-/AbfG insgesamt wenig bestimmt. Die Gedanken der Kreislaufwirtschaft, des Verursacherprinzips und der Produktverantwortung bedürfen der Konkretisierung und Umsetzung. Ohne diesbezügliche Verordnungen bleibt das KrW-/AbfG eine „leere

28 Vgl. z. B. W. Frenz, Kreislaufwirtschafts- und Abfallgesetz, 1996, § 24 Rdnrn. 6 ff.

29 Vgl. dazu z. B. Scholz/Aulehner, BB 1993, 2250 (2257, 2261 ff.); J. Aulehner, BB-Beil. 3 zu Heft 12/1995, S. 9. sowie oben im Text sub 6. Teil. B. III.

30 M. Beckmann, UPR 1996, 41 (47); M. Beckmann, DVBl. 1995, 313 (315 f.).

Hülse“[31]. Das KrW- / AbfG regelt insbesondere in seinen Vorschriften zur Produktverantwortung im 3. Teil das Wesentliche nicht selbst, sondern überläßt die Konkretisierung und Ausgestaltung der Produktverantwortung den auf ihm basierenden Rechtsverordnungen. Der Gesetzgeber des KrW- / AbfG hat sich bei der Regelung der Produktverantwortung im wesentlichen auf Appellvorschriften, programmatische Aussagen und Verordnungsermächtigungen beschränkt. Dementsprechend strittig ist auch die Rechtsqualität der Vorschriften zur Produktverantwortung: Während die einen Produktverantwortung als bloßen Programmsatz verstehen, sehen andere hierin eine Grundpflicht[32]. Obwohl die Anforderungen des allgemeinen Bestimmtheitsgrundsatzes[33] auch ein großzügiges Verständnis der Ermächtigungsgrundlagen des KrW- / AbfG zulassen mögen, droht dem KrW- / AbfG das Verdikt der Verfassungswidrigkeit wegen unzureichender Bestimmtheit, zumal Art. 80 I 2 GG die Bestimmtheitsanforderungen für Gesetze, die – wie das KrW- / AbfG – zum Erlaß von Rechtsverordnungen ermächtigen, die Anforderungen des allgemeinen Bestimmtheitsgrundsatzes noch verschärft[34].

2. Reduzierte Bestimmtheitsanforderungen an Änderungsverordnungen?

Gemäß § 59 KrW- / AbfG sind Rechtsverordnungen auf der Grundlage des KrW- / AbfG dem Bundestag zuzuleiten. Dieser kann die Rechtsverordnung ändern oder ablehnen. Für Ermächtigungsnormen, die dem Bundestag ein Recht zur Änderung der Rechtsverordnungen einräumen, gelten jedoch keine reduzierten Bestimmtheitsanforderungen.

Anders als im Regelfall, in dem der Bundestag keine Möglichkeit mehr hat, den Inhalt der Verordnungen zu beeinflussen, verantwortet der Bundestag bei „Änderungsverordnungen“ zwar zum einen jede einzelne Rechtsverordnung mit, da ihm das Recht verbleibt, die Verordnung zu ändern. Zum anderen spricht auch der Schutzzweck des Bestimmtheitsgebots, das Parlament daran zu hindern, seine Gesetzgebungsmacht blanko zu übertragen, für reduzierte Anforderungen an die Bestimmtheit von „Änderungsverordnungen“. Eine vollständige Übertragung der Verantwortung durch den Gesetz- an den Verordnungsgeber kann nämlich auch durch ein Änderungsrecht des Bundestags beim Erlaß von Rechtsverordnungen verhindert werden. Die in der Literatur[35] für „Zustimmungsverordnungen“ vielfach ver-

31 W. Frenz, Verordnungen zum Kreislaufwirtschafts- und Abfallgesetz, 1996; Petersen / Stöhr / Kracht, DVBl. 1996, 1161 ff.; C. Weidemann, NVwZ 1995, 631 (632).

32 Vgl. zum Meinungsstand z. B. M. Beckmann, UPR 1996, 41 (45).

33 Vgl. dazu auch schon oben im Text sub 6. Teil. B. III. 1.

34 Siehe hierzu oben im Text sub 6. Teil. B. III. 2.

35 Scholz / Bismark, in: Schule im Rechtsstaat, Bd. II, Gutachten für die Kommission Schulrecht des DJT, 1980, S. 73 ff., 121 ff.; Kisker, ebenda, S. 14 ff., 39 ff.; F. Ossenbühl, in: Isensee / Kirchhof (Hrsg.), Handbuch des Staatsrechts, Bd. III, 1988, § 64 Rdnr. 56.

tretene Reduzierung der Bestimmtheitsanforderungen wird auch durch eine weitere Überlegung bestätigt: Die Abhängigkeit der Bundesregierung vom Willen des ordentlichen Gesetzgebers schränkt ihre Rechtsetzungsbefugnisse materiell in einem solchen Maße ein, daß die Einschränkung bei der Beurteilung des Umfangs der Ermächtigung einschränkend ins Gewicht fällt.

Andererseits sprechen die gewichtigeren Gründe gegen eine Reduzierung der Bestimmtheitsanforderungen an „Änderungsverordnungen". Art. 80 I 2 GG verlangt für alle Verordnungen eine hinreichende Bestimmtheit im Hinblick auf Inhalt, Zweck und Ausmaß. Für „Zustimmungsverordnungen" – Verordnungen, die der Zustimmung des Bundestags bedürfen – hat das BVerfG[36] dies ausdrücklich – ohne weitere Begründung – entschieden.

Abschließend ist aber entscheidend, daß nicht erst die Reduzierung der Bestimmtheitsanforderungen für „Änderungsverordnungen" zweifelhaft ist. Umstritten ist vielmehr schon die vorgreifliche Frage, ob überhaupt die Einräumung eines Änderungs- oder Ablehnungsrechts für den Bundestag zulässig ist[37].

3. Sachliche Notwendigkeiten und Reduzierung der Bestimmtheitsanforderungen

Die weitgehende Unbestimmtheit des KrW- / AbfG kann verfassungsrechtlich mithin allenfalls mit der Erwägung toleriert werden, daß die Konkretisierung der Anforderungen an die Produktverantwortung und namentlich die Einführung von Rücknahme- und Rückgabepflichten aus sachlichen Gründen dem Verordnungsgeber überlassen werden müssen. Die Verordnungsermächtigungen des KrW- / AbfG sind danach dann hinreichend bestimmt, wenn die weitreichenden ökologischen und ökonomischen Folgen der im Wege der Konkretisierung der Produktverantwortung zu treffenden Produktverbote, Produktanforderungen, Rücknahme-, Rückgabepflichten etc. für jeden Einzelfall gesondert beurteilt werden müssen. Dies erscheint plausibel, weil Regelungen für langfristige Konsumgüter – wie Pkw, Kühlschränke oder sonstige Elektroartikel – mit einer durchschnittlichen Lebensdauer eines Jahrzehnts nicht für Produkte des täglichen Bedarfs – wie Druckerzeugnisse und Verpackungen – passen[38].

Diese Notwendigkeit einer produkt- und abfallspezifischen Konkretisierung der Produktverantwortung, die allein die unbestimmte Fassung des KrW- / AbfG (noch) rechtfertigen kann, besteht aber augenscheinlich dann nicht, wenn der Verordnungsgeber seinerseits systemlos und übermäßig von der Verordnungsermächtigung Gebrauch macht. Wenn mithin der Verordnungsgeber Mehrwegquoten in die

---

36 BVerfGE 8, 274 (321).

37 Siehe hierzu ausführlich unten im Text sub 6. Teil. C. III. Im Ergebnis ebenso A. Finckh, Regulierte Selbstregulierung im Dualen System, 1997, S. 256 f.

38 Vgl. M. Beckmann, DVBl. 1995, 313 (315).

VerpackV a.F. wie n.F. mitaufnimmt und damit Einweg-Getränkeverpackungen, die den zulässigen Mehrweg-Anteil einhalten und solche durch die er unterschritten wird, unterschiedlich behandelt, ist entweder die Verordnung sachwidrig oder das KrW- / AbfG verstößt gegen den verfassungsrechtlichen Bestimmtheitsgrundsatz.

III. Verfahren der Verordnungsgebung nach dem KrW- / AbfG – die Zulässigkeit von Änderungsverordnungen

Die verfassungsrechtliche Zulässigkeit von „Änderungsverordnungen“ – wie sie auch § 59 KrW- / AbfG vorsieht[39] – ist zweifelhaft[40].

Die dem Bundestag bei „Änderungsverordnungen“ eingeräumte Befugnis zur Änderung von Rechtsverordnungen ist im Verhältnis zum Gesetzgebungsrecht zwar kein bloßes minus, sondern ein aliud. Mit dem Änderungsrecht gibt sich der Bundestag selbst ein – vom fehlenden Initiativrecht abgesehen – vollkommenes Rechtsverordnungsrecht. Derartige Verordnungen stellen einen „normativen Wechselbalg“[41] dar. Sie sind weder Verordnung noch Gesetz, sondern „Parlamentsverordnungen“. Anders als bei Verordnungen bestimmt hier der Bundestag den Inhalt; trotzdem erscheint – anders als bei Gesetzen – die Bundesregierung als Urheber der Verordnung, nicht aber der Bundestag. Derartige Parlamentsverordnungen sind nach dem GG nicht zulässig. Gemäß Art. 77 I 1 GG beschließt der Bundestag nämlich nur Gesetze, nicht aber Rechtsverordnungen. Rechtsverordnungen kann der Bundestag nicht beschließen und daher auch nicht eigenmächtig gestalten. Er kann ihnen nur zustimmen, die eigentliche Entscheidung über ihren Inhalt muß er dem Verordnungsgeber überlassen. Auch ist nicht ersichtlich, an welcher Stelle Parlamentsverordnungen in der Normenhierarchie zu verorten sind. Insbesondere ist zweifelhaft, ob sie im Fall einer konkreten Normenkontrolle den förmlichen Gesetzen gleichstehen. Mitwirkungsrechte des Bundestages an Rechtsverordnungen verwischen schließlich und überdies die Abgrenzung der Verantwortung von Exekutive und Legislative. Das BVerfG hält schon „Zustimmungsverordnungen“ daher nur jedenfalls für solche Sachbereiche für mit dem Grundgesetz vereinbar, für die ein legitimes Interesse der Legislative anerkannt werden muß, zwar einerseits die Rechtsetzung auf die Exekutive zu delegieren, sich aber andererseits wegen der Bedeutung der zu treffenden Regelungen entscheidenden Einfluß auf Erlaß und Inhalt der Verordnungen vorzubehalten. Eine zusätzliche demokratische Legitimation kann nicht als Argument für die verfassungsrechtliche Zulässigkeit von „Ände-

---

39 Vgl. speziell zu diesem C. Weidemann, NVwZ 1995, 631 (633 f.); J. Jekewitz, ZG 1995, 40 ff.; Versteyl / Wendenburg, NVwZ 1994, 833 (839 f.).

40 Allgemein zum Problem K.-P. Sommermann, JZ 1997, 434 ff.; Studenroth, DÖV 1995, 525 ff.; Konzak, DVBl. 1994, 1107 ff.

41 R. Mußgnug, JuS 1993, 291 (293 m. Fußn. 15).

rungsverordnungen“ angeführt werden. „Änderungsverordnungen“ betreffen nämlich weniger das Demokratie-, als vielmehr das Rechtsstaatsprinzip. Denn dieses Prinzip äußert sich in Formenstrenge und in der Einhaltung der in der Verfassung vorgegebenen Kompetenzen.

Für die Zulässigkeit von „Änderungsverordnungen“ spricht andererseits, daß dem Gesetzgeber die Entscheidung darüber obliegt, ob er überhaupt eine Verordnungsermächtigung erteilt und, wenn eine diesbzgl. Ermächtigung bereits erteilt ist, ob er diese aufhebt. Das Änderungsrecht des Bundestags erweist sich insofern als bloße Einschränkung. Auch sieht das GG zwar nur wenige Mitwirkungsrechte des Bundestages an Rechtsverordnungen vor[42], bei Erlaß des GG bestand aber eine Tradition parlamentarischer Mitwirkungsrechte an Rechtsverordnungen. Aus den im GG ausdrücklich geregelten Fällen kann daher nicht argumentum e contrario geschlossen werden, daß im übrigen die Mitwirkung des Bundestags ausgeschlossen ist. Vielmehr ist anzunehmen, daß der Verfassungsgeber in den im GG geregelten Fällen die bloße Möglichkeit einer Mitwirkung des Bundestags als unzureichend ansah und diese zwingend vorschreiben wollte. „Zustimmungsverordnungen“ erklärt überdies auch das BVerfG für zulässig. Dementsprechend haben sich in der Staatspraxis eine Vielzahl von Mitwirkungsformen – neben der Zustimmung auch Kenntnisgabe an den Bundestag, Begründungspflicht, Einspruchs- und Vetorechte, Aufhebungsbegehren und Korrekturrechte herausgebildet[43].

Abschließend muß schließlich festgestellt werden, daß sog. „Änderungsverordnungen“ zunehmende Anerkennung durch die Verfassungspraxis finden. Ein Änderungsrecht beim Erlaß von Rechtsverordnungen räumen bzw. räumten dem Bundestag z. B. § 40 I GenTG, § 20 II UmwHG, § 292 IV HGB, § 42d I BRAO ein. Diese sich entwickelnde Staatspraxis ist dahin zu verstehen, daß „Änderungsverordnungen“ zwar verfassungsrechtlich bedenklich, im Ergebnis aber zulässig sind.

D. Zwischenergebnis

Die soeben gefundenen (einfach-)rechtlichen und durch Art. 80 I 2 GG bestätigten Unschärfen der Mehrwegquoten bedürfen der Korrektur durch den Gesetz- und Verordnungsgeber.

Die Anordnung der Mehrwegquoten in der VerpackV a.F. wie n.F. findet im KrW- / AbfG ebensowenig eine hinreichende Grundlage wie im AbfG. Insofern bedürfte es vor einer entsprechenden Regelung in der VerpackV a.F. / n.F. einer formell-gesetzlichen Ermächtigung im KrW- / AbfG.

Eben dies gilt auch für die diskutierte Einführung von Umweltlizenzen.

---

42 Siehe z. B. Art. 109 IV letzter Satz GG.

43 H. H. Rupp, NVwZ 1993, 756 (757); F. Ossenbühl, in: Isensee / Kirchhof (Hrsg.), Handbuch des Staatsrechts, Bd. III, § 64 Rdnrn. 51 f.

Siebter Teil

Verfassungsmäßigkeit von Mehrwegquoten, Zwangspfand, Umweltlizenzen und Umweltabgaben

Während die bisherige Prüfung zwar wesentliche, aber durch den Gesetz- und Verordnungsgeber prinzipiell behebbare Mängel zutage förderte, werden sich im folgenden grundlegende und kaum ausräumbare Zweifel offenbaren, die sich aus dem ökologisch und ökonomisch verfehlten[1] Ansatz der Mehrwegquoten und des Zwangspfandes für Einweg-Getränkeverpackungen ergeben.

Die diskutierte Einführung von Umweltlizenzen für Einweg-Getränkeverpackungen wird sich im folgenden ebenfalls als verfassungswidrig erweisen[2]. Aus verfassungsrechtlicher Sicht können allenfalls Umweltabgaben in Betracht gezogen werden[3].

Dabei strukturiert die Indienstnahme der Hersteller, Vertreiber und Abfüller von Einweg-Getränkeverpackungen durch die Mehrwegquoten, das Zwangspfand und die Umweltlizenzen deren verfassungsrechtliche Beurteilung am Maßstab der Grundrechte und des Rechtsstaatsprinzips vor.

A. Mehrwegquoten, Zwangspfand und Umweltlizenzen als Form der Beteiligung Privater an der Erfüllung öffentlicher Aufgaben

Im schwer überschaubaren – durch Beliehene, Indienstgenommene, Verwaltungshelfer, etc. gebildeten – Spektrum der Beteiligung Privater an der Erfüllung öffentlicher Aufgaben[4] sind die Mehrwegquoten und die Pfanderhebungspflicht

---

1 Siehe dazu bereits oben im Text sub 3. Teil. und 4. Teil.

2 Vgl. dazu zusammenfassend A. Blankenagel, in: Wenz / Issing / Hofmann (Hrsg.), Ökologie, Ökonomie und Jurisprudenz, 1987, S. 71 ff., 86 ff.

3 Zu Umweltnutzungsgebühren vgl. S. Meyer, Gebühren für die Nutzung von Umweltressourcen, 1995, S. 19 ff., 42 ff., 229 ff. Speziell zur Problematik kommunaler Abfallgebühren und Sortierresten des Dualen Systems der Entsorgung Breuer / Faßbender, WiVerw 1995, 1 ff.; D. Murswiek, NuR 1994, 170 ff.

4 Allgemein hierzu A. v. Hagemeister, Die Privatisierung öffentlicher Aufgaben, 1992, S. 66 ff.; S. v. Heimburg, Verwaltungsaufgaben und Private, 1982, S. 30 ff.; G. F. Schuppert, Die Erfüllung öffentlicher Aufgaben durch verselbständigte Verwaltungseinheiten, 1981,

nach der VerpackV a.F. wie n.F. ebenso der Indienstnahme zuzuordnen wie die Umweltlizenzen[5]. Dies gilt namentlich für die im GetränkeverpackungsVO-Konzept vorgesehene Heranziehung der beteiligten Wirtschaftskreise.

I. Heranziehung der Endverbraucher sowie der Hersteller, Vertreiber und Abfüller von Einweg-Getränkeverpackungen zur Abfallentsorgung

Die Mehrwegquoten und das diese sanktionierende Zwangspfand übertragen den Herstellern und Vertreibern von Einweg-Getränkeverpackungen ebenso wie das Lizenzmodell die Wahrnehmung einer öffentlichen Aufgabe. Abfallentsorgung und die damit im Zusammenhang stehende Abfallvermeidung und -verwertung erklärt das AbfG – insbesondere § 3 AbfG – grundsätzlich zu öffentlichen Aufgaben[6].

1. Abfallentsorgung als öffentliche Aufgabe unter dem KrW- / AbfG

Die Abfallbeseitigung bleibt auch nach dem KrW- / AbfG eine öffentliche Aufgabe[7].

Zwar bildet nach der Systematik des KrW- / AbfG nunmehr und anders als nach dem AbfG[8] die private, nicht mehr die öffentlich-rechtliche, Entsorgungsverantwortung den Grundsatz[9]. Grundmodell ist die Verwertung und Beseitigung des Abfalls durch den Besitzer. Die bisherige Aufgabenteilung zwischen privater Produk-

S. 93 ff. sowie im Hinblick auf die VerpackV A. Finckh, Regulierte Selbstregulierung im Dualen System, 1997, S. 99 ff.; S. M. Hirschfeld, Staatlich initiierte Monopole und Verfassungsrecht – das Beispiel Verpackungsverordnung, 1997, S. 55 ff.

5 Ebenso G. Meier, BB 1995, 2381 (2385 f.); W. Frenz, GewArch 1994, 145 (151); K. Meßerschmidt, Umweltabgaben als Rechtsproblem, 1986, S. 26 m.w.N. Ähnlich Dicke / Neu, Nationale Umweltpolitik im Konflikt mit dem Europäischen Binnenmarkt?, 1996, S. 112 ff. Zur Stellung der Duales System Deutschland AG zwischen Staat und Wirtschaft vgl. A. Finckh, Regulierte Selbstregulierung im Dualen System, 1997, S. 99 ff.; T. Langer, Monopole als Handlungsinstrumente der öffentlichen Hand, 1998, S. 218 ff.; S. M. Hirschfeld, Staatlich initiierte Monopole und Verfassungsrecht – das Beispiel Verpackungsverordnung, 1997, S. 48 ff. – Allgemein ausführlich zur Indienstnahme M. Jani, Die partielle Inpflichtnahme Privater zu Handlungs- und Leistungspflicht, 1992, S. 51 ff., 81 ff.

6 Vgl. z. B. W. Frenz, GewArch 1994, 145 (149).

7 A. Schink, NVwZ 1997, 435 ff.; ders., ZG 1996, 97 ff.; L. Krahnefeld, NuR 1996, 269 ff.; F. Hölscher, ZUR 1995, 176 (182); aus der Perspektive der VerpackV, aber noch auf der Grundlage des AbfG Arndt / Köhler, NJW 1993, 1945 ff. Allgemein zur Privatisierung der Entsorgungsordnung nach dem KrW- / AbfG A. Finckh, Regulierte Selbstregulierung im Dualen System, 1997, S. 117 ff.; W. Kahl, DVBl. 1995, 1327 ff.

8 Vgl. zum AbfG, auf dem die VerpackV a.F. fußt, W. Frenz, Die Verwirklichung des Verursacherprinzips im Abfallrecht, 1996, S. 46 ff.

9 Petersen / Rid, NJW 1995, 7 (13).

tion einerseits und öffentlich-rechtlicher Entsorgung andererseits soll damit überwunden werden. Anders als § 3 II AbfG, wonach die Überlassungspflicht an die entsorgungspflichtigen Körperschaften und der damit verbundene gesetzliche Anschluß- und Benutzungszwang die Regel darstellen, sieht die rechtliche Konstruktion des KrW-/AbfG Überlassungspflichten an öffentlich-rechtliche Entsorgungsträger nur noch als Ausnahme vor[10]. Nach § 5 II KrW-/AbfG besteht primär eine Pflicht des Abfallbesitzers zur Abfallverwertung. Diese Verwertungspflicht entfällt nach § 5 IV, V KrW-/AbfG, wenn die Verwertung technisch unmöglich, wirtschaftlich nicht zumutbar bzw. die Abfallbeseitigung die umweltverträglichere Lösung darstellt. Der Besitzer ist gemäß § 11 I KrW-/AbfG zur Beseitigung nicht verwerteter Abfälle verpflichtet.

Die in § 13 KrW-/AbfG vorgesehenen Überlassungspflichten kehren dieses Grundmodell einer Abfallverwertung und -beseitigung durch den Abfallbesitzer aber gleichsam wieder um. Im praktischen Ergebnis wird das gesetzliche Grundmodell zur Ausnahme und die gesetzliche Ausnahme zum Regelfall in der Realität. Dieser Befund gilt insbesondere für die in privaten Haushaltungen anfallenden Abfälle. Soweit Besitzer und Erzeuger von in privaten Haushalten anfallenden Abfällen nicht willens oder in der Lage sind, diese selbst zu verwerten, verpflichtet sie § 13 I 1 KrW-/AbfG, diese Abfälle den öffentlich-rechtlichen Entsorgungsträgern zu überlassen. Das Entsorgungsmonopol der öffentlichen Hand bleibt über den Ausnahmetatbestand des § 13 I 1 KrW-/AbfG mithin grundsätzlich aufrechterhalten. Die Überlassungspflicht des § 13 I 1 KrW-/AbfG gilt dabei grundsätzlich nicht nur für Abfälle, die beseitigt, sondern auch für solche, die verwertet werden sollen. Die durch § 13 I 1 KrW-/AbfG angeordnete Überlassungspflicht geht damit deutlich über die bisher nach § 3 I AbfG bestehende hinaus. Diese weit reichende Überlassungspflicht wird freilich durch ebenfalls weit reichende Ausnahmen eingeschränkt[11].

Das KrW-/AbfG führt für die Verwertung von Abfällen mithin nicht zu einer Privatisierung, sondern zu einer Publifizierung der Entsorgungsverantwortung. Eine Reprivatisierung der Verwertung von Abfällen aus privaten Haushalten findet nur insoweit statt, als die Bundesregierung gemäß § 24 KrW-/AbfG durch Rechtsverordnung Rücknahme- und Rückgabepflichten anordnet[12].

Die Abfallentsorgung und die damit im Zusammenhang stehende Abfallvermeidung und -verwertung erklärt mithin nicht nur das AbfG – insbesondere § 3 AbfG – grundsätzlich zu öffentlichen Aufgaben[13]. Die Abfallbeseitigung bleibt vielmehr auch unter dem KrW-/AbfG eine öffentliche Aufgabe.

---

10 Zur Regelung des KrW-/AbfG vgl. W. Frenz, Die Verwirklichung des Verursacherprinzips im Abfallrecht, 1996, S. 70 ff.

11 Zu § 13 KrW-/AbfG vgl. z. B. W. Frenz, Die Verwirklichung des Verursacherprinzips im Abfallrecht, 1996, S. 73 ff.

12 A. Schink, DÖV 1995, 881 (882 ff.); F. Hölscher, ZUR 1995, 176 (179).

13 Vgl. z. B. W. Frenz, GewArch 1994, 145 (149).

2. Indienstnahme durch Mehrwegquoten, Zwangspfand und Umweltlizenzen

Die VerpackV a.F. wie n.F., insbesondere die Mehrwegquoten, das Zwangspfand und die Umweltlizenzen nehmen die Endverbraucher, Hersteller, Abfüller, Vertreiber und die „beteiligten Wirtschaftskreise“ in dreifacher Weise in Dienst:

Erstens werden die Endverbraucher ebenso wie die Hersteller, Vertreiber und Abfüller von Einweg-Getränkeverpackungen durch die VerpackV a.F. wie n.F. faktisch in Dienst genommen, indem ihnen Rückgabe- bzw. Rücknahme-, Verwertungs- und Beseitigungspflichten sowie Organisationsaufgaben auferlegt werden. Das GetränkeverpackungsVO-Konzept überträgt – zweitens – die gesamten im Zusammenhang mit den Umweltlizenzen anfallenden Organisationsaufgaben den „beteiligten Wirtschaftskreisen“. Die „beteiligten Wirtschaftskreise“ sollen die Erstausgabe und den Handel mit Umweltlizenzen organisieren und dabei u. a. sicherstellen, daß keine Marktzutrittsschranken errichtet werden. Für die Mehrwegquoten enthält die VerpackV a.F. wie n.F. zwar keine derartige ausdrückliche Regelung; die Unmöglichkeit für den einzelnen Hersteller, Abfüller oder Vertreiber von Einweg-Getränkeverpackungen die Einhaltung der Mehrwegquoten zu gewährleisten[14], setzt aber – drittens – eine Verhaltenskoordination zwingend voraus. Nachdem der Staat diese nicht übernimmt, muß sie ebenfalls durch die „beteiligten Wirtschaftskreise“ erfolgen.

3. Voraussetzungen einer Indienstnahme

Indem den Endverbrauchern ebenso wie den Herstellern, Vertreibern und Abfüllern von Einweg-Getränkeverpackungen durch die VerpackV a.F. wie n.F. faktisch Rückgabe- bzw. Rücknahme-, Verwertungs- und Beseitigungspflichten sowie Organisationsaufgaben auferlegt werden, werden die Endverbraucher, die Hersteller, Vertreiber und Abfüller von Einweg-Getränkeverpackungen zwar nicht Teil der öffentlichen Verwaltung. Auch wird ihnen durch diese Indienstnahme – im Gegensatz zur Beleihung – keine Hoheitsgewalt übertragen. Schließlich begründet diese Indienstnahme auch nur Pflichten im Sinne sächlicher und persönlicher Dienstleistungen oder sonstiger Verhaltensweisen, die ohnehin nach Form und Inhalt zum Bereich der privaten Betätigung im wirtschaftlichen Bereich – sei es als Unternehmer, der Einweg-Getränkeverpackungen hergestellt, vertreibt oder abfüllt, sei es als Endverbraucher, der am allgemeinen wirtschaftlichen Verkehr teilnimmt – gehören[15]. Bei der Erfüllung der faktischen Pflichten handeln die Adressaten der VerpackV aber insofern anstelle der Verwaltung, als sie damit eine abfallwirtschaftliche Zielsetzung verfolgen und erfüllen[16].

---

14 Vgl. dazu bereits oben im Text sub 4. Teil. A. III.

15 BVerfGE 30, 292 (311); P. Tettinger, Rechtsanwendung und gerichtliche Kontrolle im Wirtschaftsverwaltungsrecht, 1980, S. 232 f.

II. Rechtsdogmatische Zuordnung der Indienstnahme

Indienstnahmen sind sowohl am Maßstab der Freiheitsrechte – insbesondere an den Art. 12 I GG und Art. 14 GG[17] – als auch an dem des Gleichheitssatzes zu messen.

Das Grundgesetz stellt an die Heranziehung von Privaten zu Leistungen für die Allgemeinheit – wie insbesondere Art. 12 II GG zeigt – hohe Anforderungen. Art. 12 II GG läßt aber nur herkömmliche Dienstleistungen zu; die neuartigen Indienstnahmen Privater mißt das Bundesverfassungsgericht zunächst an den Freiheitsrechten, insbesondere an Art. 12 I GG[18]. Daß auch die Initiierung einer gesellschaftlichen Selbststeuerung einen Eingriff darstellt, haben U. Di Fabio und M. Schmidt-Preuß nachgewiesen. Die Mehrwegquoten, das Zwangspfand und die Umweltlizenzen prägen für die „beteiligten Wirtschaftskreisen" Alternativen vor und muten ihnen eine Entscheidung zu[19]. Bei der verfassungsrechtlichen Rechtfertigung von Indienstnahmen muß insbesondere beachtet werden, daß diese nicht gegen das Prinzip der Pflichten- und Lastengleichheit der Bürger verstoßen dürfen. Der die Einschränkung der Freiheitsrechte, insbesondere die des Art. 12 I GG, rechtfertigende Gemeinwohlzweck kann daher nicht auch ohne weiteres eine Ungleichbehandlung i. S. d. Gleichheitssatzes verfassungsrechtlich rechtfertigen. Vielmehr sind insofern gesteigerte Anforderungen zu stellen[20].

Dementsprechend überschneidet sich die Prüfung des Gleichheitssatzes und die der Freiheitsrechte partiell. Teilweise wird Art. 3 I GG, wenn die Ungleichbehandlung von wesentlich Gleichem bzw. die Gleichbehandlung von wesentlich Ungleichem bei der Regelung eines durch ein Freiheitsgrundrecht geschützten Bereichs erfolgt und sich gerade als Folge dieser Regelung ergibt, sogar nicht gesondert, sondern nur in Verbindung mit den Freiheitsgrundrechten im Rahmen der Prüfung der Verhältnismäßigkeit i.w.S. erörtert. Hierdurch werden zwar Über-

---

16 Allgemein Wolff / Bachof, Verwaltungsrecht I, 9. Aufl. 1974, S. 305 f. Differenzierend S. M. Hirschfeld, Staatlich initiierte Monopole und Verfassungsrecht – das Beispiel Verpackungsverordnung, 1997, S. 57 ff., der für die Normadressaten eine Indienstnahme bejaht, für die Duales System Deutschland AG verneint, staatlich initiierte Monopole werden als „intensive Form sozialer Gewalt" (a.a.O., S. 76) qualifiziert.

17 Vgl. allgemein G. F. Schuppert, Die Erfüllung öffentlicher Aufgaben durch verselbständigte Verwaltungseinheiten, 1981, S. 140 f. T. Langer, Monopole als Handlungsinstrumente der öffentlichen Hand, 1998, insb. S. 65 ff., 254 ff., 262 ff., 270 ff. erörtert die Vorgaben des GG für Monopole. Für die VerpackV siehe insb. S. M. Hirschfeld, Staatlich initiierte Monopole und Verfassungsrecht – das Beispiel Verpackungsverordnung, 1997, S. 77 ff.

18 Die Indienstnahme von Mineralölimporteuren (BVerfGE 30, 292 [312]) und die von Banken (BVerfGE 22, 380 [383]) hat das Bundesverfassungsgericht als Berufsausübungsregelungen qualifiziert.

19 M. Schmidt-Preuß, VVDStRL 56 (1997), 160 (189 ff.); U. Di Fabio, VVDStRL 56 (1997), 235 (252 ff.).

20 C. Starck, in: v.Mangoldt / Klein / Starck, Das Bonner Grundgesetz, Bd. 1, 3. Aufl. 1985, Art. 3 I Rdnr. 57.

schneidungen und Wiederholungen vermieden; diese Verbindung von Art. 3 I GG einerseits und Art. 12 I, 14 GG andererseits führt aber zur Vermischung von Gleichheits- und Freiheitsrechten. Dies hat zum einen eine Unübersichtlichkeit der Prüfung zur Folge; zum anderen kommt der Differenzierung zwischen Freiheits- und Gleichheitsrechten zudem dogmatisch wesentliche Bedeutung zu: Sie bringt zum Ausdruck, daß einerseits die Freiheitsgrundrechte die Frage beantworten, ob der Staat die Freiheit der Bürger durch die zu prüfende Maßnahme überhaupt einschränken darf. Wird dies bejaht, ist andererseits erst anhand des Gleichheitssatzes zu entscheiden, ob die Betroffenen durch die Freiheitseinschränkung gleichmäßig belastet werden.

Unabhängig davon, ob letztendlich im Rahmen der Freiheitsrechte oder erst bei der Prüfung des Gleichheitssatzes über die verfassungsrechtliche Rechtfertigung einer Indienstnahme definitiv entschieden wird, liefert jedenfalls Art. 3 I GG die ausschlaggebenden Kriterien für die Beurteilung. Die zentrale Bedeutung des Gleichheitssatzes für die verfassungsrechtliche Beurteilung der Mehrwegquoten und des sie sanktionierenden Zwangspfands ergibt sich dabei nicht nur aus dem Blickwinkel der Indienstnahme; sie wird vielmehr auch durch die vornehmliche Prüfung von Quotierungen am Maßstab des Gleichheitssatzes bestätigt[21]. Der Gleichheitssatz verpflichtet zur sachgerechten Abgrenzung des Kreises der zwangsweise in Dienst genommen Personengruppen. Darüber hinaus trifft er Vorgaben für die Kostenverteilung bei Indienstnahmen und schließlich sind besondere legitimierende Gründe – Zweckmäßigkeit, Verwaltungsökonomie, Sach- und Fachkunde, Situationsbeherrschung des Indienstgenommenen, etc. – erforderlich[22].

Die Mehrwegquoten und das sie sanktionierende Zwangspfand können – wie sich noch näher zeigen wird – diese Anforderungen ebensowenig erfüllen wie die Umweltlizenzen. Die Abgrenzung der „beteiligten Wirtschaftskreise" erweist sich zum einen als nicht hinreichend bestimmt. Zum anderen können die „beteiligten Wirtschaftskreise" nicht zur Durchsetzung der Mehrwegquoten und zu einer verfassungskonformen Vergabe der Umweltlizenzen herangezogen werden, da den „beteiligten Wirtschaftskreisen" hierfür die Befugnisse fehlen und ihnen die Aufgabenerfüllung daher rechtlich unmöglich ist. Schließlich ist für die den „beteiligten Wirtschaftskreisen" überbürdete Organisationsleistung auch keine Entschädigung vorgesehen.

---

21 Vgl. z. B. S. Huster, AöR 118 (1993), 109.

22 C. Starck, in: v.Mangoldt / Klein / Starck, Das Bonner Grundgesetz, Bd. 1, 3. Aufl. 1985, Art. 3 I Rdnr. 57; W. Martens, VVDStRL 30 (1972), 7 (20); F. Ossenbühl, VVDStRL 29 (1971), 137 (181 ff.).

B. Berufs- und Gewerbefreiheit (Art. 12 I GG)

Die §§ 7, 9 I, II VerpackV a.F. bzw. die §§ 8 I, 9 I, II VerpackV n.F., die durch ein Zwangspfand sanktionierte Mehrwegquoten für Einweg-Getränkeverpackungen vorschreiben, verstoßen ebenso wie die diskutierte Einführung von Umweltlizenzen gegen die durch Art. 12 I GG geschützte Berufs- und Gewerbefreiheit.

I. Schutzbereich

Der Schutzbereich der durch Art. 12 I GG geschützten Berufs- und Gewerbefreiheit ist eröffnet. Die Produktion, der Vertrieb und die Abfüllung von Einweg-Getränkeverpackungen fallen in den durch Art. 12 I GG geschützten Lebensbereich[23].

1. Beruf

Die Herstellung, der Vertrieb und die Abfüllung von Einweg-Getränkeverpackungen ist ein Beruf i. S. d. Art. 12 I GG. Beruf i. S. d. Art. 12 I GG ist nämlich jede erlaubte bzw. nicht sozial schädliche Tätigkeit, die auf Dauer berechnet ist und der Schaffung und Erhaltung einer Lebensgrundlage dient[24].

a) Weder die Herstellung noch der Vertrieb oder die Abfüllung von Einweg-Getränkeverpackungen ist sozial schädlich oder einfachrechtlich verboten[25]. Die

---

23 Ähnlich BVerwG, DVBl. 1993, 183 (184); A. Finckh, Regulierte Selbstregulierung im Dualen System, 1998, S. 211 ff.; G. Meier, BB 1995, 2381 (2385 f.); M. Beckmann, DVBl. 1995, 313 (316 f.); U. Di Fabio, NVwZ 1995, 1 (4 ff.).

24 BVerfGE 54, 301 (313); 50, 290 (362); 7, 377 (397); R. Scholz, in: Maunz/Dürig, Komm. z. GG, Stand: 1996, Art. 12 Rdnr. 18.

25 Ob der Schutzbereich des Art. 12 I GG nur erlaubte Tätigkeiten schützt und wie ggf. das Erlaubtsein definiert wird, ist streitig. Das BVerfG (E 7, 377 [397]) definiert „Beruf" als „die vom Einzelnen frei gewählten ... (erlaubten) Betätigungen". Dies spricht zunächst dafür, daß die Erlaubtheit ein echtes Begriffsmerkmal des Berufs ist. Unerlaubte, d. h. verbotene Berufstätigkeiten würden danach nicht dem Schutzbereich des Art. 12 I GG unterfallen. Dem ist entgegen zu halten, daß Art. 12 I GG erst darüber entscheiden soll, welche Tätigkeiten gesetzlich verboten werden können. Andernfalls würde Art. 12 I GG nicht mehr vor Eingriffen in die Berufsfreiheit schützen, sondern zur Disposition des Gesetzgebers gestellt. Gesetzlich verbotene Tätigkeiten insgesamt schon aus dem Schutzbereich des Art. 12 I GG auszuklammern, erscheint dabei auch deshalb besonders bedenklich, weil Verbote einer beruflichen Betätigung äußerst vielgestaltig sein können: Sie können allgemein oder berufsspezifisch, straf- oder verwaltungsrechtlich, generell oder individuell, sachlich umfassend oder partiell, absolut oder dispensfähig sein.

Auf diese Bedenken wird in zweifacher Weise reagiert: Teilweise wird das Kriterium des Erlaubtseins für die Berufsdefinition aufgegeben. Dies hat für gesetzliche Verbote keineswegs das Verdikt der Verfassungswidrigkeit zur Folge; gesetzliche Verbote werden vielmehr nur einem verfassungsrechtlichen Rechtfertigungszwang und der rechtsstaatlichen Übermaß-

§§ 7, 9 I, II VerpackV a.F. bzw. §§ 8 I, 9 I, II VerpackV n.F. schreiben nur bestimmte Mehrwegquoten und bei deren Nichteinhaltung ein Zwangspfand vor, verbieten aber nicht die Herstellung und den Vertrieb oder das Abfüllen von Einweg-Getränkeverpackungen als solche. Eben dies gilt auch für Umweltlizenzen. Herstellung, Vertrieb und Abfüllung von Einweg-Getränkeverpackungen sind mithin nach wie vor erlaubt i. S. d. Berufsbegriffs des Art. 12 I GG.

b) Herstellung, Vertrieb und Abfüllung von Einweg-Getränkeverpackungen ist eine auf Dauer berechnete Verrichtung. Diese Tätigkeit ist nämlich ihrem Wesen nach objektiv zur Ausübung auf Dauer geeignet. Die Hersteller, Vertreiber und Abfüller von Einweg-Getränkeverpackungen haben überdies subjektiv die Absicht, diese Tätigkeit weiterhin auszuüben. Daß bei Unterschreiten der Mehrwegquoten das Zwangspfand für Einweg-Getränkeverpackungen auflebt und – hieraus resultierend – die Substitution der Einweg-Getränkeverpackungen durch die Mehrweg-Getränkeverpackungen droht[26], ist in diesem Zusammenhang ebenso irrelevant wie die Umweltlizenzen. Das Kriterium einer auf Dauer berechneten Tätigkeit ist nämlich unabhängig von der Quantität; ausreichend ist bereits der Wille, bei sich bietender Gelegenheit die Berufstätigkeit fortzusetzen.

c) Herstellung, Vertrieb und Abfüllung von Einweg-Getränkeverpackungen dienen der Schaffung und Erhaltung der Lebensgrundlage der Hersteller und Vertreiber von Einweg-Getränkeverpackungen. Die bei einem Unterschreiten der Mehrwegquoten drohende Substitution der Einweg-Getränkeverpackungen durch Mehrweg-Getränkeverpackungen erweist sich in diesem Zusammenhang ebenso als irrelevant wie schon soeben beim Kriterium der auf Dauer berechneten Tätigkeit. Selbst wenn man die wirtschaftliche Rentabilität der Produktion und des Absatzes von Einweg-Getränkeverpackungen deswegen für zweifelhaft halten wollte, ergeben sich an der Qualität der Herstellung und des Vertriebs als Beruf i. S. d. Art. 12 I GG keine Bedenken. Zwar schließt die Rechtsprechung[27] Nebentätigkeiten vielfach gerade unter Hinweis auf deren fragliche wirtschaftliche Rentabilität aus dem Schutzbereich des Art. 12 I GG aus und gewährt ihnen nur den Schutz des Art. 2 I GG. Dem kann indessen nicht gefolgt werden. Richtigerweise ist vielmehr das Kri-

---

kontrolle unterworfen (R. Breuer, in: Isensee / Kirchhof [Hrsg.], Handbuch des Staatsrechts, Bd. VI, 1989, § 147 Rdnrn. 43 f.).

Die wohl h.M. sieht demgegenüber das „Erlaubtsein" weiterhin als Kriterium der Berufsdefinition an, interpretiert es aber einschränkend. „Erlaubt" sind danach alle sozialwertig mindestens neutralen Tätigkeiten (krit. S. Langer, JuS 1993, 203 [204]). Die damit als Bezugspunkt gewählte gesellschaftliche Beurteilung einer Tätigkeit ist gerechtfertigt, weil Art. 12 I GG zukunftsoffen ist und gesellschaftliche Entwicklungen, Anschauungen und deren Wandel aufnehmen will. Rechtlich kann die Definition des „Erlaubtseins" als sozial nicht schädliche Tätigkeit dadurch konkretisiert werden, daß nur solche Betätigungen aus dem Berufsbegriff des Art. 12 I GG ausgenommen werden, die allgemein – unabhängig von ihrer beruflichen Ausübung – verboten sind (R. Scholz, in: Maunz / Dürig, Komm. z. GG, Stand: 1996, Art. 12 Rdnrn. 24 ff.).

26 Vgl. zu dieser Gefahr bereits oben im Text sub 4. Teil. B. III. 2.

27 BVerfGE 33, 44 (48); BVerwGE 60, 254 (255); 67 287 (294 f.).

terium einer „Tätigkeit zur Schaffung oder Erhaltung einer Lebensgrundlage" ebenso wie die Merkmale des „Erlaubtseins" und der „auf Dauer berechneten Tätigkeit" weit auszulegen. Es genügt deshalb, wenn die jeweilige Tätigkeit objektiv ihrem Wesen nach geeignet ist, eine entsprechende Lebensgrundlage zu schaffen oder zu erhalten. Ob die betreffende Tätigkeit dem einzelnen als Lebensgrundlage dient, ist irrelevant. Art. 12 I GG schützt nämlich auch die individuelle wirtschaftliche Leistung des einzelnen und gewährleistet auch nach der Rechtsprechung des Bundesverfassungsgerichts eine allgemeine Erwerbsfreiheit[28]. Die bei einer Unterschreitung der Mehrwegquoten drohende Unrentabilität der Produktion und des Absatzes von Einweg-Getränkeverpackungen ist für die Erfüllung des Berufsbegriff daher unbeachtlich.

Zusammengefaßt kann festgehalten werden, daß Herstellung, Vertrieb und Abfüllung von Einweg-Getränkeverpackungen dem Berufsbegriff des Art. 12 I GG unterfallen.

2. Art. 12 I GG als einheitliches Grundrecht mit einheitlichem Regelungsvorbehalt

Ob die in § 14 II 3 Ziff. 2, 3 AbfG, §§ 7, 9 I, II VerpackV bzw. nunmehr im KrW-/AbfG und den §§ 8 I, 9 I, II VerpackV n.F. festgelegten und durch ein Zwangspfand für Einweg-Getränkeverpackungen sanktionierten Mehrwegquoten die in Art. 12 I 1 GG geschützte Freiheit der Berufswahl oder die von Art. 12 I 2 GG erfaßte Freiheit der Berufsausübung betreffen, kann zunächst und für die Frage, ob der Schutzbereich des Art. 12 I GG eröffnet ist, dahinstehen. Art. 12 I GG stellt nämlich ein einheitliches Grundrecht der Berufsfreiheit dar, zumal Berufswahl (Art. 12 I 1 GG) und Berufsausübung (Art. 12 I 2 GG) untrennbar miteinander verbunden sind[29]. Einerseits beginnt nämlich mit der Berufswahl zugleich die Berufsausübung; die Berufswahlregelungen sichern zudem die ordnungsgemäße Berufsausübung. Andererseits bestätigt die Berufsausübung die Berufswahl; die Schranken der Berufsausübung wirken überdies auf die Berufswahl zurück. Schließlich geht auch Art. 74 I Nr. 19 GG von der gesetzlichen Beschränkbarkeit nicht nur der Berufsausübung, sondern auch der Berufswahl aus[30].

---

28 R. Scholz, in: Maunz / Dürig, Komm. z. GG, Stand: 1996, Art. 12 Rdnr. 21.

29 Für den hiesigen Zusammenhang ausdrücklich G. Meier, BB 1995, 2381 (2385 f.). – Allgemein zum Verhältnis von Art. 12 I 1 GG und Art. 12 I 2 GG z. B. BVerfGE 41, 251 (261); 33, 306 (336); 7, 377 (401); R. Scholz, in: Maunz / Dürig, Komm. z. GG, Stand: 1996, Art. 12 Rdnrn. 14, 253 ff.

30 Die Unterscheidung von Berufswahl und Berufsausübung behält gleichwohl – allerdings nur im Rahmen der verfassungsrechtlichen Rechtfertigung eines Eingriffs – Bedeutung. Zur Rechtfertigung eines Eingriffs in die Berufswahl sind nämlich gewichtigere Gründe erforderlich als für einen solchen in die Berufsausübung. Eben dies kommt auch in der sog. „Stufentheorie" zum Ausdruck. – Vgl. hierzu noch unten im Text sub 7. Teil. B. III. 3. a.

3. Herstellung, Vertrieb und Abfüllung von Einweg-Getränkeverpackungen als gegenüber der Produktion und dem Absatz von Mehrweg-Getränkeverpackungen eigener Beruf i. S. d. Art. 12 I GG

Art. 12 I GG erfaßt Herstellung und Vertrieb von Einweg-Getränkeverpackungen ebenso wie Produktion und Absatz von Mehrweg-Getränkeverpackungen. Zweifelhaft ist indessen, ob Herstellung und Vertrieb von Einweg-Getränkeverpackungen einerseits und Produktion und Absatz von Mehrweg-Getränkeverpackungen andererseits einen oder zwei verschiedene Berufe i. S. d. Art. 12 I GG darstellen[31].

Zwei auch im Hinblick auf Art. 12 I GG verschiedene Berufe werden dabei angenommen, wenn Herstellung und Vertrieb von Einweg-Getränkeverpackungen und Produktion und Absatz von Mehrweg-Getränkeverpackungen jeweils eigenständiges soziales Gewicht haben. Dies ist grundsätzlich generell zu bejahen, wenngleich es sich bei den einzelnen Verpackungsarten mit unterschiedlicher Deutlichkeit zeigt: Herstellung und Vertrieb von Getränkekartonverpackungen einerseits und Mehrweg-Glasflaschen andererseits stellen ohne weiteres zwei verschiedene Berufe i. S. d. Art. 12 I GG dar. Wegen des unterschiedlichen Materials ist eine völlig andere technische und maschinelle Ausstattung erforderlich. Dementsprechend divergieren auch die erforderlichen Vorkenntnisse erheblich. Dieser insoweit völlig eindeutige Befund verliert zwar in anderen Konstellationen an Klarheit, findet aber im Ergebnis auch dort Bestätigung: Selbst Ein- und Mehrweg-Glasflaschen stellen nämlich unterschiedliche technische Anforderungen. Im Hinblick auf die Verwendungshäufigkeit setzen Mehrweg-Glasflaschen stärkere Glasdicken und eine hohe Standardisierung voraus. Bei der Produktion von Einweg-Glasflaschen wird demgegenüber eine erhöhte Formenvielfalt erwartet[32].

Dieser an den technischen und sozialen Gegebenheiten orientierte Befund wird zudem gerade durch die hier zu beurteilenden Mehrwegquoten und das Zwangspfand für Einweg-Getränkeverpackungen zusätzlich bestätigt: Wenn § 14 II 3 Ziff. 2, 3 AbfG und §§ 7, 9 I, II VerpackV a.F. bzw. nunmehr das KrW- / AbfG und die §§ 8 I, 9 I, II VerpackV n.F. eine diesbezügliche Differenzierung vorsehen, zeigt eben dies, daß es sich um unterschiedliche Gegebenheiten handelt.

Zusammenfassend kann festgehalten werden, daß für den einzelnen Beruf i. S. d. Art. 12 I GG vorrangig das für die jeweiligen Getränkeverpackungen zu verarbeitende Material entscheidend ist; hiervon hängen nämlich die anzuwendenden Ar-

---

31 Die Bedeutung dieser Frage kann kaum überschätzt werden, zumal sie eine Vorentscheidung über das Gesamtergebnis darstellen kann. Handelt es sich nämlich um nur einen Beruf, sind Beschränkungen eher der Berufsausübung zuzuordnen und damit leichter verfassungsrechtlich zu rechtfertigen. Im gegenteiligen Fall sind hingegen eher die strengen Voraussetzungen für eine Berufswahlregelung zu erfüllen.

32 Siehe zu den wirtschaftlichen Auswirkungen von Mehrwegquoten und Zwangspfand in diesem Zusammenhang R. Spies, in: Staatswissenschaften und Staatspraxis 5 (1994), 267 ff., 274.

beitstechniken, die maschinelle Ausstattung und das erforderliche Know how in erster Linie ab. Soweit die Getränkeverpackungen aus unterschiedlichen Materialien bestehen, sind daher jedenfalls zwei Berufe i. S. d. Art. 12 I GG anzunehmen. Eben dies gilt – wenn auch mit Einschränkungen – auch für die Herstellung und den Vertrieb von Einweg-Getränkeverpackungen einerseits und Mehrweg-Getränkeverpackungen andererseits. An beide werden ebenfalls unterschiedliche technische, insbesondere aber marktmäßige Anforderungen gestellt.

4. Verwaltungsmonopol und staatlich gebundener Beruf

Die durch das Zwangspfand sanktionierten Mehrwegquoten können ebenso wie das Lizenzmodell als Begründung eines Verwaltungsmonopols oder eines staatlich gebundenen Berufs verstanden werden.

Wollte man die Herstellung von Einweg-Getränkeverpackungen als Verwaltungsmonopol deuten, entfiele für die Hersteller, Vertreiber und Abfüller von Einweg-Getränkeverpackungen der Schutz des Art. 12 I GG, wenn es sich um ein Verwaltungsmonopol genuin-hoheitlicher Art handelte[33]. Letzteres ist zu verneinen, obwohl die Staatsaufgaben prinzipiell offen und erweiterungsfähig sind. Der Schutz des Art. 12 I GG versagt aber nur gegenüber überkommenen Verwaltungsmonopolen, nicht aber gegenüber neu einzuführenden.

Art. 12 I GG ist mithin auch bei Annahme eines Verwaltungsmonopols nicht ausgeschlossen. Eben dies gilt auch bei der Annahme eines staatlich gebundenen Berufs, da hierdurch der Schutz des Art. 12 I GG für in der privatrechtlichen Sphäre angesiedelte Tätigkeitsfelder nicht ausgeschlossen wird.

5. Zwischenergebnis

Der Schutzbereich des Art. 12 I GG ist eröffnet. Herstellung, Vertrieb und Abfüllung von Einweg-Getränkeverpackungen ist ein – im Verhältnis zu Produktion und Absatz von Mehrweg-Getränkeverpackungen – eigenständiger Beruf i. S. d. Art. 12 I GG[34]. Die Eröffnung des Schutzbereichs des Art. 12 I GG ist unabhängig davon zu bejahen, ob man ein staatliches Verwaltungsmonopol oder einen staatlich gebundenen Beruf annimmt.

---

33 Vgl. hierzu R. Scholz, in: Maunz / Dürig, Komm. z. GG, Stand: 1996, Art. 12 Rdnrn. 406 ff. Ausführlich zum Monopolbegriff und Monopolcharakter der Duales System Deutschland AG T. Langer, Monopole als Handlungsinstrumente der öffentlichen Hand, 1998, S. 21 ff., 35 ff., 156 ff., 166 ff.; S. M. Hirschfeld, Staatlich initiierte Monopole und Verfassungsrecht – das Beispiel Verpackungsordnung, 1997, insb. S. 30 ff.

34 Wie hier bereits J. Aulehner, BB-Beil. 3 zu Heft 12 / 1995, S. 10.

II. Eingriff

Die Mehrwegquoten und das ihre Unterschreitung sanktionierende Zwangspfand stellen ebenso einen Eingriff in Art. 12 I GG dar wie die Umweltlizenzen und die Umweltabgaben. Mit der Herstellung und dem Vertrieb von Einweg-Getränkeverpackungen beschränkt der Staat nämlich ein Verhalten, das in den Schutzbereich des Art. 12 I GG fällt.

Die Pflicht, bei Unterschreiten der Mehrwegquoten ein Pfand auch für Einweg-Getränkeverpackungen zu erheben, stellt bereits nach dem klassischen Eingriffsbegriff einen Eingriff dar. Nach diesem bildet jede finale, unmittelbare, rechtlich wirkende und mit Befehl und Zwang angeordnete und durchsetzbare Beeinträchtigung einen Eingriff. Diese Anforderungen erfüllt das Zwangspfand, zumal Nichterhebung bzw. Nichterstattung eines Pfandes gemäß § 12 Ziff. 8 VerpackV a.F. bzw. § 12 Ziff. 13 VerpackV n.F. eine Ordnungswidrigkeit darstellen.

Gleiches gilt im Ergebnis auch für die Mehrwegquoten. Diese sind zwar nicht mit Befehl und Zwang durchsetzbar; ihre Unterschreitung zieht aber als Sanktion das Zwangspfand nach sich. Die Einhaltung der Mehrwegquoten stellt daher mindestens eine Obliegenheit dar. Darüber hinaus differenzieren die Mehrwegquoten innerhalb der ansich identischen Einweg-Getränkeverpackungen zwischen einem unter und einem über der Mehrwegquote liegenden Teil. Nach dem erweiterten Eingriffsbegriff, der der Entwicklung vom liberalen zum sozialen Rechtsstaat Rechnung trägt, ist Eingriff jedes staatliche Handeln, das dem einzelnen ein Verhalten, das in den Schutzbereich fällt, unmöglich macht, gleichgültig ob diese Wirkung final oder unbeabsichtigt, unmittelbar oder mittelbar, rechtlich oder tatsächlich mit oder ohne Befehl und Zwang erfolgt. Nach diesem erweiterten Eingriffsbegriff stellen auch die Mehrwegquoten Eingriffe in den Schutzbereich des Art. 12 I GG dar. Sie machen es nämlich den Herstellern und Vertreibern von Einweg-Getränkeverpackung jedenfalls unmöglich, ihren Marktanteil weiter auszubauen ohne dabei einem Zwangspfand unterworfen zu werden.

Diese Einschätzung gilt für die diskutierte Einführung von Umweltlizenzen erst recht, zumal Umweltlizenzen Produktion, Vertrieb und Abfüllung von Einweg-Getränkeverpackungen absolut zahlenmäßig beschränken, während die Mehrwegquoten nur eine relative, auf die gesamte Produktion bzw. den gesamten Vertrieb von Getränkeverpackungen bezogene, quantitative Grenze darstellen.

Allgemein anerkannt ist darüber hinaus auch, daß die Erhebung von Umweltabgaben ebenfalls einen Eingriff in die Berufs- und Gewerbefreiheit darstellt[35], wenngleich die Intensität dieses Eingriffs namentlich von der Höhe der Abgabe

[35] Vgl. z. B. K. Konrad, BayVBl. 1997, 353 (356f.), ders., BB 1995, 1109 (1118). Ausführlich zum Eingriffscharakter der VerpackV auch allgemein insb. A. Finckh, Regulierte Selbstregulierung im Dualen System, 1998, S. 184ff., 220ff.; S. M. Hirschfeld, Staatlich initiierte Monopole und Verfassungsrecht – das Beispiel Verpackungsordnung, 1997, S. 77ff., 127ff.

und deren Überwälzbarkeit abhängen wird und Umweltabgaben im Gegensatz zu Umweltlizenzen dem einzelnen Hersteller und Vertreiber die Entscheidung überlassen, ob er die Produktion bzw. den Vertrieb trotz der Abgabe fortsetzen will.

III. Verfassungsrechtliche Rechtfertigung

Die in den Schutzbereich des Art. 12 I GG eingreifenden Mehrwegquoten und das daran anknüpfende Zwangspfand verletzen das Grundrecht der Berufsfreiheit, da sie – wie sich sogleich zeigen wird – nicht verfassungsrechtlich gerechtfertigt sind. Eben dies gilt auch für die Umweltlizenzen, während Umweltabgaben so ausgestaltet werden können, daß sie den grundgesetzlichen Vorgaben gerecht werden.

Für das Zwangspfand ist zwar – anders als für die Mehrwegquoten und die Umweltlizenzen – der für eine Einschränkung des Art. 12 I GG geforderte einfache Gesetzesvorbehalt durch § 14 II 3 Ziff. 3 AbfG und § 7 VerpackV a.F. bzw. §§ 24 I Ziff. 2, 22 II Ziff. 4 KrW-/AbfG und § 8 I VerpackV n.F. erfüllt. Die Mehrwegquoten und das an sie anknüpfende Zwangspfand halten indessen weder die Anforderungen des Bestimmtheitsgebots ein noch werden sie dem in der „Stufentheorie" konkretisierten Verhältnismäßigkeitsgrundsatz gerecht. Letzteres gilt auch für die Umweltlizenzen, während Umweltabgaben diese Voraussetzungen erfüllen können.

1. Gesetzesvorbehalt

Das in § 7 VerpackV a.F. bzw. § 8 I VerpackV n.F. als Sanktion für ein Unterschreiten der Mehrwegquoten vorgesehene Zwangspfand beruht auf § 14 II Ziff. 3 AbfG bzw. auf den §§ 24 I Ziff. 2, 22 II Ziff. 4 KrW-/AbfG als formellem Gesetz und genügt damit dem einfachen Gesetzesvorbehalt. Die in § 9 II VerpackV a.F. wie n.F. festgelegten Mehrwegquoten können diese Anforderungen indessen nicht erfüllen. Für Umweltlizenzen und Umweltabgaben wäre ebenfalls eine gesetzliche Grundlage erst zu schaffen.

a) Grundrechte und Rechtsstaatsprinzip als Grundlage des Gesetzesvorbehalts

Der (einfache) Gesetzesvorbehalt, d. h. die Forderung, daß staatliche Eingriffe nur durch oder aufgrund eines Gesetzes ergehen dürfen, ist sowohl aus den Grundrechten – hier dem Art. 12 I GG – als auch aus dem Demokratie- und Rechtsstaatsprinzip abzuleiten[36].

36 Zu den dogmatischen Grundlagen des Vorbehalts des Gesetzes siehe z. B. F. Rottmann, EuGRZ 1985, 277 (insb. 289 ff., 293 ff.).

Art. 12 I GG steht unter einem einfachen Gesetzesvorbehalt; er kann „durch oder auf Grund eines Gesetzes" (Art. 12 I 2 GG) eingeschränkt werden. Dieser nach dem Wortlaut des Art. 12 I GG auf die Regelung der Berufsausübung beschränkte Gesetzesvorbehalt gilt auch für Regelungen der Berufswahl, obwohl diese nach dem Wortlaut des Art. 12 I 1 GG keinem Gesetzesvorbehalt untersteht. Art. 12 I GG stellt nämlich – wie bereits dargelegt und begründet wurde[37] – ein einheitliches Grundrecht dar, das insgesamt einem einfachen Gesetzesvorbehalt untersteht.

Die sog. Wesentlichkeitslehre, die sowohl hier als auch im Zusammenhang mit dem Bestimmtheitsgebot zu sehen ist, führt zu einer Detaillierung der Anforderungen des Gesetzesvorbehalts. Danach dürfen Eingriffe nur durch oder aufgrund Gesetzes erfolgen; zudem müssen die wesentlichen Entscheidungen über Eingriffe vom Gesetzgeber selbst getroffen werden und dürfen nicht an die Verwaltung delegiert werden. Die Wesentlichkeit eines Eingriffs bemißt sich hierbei nach seiner Intensität[38].

b) Mehrwegquoten, Umweltlizenzen und Gesetzesvorbehalt

Anders als für das Zwangspfand, für das § 14 II 3 Ziff. 3 AbfG bzw. die §§ 22 IV, 24 I Ziff. 2 KrW- / AbfG eine ausreichende gesetzliche Grundlage bilden, fehlt eine solche für die Mehrwegquoten des § 9 II VerpackV a.F. wie n.F. ebenso wie für die Umweltlizenzen. § 14 II 3 Ziff. 2 AbfG bzw. die §§ 22 IV, 23 Ziff. 3 KrW- / AbfG haben sich bereits als hierfür nicht ausreichend erwiesen[39].

Die in § 9 II VerpackV a.F. bzw. n.F. durch den Verordnungsgeber vorgenommene Quotierung zwischen Einweg-Getränkeverpackungen und Mehrweg-Getränkeverpackungen bedarf im Hinblick auf ihre hohe Eingriffsintensität, auf die bereits hingewiesen wurde, einer detaillierten gesetzlichen Grundlage, die weder im AbfG noch im KrW- / AbfG enthalten ist. In anderem Zusammenhang vertretenen Ansichten, denen zufolge Quotenregelungen auch ohne gesetzliche Grundlage z. B. durch Verwaltungsrichtlinien erfolgen können sollen[40], ist eine Absage zu erteilen. Die hierfür gegebenen Begründungen sind auf die hier zu beurteilende Frage nach einem Gesetzesvorbehalt für die Mehrwegquoten entweder nicht übertragbar oder können nicht überzeugen. Der Umweltschutz ist zwischenzeitlich zwar in Art. 20a GG ausdrücklich verankert. Die Mehrwegquoten stellen für Hersteller, Vertreiber und Abfüller von Einweg-Getränkeverpackungen aber so nachhaltige Restriktionen dar, daß sie allenfalls auf der Grundlage einer Konkretisierung durch den Gesetzgeber bestehen können[41].

---

37 Vgl. dazu oben im Text sub 7. Teil. B. I. 2.

38 Vgl. z. B. BVerfGE 49, 89 (126 f.); 47, 46 (79); Pieroth / Schlink, Grundrechte. Staatsrecht II, 12. Aufl. 1996, Rdnr. 308.

39 Vgl. hierzu oben im Text sub 6. Teil. B. II. 2.

40 So für Frauenquoten z. B. VG Bremen, NJW 1988, 3224 ff.; K. Lange, NVwZ 1990, 135 ff.

Eben dies gilt für die Umweltlizenzen erst recht, zumal mit diesen als absoluten Mengenbeschränkungen sogar ein weitergehender Eingriff verbunden ist.

c) Zwischenergebnis

Die in § 9 II VerpackV a.F. / n.F. festgelegten Mehrwegquoten verstoßen gegen den aus den Grundrechten – hier: Art. 12 I GG –, dem Demokratie- und Rechtsstaatsprinzip ableitbaren Vorbehalt des formellen Gesetzes.

Umweltlizenzen bedürften ebenso einer formell-gesetzlichen Grundlage wie Umweltabgaben.

2. Bestimmtheitsgebot

In der derzeitigen Form erweisen sich die Mehrwegquoten und das an ihr Unterschreiten anknüpfende Zwangspfand in mehrfacher Hinsicht als zu unbestimmt.

a) Grundlagen und Anforderungen des allgemeinen Bestimmtheitsgrundsatzes

Das für einen Spezialfall in Art. 80 I 2 GG ausdrücklich geregelte Bestimmtheitsgebot ergibt sich im übrigen aus den Grundrechten, die die Voraussehbarkeit und Berechenbarkeit des staatlichen Handelns sichern; zum anderen ist es aus der durch das Rechtsstaatsprinzip gewährleisteten Gesetzmäßigkeit abzuleiten[42].

Das Bestimmtheitsgebot verlangt hierbei keine absolute Bestimmtheit, sondern begnügt sich mit der hinreichenden Bestimmtheit. Dementsprechend darf eine Norm umso unbestimmter sein, je unvorhersehbarer der zu regelnde Sachverhalt ist. Eine geringere Bestimmtheit der Norm muß hierbei im Rahmen des Vollzugs kompensiert werden.

Mehrwegquoten und das sie sanktionierende Zwangspfand können schon diese vergleichsweise geringen Anforderungen des allgemeinen Bestimmtheitsgebots zumindest in ihrer derzeit diskutierten Form (noch) nicht einhalten.

b) Mehrwegquoten und Bestimmtheitsgebot

Die Bestimmtheit der Mehrwegquoten erscheint insbesondere aus folgenden Gründen zweifelhaft:

---

41 Im Ergebnis wie hier für Frauenquoten z. B. OVG NW, NJW 1989, 2560 ff.; A. Kruse, DÖV 1991, 1002 (1003 f.); U. Maidowski, Umgekehrte Diskriminierung, 1989, S. 173 f.

42 Ausführlich zum Bestimmtheitsgebot und seiner Durchsetzung Papier / Möller, AöR 122 (1997), 177 ff.

aa) Bezugsjahr 1991

§ 9 II 1 VerpackV a.F. wie n.F. verlangt neben der 72 bzw. 17 / 20 Prozent-Quote auch, daß der Anteil der Mehrwegverpackungen im jeweiligen Einzugsgebiet nicht unter den im Jahre 1991 im Einzugsgebiet bestehenden Anteil absinken darf. Damit soll in den Bundesländern (§ 3IV VerpackV a.F. bzw. § 3IX VerpackV n.F.), die eine höhere Mehrwegquote als 72 bzw. 17 / 20 Prozent haben, diese höhere Quote festgeschrieben werden. Bedenklich ist dies insofern, als für das Bezugsjahr 1991 keine nach den einzelnen Bundesländern differenzierten Erhebungen vorliegen.

Die in § 9 II 5 VerpackV n.F. vorgesehene Zuordnung der Schlauchbeutel-Verpackungen aus Polyethylen zu den Mehrweg-Getränkeverpackungen und die hieraus resultierende Erhöhung der Mehrwegquote von 17 auf 20 Prozent erscheint hierbei zusätzlich bedenklich: Zum einen ist nämlich nicht ohne weiteres erkennbar, ob für pasteurisierte Konsummilch neben dieser Mehrwegquote auch das Jahr 1991 zusätzlich als Referenzzeitraum gelten soll. Bejahendenfalls und zum anderen ist zweifelhaft, ob und wie der Anteil der Schlauchbeutel-Verpackungen für Konsummilch im Jahr 1991 feststellbar ist, zumal schon keine zwischen den einzelnen Bundesländern trennenden Erhebungen vorliegen.

bb) Offener Vollzug der Mehrwegquoten

Die Mehrwegquoten der VerpackV sind auch und insbesondere deshalb zu unbestimmt, weil ungeregelt ist, wie deren Einhaltung sichergestellt werden soll. Eben die Art der Umsetzung dieser Quotierung kann aber rechtlich relevant werden[43]. Dies gilt umso mehr, als die Rechtsprechung in Mangelsituationen zunehmend den Anspruch des einzelnen auf Zuteilung einer Leistung durch einen Anspruch auf gerechte Verteilung durch den Staat ersetzt[44].

Die Mehrwegquoten führen zur Verknappung der sanktionslos herstell- und vertreibbaren Einweg-Getränkeverpackungen. Diese mengenmäßige Beschränkung macht eine Verteilung auf die einzelnen Hersteller und Vertreiber von Einweg-Getränkeverpackungen erforderlich. Die hierbei auszugleichenden Interessen erweisen sich bei näherer Betrachtung aber als so komplex, daß hieraus ohne weiteres ein Verstoß des § 9 II VerpackV a.F. wie n.F. gegen das allgemeine Bestimmtheitsgebot resultiert. Die Hersteller und Vertreiber von Einweg-Getränkeverpackungen haben nämlich prinzipiell aus Art. 12 I GG ein subjektiv-öffentliches Recht, Einweg-Getränkeverpackungen in beliebiger Form und Art herzustellen und zu vertreiben. Dieses subjektiv-öffentliche Recht muß gegenüber den Belangen der Abfallvermeidung und des Umweltschutzes abgewogen werden. Hierbei muß zwischen den Interessen der begünstigten Hersteller und Vertreiber von Ein-

---

43 Zum Problem der Verteilung der Erfassungs-, Sortier- und Verwertungsquoten vgl. L. Giesberts, BB 1993, 1376 (1377 m. Fußn. 22).

44 Ausführlich dazu mit Nachweisen der Rspr. S. Langer, NJW 1990, 1328 ff.

weg-Getränkeverpackungen, deren benachteiligten Konkurrenten, dem mit den Mehrwegquoten verfolgten Zweck und den Belangen der Allgemeinheit abgewogen werden. Für solche Fallkonstellationen besteht daher nicht nur eine staatliche (Verteilungs-)Kompetenz, sondern auch eine staatliche (Verteilungs-)Verantwortung. Letztere verbietet es dem Staat, die Verteilung in das Belieben der Wirtschaft zu stellen[45].

Die bloße Festsetzung der Mehrwegquoten ohne Angabe von Verteilungskriterien ist auch unter diesem Aspekt wegen Verstoßes gegen das allgemeine Bestimmtheitsgebot verfassungswidrig.

cc) Verfahren nach § 9 III VerpackV a.F. und § 9 II 1, 2, III VerpackV n.F.

Das in § 9 III VerpackV a.F. vorgesehene Verfahren erscheint einerseits insbesondere unter Rechtsschutzgesichtspunkten bedenklich, da das Pfand nur sofort erhoben werden kann, die Gerichte aber erst nach mehreren Jahren rechtskräftig entscheiden. Andererseits ist unverständlich, warum die Pfanderhebungspflicht des § 7 VerpackV a.F. gemäß § 9 III VerpackV a.F. erst nach drei Schritten (erste und zweite Feststellung des Unterschreitens der Mehrwegquote, Aufleben der Pfanderhebungspflicht) wieder aufleben soll.

§ 9 II 1, 2, III VerpackV n.F. sehen zwar eine Erleichterung des Verfahrens vor, das grundsätzliche Problem besteht jedoch fort.

c) Zwangspfand und Bestimmtheitsgebot

Das in § 7 VerpackV a.F. bzw. § 8 I VerpackV n.F. geregelte Zwangspfand kann die Anforderungen des Bestimmtheitsgebots ebensowenig erfüllen wie die Mehrwegquoten.

Dieser Befund gilt um so mehr, als das Zwangspfand insoweit verschärften Ansprüchen unterliegt, da § 12 Ziff. 8 VerpackV a.F. bzw. § 12 Ziff. 13 VerpackV n.F. die Nichterhebung bzw. Nichterstattung eines Pfandes als Ordnungswidrigkeit sanktionieren. Der Verordnungsgeber war deshalb nach Art. 103 II GG verpflichtet, die Voraussetzungen für die Verhängung des Bußgeldes so konkret zu umschreiben, daß Tragweite und Anwendungsbereich der Bußgeldtatbestände zu erkennen sind bzw. sich durch Auslegung ermitteln lassen.

Das in § 7 VerpackV a.F. bzw in § 8 I VerpackV n.F. angeordnete Zwangspfand erfüllt weder diese verschärften Anforderungen des Art. 103 II GG noch die Voraussetzungen des allgemeinen rechtsstaatlichen Bestimmtheitsgebots[46].

---

45 Vgl. zur Problematik ausführlich W. Berg, Der Staat 15 (1976), 1 ff.; C. Tomuschat, Der Staat 12 (1973), 433 ff.

46 Daß sich die nähere Spezifizierung, welche Getränkeverpackungen der Pfanderhebungspflicht unterfallen, nicht aus § 7 VerpackV a.F. bzw. § 8 I VerpackV n.F., sondern erst

aa) Höhe des Pfandes

Die Höhe des von § 7 VerpackV a.F. vorgeschriebenen Zwangspfandes ist in mehrfacher Hinsicht zu unbestimmt:

(1) Für Verpackungen unter einem Füllvolumen von 1,5 l enthalten § 7 S. 1 und S. 2 VerpackV a.F. eine Doppelregelung; dabei schreibt § 7 S. 1 VerpackV a.F. ein Pfand in Höhe von 0,50 DM, § 7 S. 2 VerpackV a.F. hingegen ein solches in Höhe von mindestens 0,50 DM vor[47].

Dies ist nicht nur im Hinblick auf Art. 103 II GG und den allgemeinen Bestimmtheitsgrundsatz zu beanstanden, sondern steht zudem im Widerspruch zu § 6 I VerpackV a.F., demzufolge Vertreiber von Verkaufsverpackungen nicht nur bei ihnen erworbene Verkaufsverpackungen, sondern alle Verpackungen der Art, Form und Größe und solcher Waren, die der jeweilige Vertreiber in seinem Sortiment führt (§ 6 I 2 VerpackV)[48], zurücknehmen müssen. Wenn nämlich § 7 VerpackV a.F. die Erhebung von Pfandbeträgen in unterschiedlicher Höhe für identische Einwegverpackungen zuläßt, wird die von § 6 I VerpackV a.F. / n.F. vorgesehene „freie" Rückgabe an den nächstgelegenen Vertreiber derartiger Verkaufsverpackungen behindert[49]. Soweit dieser ein niedrigeres Pfand erhebt als der Vertreiber, bei dem die konkrete Verkaufsverpackung erworben wurde, entsteht dem Endverbraucher ein finanzieller Verlust.

(2) § 7 S. 1, 2 VerpackV a.F. ist zudem noch unter einem weiteren Aspekt unpräzise formuliert: „ab 0,2 l" kann „0,2 l und mehr" oder „mehr als 0,2 l" bedeuten. Darüber hinaus werden Verpackungen nicht mit einem präzisen Füllvolumen ausgeliefert; hier bestehen vielmehr zulässige Toleranzen[50].

(3) § 8 I VerpackV n.F. trägt diesen Bedenken nur partiell Rechnung. Zwar entfällt danach die beanstandete unpräzise Formulierung „ab 0,2 l". § 8 I VerpackV n.F. setzt aber ebenfalls nur Mindestbeträge fest, so daß entweder alle Hersteller und Vertreiber nur diesen Mindestbetrag erheben dürfen oder – bei unterschiedlichen Pfandgeldern – die freie Rückgabe auch bei einem anderen Hersteller oder Vertreiber beeinträchtigt wird.

---

aus § 9 II VerpackV a.F. wie n.F. ergibt, wird zwar nicht zur Unbestimmtheit der Regelung führen, ist aber doch systematisch nur schwer verständlich (vgl. dazu Strecker / Berndt, Kommentar zur Verpackungsverordnung, 1992, S. 110).

47 Strecker / Berndt, Kommentar zur Verpackungsverordnung, 1992, S. 109 f., die diese Doppelregelung allerdings ohne nähere Begründung für unschädlich halten.

48 Für Vertreiber mit einer Verkaufsfläche von weniger als 200 m^2 enthält § 6 I 3 VerpackV a.F. (entsprechend § 6 I 5 VerpackV n.F.) eine weitere Einschränkung der Rücknahmepflicht.

49 §§ 7, 9 VerpackV a.F. bzw. §§ 8 I, 9 VerpackV n.F. begründen keine eigenständige Rücknahmepflicht, sondern beziehen sich auf die in § 6 VerpackV angeordnete. – Vgl. dazu unten im Text sub 7. Teil. B. III. 3. c. bb. (1) (b) (aa).

50 Strecker / Berndt, Kommentar zur Verpackungsverordnung, 1992, S. 110.

bb) Zivilrechtliche Ausgestaltung des Zwangspfandes

Neben der Höhe des Zwangspfands erweist sich auch dessen rechtliche Ausgestaltung in mehrfacher Hinsicht als zu unbestimmt.

(1) Das in § 7 VerpackV a.F. bzw. § 8 I VerpackV n.F. angeordnete Zwangspfand lehnt sich in seiner rechtlichen Ausgestaltung an die Pfandregelungen für Mehrwegsysteme an[51]; deren zivilrechtliche Konstruktion ist aber äußerst umstritten[52]. Ob – und ggf. in welchen Konstellationen – das Eigentum an den Mehrwegverpackungen – insbesondere an Mehrwegflaschen und -kästen – übertragen wird oder beim Abfüller bzw. Hersteller der Mehrwegverpackungen verbleibt[53], ist dabei ebenso ungeklärt wie die Rechtsnatur des Pfandbetrags. Dieses kann sich als echtes vertragliches Pfandrecht, unregelmäßiges Pfandrecht, Kaufpreis, Vertragsstrafe, vorweg geleistete Schadenspauschale, unregelmäßige Verwahrung oder als Darlehen darstellen[54]. Ebenso ungesichert und vielfältig in ihren denkbaren Möglichkeiten ist die rechtliche Qualifikation der Leergutüberlassung: Es kann sich hier um einen selbständigen Vertrag oder um eine unselbständige Nebenabrede handeln; als Schuldvertragstypen kommen Miete, Leihe, leiheähnlicher Gebrauchsüberlassungsvertrag sui generis, Kaufvertrag mit Rückkaufsverpflichtung und Darlehen in Betracht[55].

(2) Für § 7 VerpackV a.F. bzw. § 8 I VerpackV n.F. verschärft sich diese rechtliche Problematik der Pfandregelungen bei Mehrwegverpackungen zusätzlich: Zum einen stellt ihre Mißachtung nämlich eine Ordnungswidrigkeit dar; zum anderen ist nicht geklärt, ob und in welchem Umfang die für sich umstrittene Pfandregelung bei Mehrwegverpackungen auf das durch § 7 VerpackV a.F. bzw. § 8 I VerpackV n.F. angeordnete Zwangspfand für Einwegverpackungen übertragen wird. § 7 VerpackV a.F. und § 8 I VerpackV n.F. spaltet die Pfandregelung nämlich in zwei selbständige, jeweils durch § 12 Nr. 8 VerpackV a.F. bzw. § 12 Nr. 13 VerpackV n.F. sanktionierte Pflichten der Pfanderhebung einerseits und der Pfandererstattung andererseits[56].

cc) Verwaltung der erhobenen und Verbleib nicht eingelöster Pfandgelder

Die Verwaltung der erhobenen Pfandgelder bleibt in der VerpackV a.F. wie n.F. ebenso ungeregelt, wie die Frage, wem nicht mehr eingelöste Pfandgelder zufallen. Die konkrete Ausgestaltung der Verwaltung der erhobenen Pfandgelder ist für die

51 Strecker / Berndt, Kommentar zur Verpackungsverordnung, 1992, S. 111.

52 Allgemein dazu z. B. H. Teichmann, Rechtsprobleme bei Mehrwegverpackungen, 1990; M. Martinek, JuS 1987, 514 ff.

53 Dazu z. B. H. Teichmann, Rechtsprobleme bei Mehrwegverpackungen, 1990, S. 18 ff.

54 Hierzu H. Teichmann, Rechtsprobleme bei Mehrwegverpackungen, 1990, S. 48 ff.

55 Vgl. wiederum H. Teichmann, Rechtsprobleme bei Mehrwegverpackungen, 1990, S. 60 ff.

56 Strecker / Berndt, Kommentar zur Verpackungsverordnung, 1992, S. 111.

verfassungsrechtliche Beurteilung des Zwangspfandes aber ebenso entscheidend wie der Verbleib nicht eingelöster Pfandgelder.

Müssen nicht eingelöste Pfandgelder an den Staat abgeführt werden, liegt eine Abgabe vor. In diesem Fall sind nicht nur die Verfassungsvoraussetzungen für Abgaben einzuhalten; es ist vielmehr überdies zu klären, ob die Hersteller und Vertreiber von Einweg-Getränkeverpackungen die durch die Pfanderhebungspflicht bewirkte Erschwerung und Verteuerung des Handels ohne finanzielle Kompensation hinnehmen müssen. Ein Recht des Staates zur unentgeltlichen Indienstnahme besteht dabei nur, wenn dem jeweiligen Hersteller und Vertreiber von Einweg-Getränkeverpackungen eine Kostenüberwälzung möglich ist oder der finanzielle Verlust aus Ingerenz im Hinblick auf die Verbreitung abfallintensiver Verpackungen hinzunehmen ist. Letzteres ist schon deshalb mehr als zweifelhaft, weil sich Mehrweg- im Verhältnis zu Einweg-Getränkeverpackungen nicht als umweltfreundlicher erwiesen haben[57].

Verbleiben überschüssige Pfandgelder hingegen bei den Herstellern und Vertreibern von Einweg-Getränkeverpackungen kommt dem Zwangspfand zwar keine Abgabenqualität zu; es ergeben sich dann aber weitere, für die verfassungsrechtliche Beurteilung entscheidende Fragen. Wenn nämlich nicht eingelöste Pfandgelder den Herstellern und Vertreibern verbleiben und die durch die Pfanderhebungspflicht entstehenden zusätzlichen Kosten übersteigen, ist das Zwangspfand als ungeeignet für die Erreichung des mit ihm verfolgten Zwecks zu beurteilen. In diesem Fall werden die Hersteller und Vertreiber von Einweg-Getränkeverpackungen durch das Zwangspfand nämlich begünstigt und nicht benachteiligt[58].

Nach der derzeitigen Regelung scheinen die Hersteller und Vertreiber von Einwegverpackungen „belohnt" zu werden, weil ihnen die Pfandgelder für die Getränkeverpackungen zufallen, die nicht mehr zurückgegeben werden.

d) Umweltlizenzen und Umweltabgaben

Umweltlizenzen und Umweltabgaben setzen eine neue gesetzliche Regelung voraus, die ihrerseits den rechtsstaatlichen Bestimmtheitsanforderungen genügen muß.

Das vorliegende GetränkeverpackungsVO-Konzept begegnet hierbei (noch) wesentlichen Bedenken. Erste Zweifel knüpfen dabei an die Definition des neu eingeführten Typus der „lizenzpflichtigen Getränkeverpackungen" in I. 3. Spiegelstrich 5 GetränkeverpackungsVO-Konzept an. Das GetränkeverpackungsVO-Konzept will dabei auf „vergleichbare Mehrweg-Getränkeverpackungen im jeweiligen Getränkebereich" abstellen und Einweg-Getränkeverpackungen einer gesamtökologi-

---

57 Vgl. dazu bereits oben im Text sub 3. Teil. D.

58 Zu diesen Problemen zusammenfassend K. Meßerschmidt, Umweltabgaben als Rechtsproblem, 1986, S. 26.

schen Bewertung unterziehen. Damit bleibt zum einen ungeklärt, nach welchen Maßstäben diese gesamtökologische Bewertung erfolgen soll. Die „Ökobilanz für Getränkeverpackungen“, deren Defizite bereits aufgezeigt wurden[59], kann hierzu nicht herangezogen werden. Die Regelung in II. 3. GetränkeverpackungsVO-Konzept führt zu keinem anderen Befund, zumal dort nur vorgesehen ist, daß die Bundesregierung Ökobilanzen in Auftrag gibt, nicht aber nach welchen Kriterien und in welchem Verfahren diese erstellt werden.

Offen ist zum anderen, auf welchen Bezugspunkt abzustellen ist, wenn in einem bestimmten Getränkebereich keine vergleichbaren Mehrweg-Getränkeverpackungen existieren.

Nicht erkennbar ist aber schließlich auch, was das GetränkeverpackungsVO-Konzept als „Getränkebereich“ bezeichnet. Die unterschiedlichen Getränkebereiche sind weder enumerativ aufgeführt noch allgemein definiert, obwohl die Umweltlizenzen für die einzelnen Getränkebereiche getrennt vergeben werden sollen.

Das in II.1 S. 3 GetränkeverpackungsVO-Konzept geforderte Wirtschaftsprüfertestat läßt nicht erkennen, wie der geforderte Nachweis im einzelnen zu erfolgen hat.

Unklar ist überdies, wer die in II.2. Abs. 3 und 4 GetränkeverpackungsVO-Konzept in die Pflicht genommenen „beteiligten Wirtschaftskreise“ sind, auf welcher rechtlichen Grundlage und wie sie diese Verpflichtungen erfüllen sollen sowie welche Rechtsgrundlage für diese Inpflichtnahme in Betracht kommt[60].

3. Stufentheorie und Verhältnismäßigkeitsgrundsatz

Die mit einem Zwangspfand verknüpften Mehrwegquoten können die Anforderungen der Stufentheorie ebensowenig erfüllen wie die Umweltlizenzen namentlich in der im GetränkeverpackungsVO-Konzept vorgesehenen Form. Im Fall der Umweltabgaben ist deren konkrete Ausgestaltung entscheidend.

Dieses Ergebnis ergibt sich unabhängig davon, ob man der hiesigen Ansicht folgt und bei einem Eingreifen des Zwangspfandes eine Substitution der Einweg-Getränkeverpackungen durch Mehrweg-Getränkeverpackungen annimmt. Selbst wenn man – umgekehrt und entgegen der hiesigen Auffassung – der Meinung ist, das Zwangspfand werde das Verhältnis von Ein- und Mehrweg-Getränkeverpakkungen nicht in nennenswerter Weise beeinflussen, führt dies nur zu einer anderen Begründung, nicht aber zu einem abweichenden Ergebnis.

---

59 Vgl. dazu oben im Text sub 3. Teil. C. I. 2.

60 Insoweit zustimmend und den Verordnungsgeber zur Nachbesserung auffordernd U. Di Fabio, Vereinbarkeit einer Lizenzregelung für ökologisch nachteilige Getränkeverpackungen mit Verfassungs- und Europarecht. Rechtsgutachten im Auftrag der Bundesministerin für Umwelt, Naturschutz und Reaktorsicherheit, 1996, S. 65 f.

Bei der Bestimmung der durch die Stufentheorie gestellten Anforderungen gewinnt die Differenzierung zwischen Berufswahl und Berufsausübung – wie bereits angekündigt[61] – wieder Bedeutung, obwohl Art. 12 I GG als einheitliches Grundrecht verstanden wird. Die Erstreckung des einfachen Gesetzesvorbehalts des Art. 12 I 2 GG auf Art. 12 I 1 GG ist nämlich nur wegen der engen Verbindung zwischen Berufswahl und -ausübung gerechtfertigt. Die Regelungsbefugnis des Gesetzgebers ist daher auch umso größer, je mehr sie die Berufsausübung betrifft und umso kleiner, je weiter sie auch die Berufswahl berührt.

Dieser Zusammenhang findet in der Stufentheorie Ausdruck, die ihrerseits das Ergebnis einer strikten Anwendung des Prinzips der Verhältnismäßigkeit ist.

a) Inhalt der Stufentheorie

Nach der Stufentheorie ist zwischen Regelungen der Berufswahl und solchen der Berufsausübung zu differenzieren. Beschränkungen der Berufsausübung sind dabei schon dann zulässig, wenn sie auf vernünftigen Erwägungen des Gemeinwohls beruhen. Restriktionen der Berufswahl müssen demgegenüber durch wichtige („überragende“) Gemeinschaftsgüter zwingend gefordert werden.

Zum anderen ist zwischen subjektiven, in der Person des einzelnen liegenden Anforderungen, und objektiven, von der Person unabhängigen und von ihr nicht beeinflußbaren Anforderungen zu differenzieren. An letztere sind (noch) strengere Anforderungen zu richten als an erstere. Diese Differenzierung gewinnt dabei vornehmlich, aber nicht nur bei Regelungen der Berufswahl Bedeutung.

Innerhalb dieser Stufen muß der Gesetzgeber Regelungen jeweils auf der Stufe treffen, die den geringsten Eingriff mit sich bringt. Berufsausübungsregelungen sind daher vor Berufswahlregelungen zu treffen, subjektive vor objektiven Anforderungen zu stellen.

b) Stufenzuordnung

Die durch das Zwangspfand sanktionierten Mehrwegquoten (§§ 7, 9 I, II VerpackV a.F. bzw. §§ 8 I, 9 I, II VerpackV n.F.) stellen Berufsausübungsregelungen dar, die wie objektive Berufszulassungsregelungen wirken[62]. Eben dies gilt auch für Umweltlizenzen, sofern diese – je nach Ausgestaltung – nicht bereits per se als Berufszulassungsregelungen zu qualifizieren sind. Die Einstufung von Umweltabgaben hängt ebenfalls von deren Ausgestaltung, namentlich ihrer Höhe, ab.

---

61 Siehe hierzu bereits oben im Text sub 7. Teil. B. I. 2.

62 Allgemein zur abnehmenden Stringenz der Stufentheorie und der in ihr zum Ausdruck kommenden verfassungsrechtlichen Anforderungen S. Langer, JuS 1993, 203 ff. Zur Stufenzuordnung der Regelungen der VerpackV vgl. S. M. Hirschfeld, Staatlich initiierte Monopole und Verfassungsrecht – das Beispiel Verpackungsverordnung, 1997, S. 77 ff.

aa) Zwangspfand und Mehrwegquoten

Weder das Zwangspfand noch die Mehrwegquoten berühren von vorneherein das Recht auf freie Berufswahl. Den Herstellern und Vertreibern von Einweg-Getränkeverpackungen werden hinsichtlich der Art und des Umfangs der Produkte, die sie herstellen und vertreiben, keine Grenzen gesetzt; vielmehr wird nur die Beziehung zu den Kunden Beschränkungen unterworfen. Die Mehrwegquoten in § 9 II VerpackV a.F. wie n.F. verbieten Herstellung und Vertrieb von Einweg-Getränkeverpackungen nicht; ihr Unterschreiten ist „nur" durch ein Zwangspfand, nicht aber durch ein Verbot der Einweg-Getränkeverpackungen sanktioniert. Auch die Pfanderhebungspflicht gemäß § 7 VerpackV a.F. bzw. § 8 I VerpackV n.F., die bei einem Wegfall der Freistellung nach § 9 I VerpackV a.F. / n.F. zu einem Zwangspfand führt, betrifft nicht die Berufswahl, sondern nur die Berufsausübung. Herstellung und Vertrieb von Einweg-Getränkeverpackungen sind nach wie vor zulässig, wenngleich die Vertreiber zur Erhebung eines Pfandes verpflichtet sind.

Das Zwangspfand (§ 7 VerpackV a.F. bzw. § 8 I VerpackV n.F.) stellt aber eine auf die Berufswahl zurückwirkende Berufsausübungsregelung dar, zumal Herstellung und Vertrieb von Einweg-Getränkeverpackungen als gegenüber der Herstellung und dem Vertrieb von Mehrweg-Getränkeverpackungen eigenständiger Beruf qualifiziert wurde[63]. Die Pfanderhebungspflicht kommt in ihren wirtschaftlichen Auswirkungen nämlich einer Zulassungsbeschränkung nahe und beeinträchtigt damit die Freiheit der Berufswahl.

Eine Berufsausübungsregelung, die auf die Berufswahl zurückwirkt, liegt dabei nicht schon dann vor, wenn die Berufsausübungsregelung den bei der Ausübung des Berufs erzielten Gewinn soweit mindert, daß ein einzelner Unternehmer sich zur Aufgabe seines bisherigen Berufs veranlaßt sieht. Eine Verletzung des Rechts auf freie Berufswahl ist vielmehr nur dann anzunehmen, wenn die betroffenen Berufsangehörigen in aller Regel und nicht nur in Ausnahmefällen wirtschaftlich nicht mehr in der Lage sind, den gewählten Beruf ganz oder teilweise zur Grundlage ihrer Lebensführung oder bei juristischen Personen zur Grundlage ihrer unternehmerischen Erwerbstätigkeit zu machen[64]. Daß sich finanzielle Belastungen unter solchen Bedingungen als Berufswahlregelungen darstellen können, ist in der Rechtsprechung des Bundesverfassungsgerichts anerkannt[65].

Diese gesteigerten Anforderungen werden nach der hiesigen Einschätzung der wirtschaftlichen Entwicklung bei einem Aufleben der Pfanderhebungspflicht (§§ 7, 9 I, II VerpackV a.F. bzw. §§ 8 I, 9 I, II VerpackV n.F.) erfüllt. Mehrwegverpackungen kommt dann im Getränkesektor nämlich ein eindeutiger Preisvorteil ge-

---

63 Dazu bereits oben im Text sub 7. Teil. B. I. 3.

64 BVerfGE 82, 209 (299); 68, 155 (170 f.); 50, 290 (364); 38, 61 (85 f.); 30, 292 (313 f.); 16, 147 (165); 13, 181 (187).

65 Vgl. BVerfGE 31, 8 (29 f.); 29, 327 (333 ff.); 16, 147 (163, 165); 14, 76 (101); 13, 181 (186 f.).

genüber Einwegverpackungen zu. Denn schon heute ist das auf Mehrweg-Getränkeverpackungen erhobene Pfand niedriger als das in § 7 VerpackV a.F. bzw. § 8 I VerpackV n.F. für Einweg-Getränkeverpackungen vorgeschriebene. Diesen massiven Preisunterschied könnten die Mehrwegverpackungshersteller und -vertreiber zudem zusätzlich verschärfen, indem sie den Pfandbetrag für Mehrwegverpackungen weiter reduzieren[66].

Die Mehrwegquoten und das sie sanktionierende Zwangspfand sind überdies vom einzelnen unabhängige und von ihm nicht beeinflußbare Voraussetzungen. Es handelt sich daher um Berufsausübungsregelungen, die wie objektive Berufswahlregelungen wirken.

Das eine Unterschreitung der Mehrwegquoten sanktionierende Zwangspfand stellt sich somit als eine die Berufswahl beschränkende Berufsausübungsregelung dar und ist an den Anforderungen für objektive Berufswahlregelungen zu messen. Wollte man – entgegen hiesiger Ansicht – nur eine geringere Verschiebung der Marktanteile als Reaktion auf das Aufleben des Zwangspfandes annehmen, wären Mehrwegquoten und Zwangspfand als Berufsausübungsregelungen zu qualifizieren.

bb) Umweltlizenzen

Die verfassungsrechtliche Würdigung von Umweltlizenzen im einzelnen hängt maßgeblich von deren Ausgestaltung ab. Dabei ist insbesondere zwischen zwei Gruppen von Betroffenen zu differenzieren: Den bereits als Hersteller, Vertreiber und Abfüller von Einweg-Getränkeverpackungen tätigen Unternehmern droht der Entzug bisher bestehender Rechtspositionen und die Entwertung getätigter Investitionen. Neuen potentiellen Herstellern, Vertreibern und Abfüllern von Einweg-Getränkeverpackungen kann demgegenüber der Zugang zum Markt verschlossen werden. So ist namentlich eine Erstverteilung von Umweltlizenzen durch Versteigerung im Verhältnis zu den schon in der Vergangenheit tätigen Herstellern, Vertreibern und Abfüllern von Einweg-Getränkeverpackungen problematisch, während eine Zuteilung der Umweltlizenzen an die bisherigen Umweltnutzer nach der jeweils faktisch verursachten Umweltbelastung zwar auch einem Entzug ehemaliger Rechtspositionen gleichkommt[67], vornehmlich aber neuen Wettbewerbern den Marktzugang unmöglich macht bzw. jedenfalls nachhaltig erschwert.

(1) Erstverteilung und bereits tätige Hersteller, Vertreiber und Abfüller von Einweg-Getränkeverpackungen

Die Versteigerung von Umweltlizenzen bedeutet nur für die Marktteilnehmer, die beim Wettbewerb um die Umweltlizenzen nicht zum Zuge kommen und aus

66 Vgl. zu den wirtschaftlichen Zusammenhängen bereits oben sub 4. Teil. B. III. 2.

67 Ähnlich B. Huckestein, Effizienzbedingungen ökonomischer Instrumente in der EU-Umweltpolitik, 1996, S. 149 f.

ökonomischen oder technischen Gründen keine Möglichkeit zur Substitution des lizenzpflichtigen Tatbestandes haben, eine Berufszulassungsregelung. So erzwingt die Versteigerung von Verpackungslizenzen, die das ausschließliche Recht zur Verwendung von Einwegverpackungen beinhalten, für diejenigen Unternehmen einen Rückzug aus dem Markt, für die der Erwerb entsprechender Lizenzen ökonomisch nicht verkraftbar und eine Umstellung auf andere Materialien technisch nicht möglich ist[68].

(2) Erstverteilung und neue Wettbewerbsteilnehmer

Die kostenlose Vergabe der Umweltlizenzen an die bisherigen Abfüller – wie sie insbesondere das GetränkeverpackungsVO-Konzept unter II. 2. vorsieht – verschließt neuen Wettbewerbern den Zugang zum Markt. Im ersten Jahr nach Einführung der Lizenzpflicht ist der Markt durch vollständige Vergabe der Umweltlizenzen an die bisherigen Abfüller für „Newcomer“ absolut gesperrt. In den Folgejahren bleiben 95 % der Umweltlizenzen kostenlos bei den bisherigen Abfüllern. Nur 5 % werden jeweils auf ein Jahr befristet und versteigert. Die Gesamtheit aller neuen Abfüller kann mithin niemals einen höheren Marktanteil als 5 % erzielen.

Stellt man zusätzlich in Rechnung, daß 5 % ein viel zu geringer Anteil sind, um Markteffekte auszulösen, und neue Marktteilnehmer für 100 % ihres Abfüllvolumens Umweltlizenzen käuflich erwerben müssen, die bisherigen Abfüller von Einweg-Getränkeverpackungen 95 % ihres schon vorhandenen Volumens ohne jegliche finanzielle Belastung weiter produzieren können und nur für 5 % auf einen entgeltlichen Erwerb von Umweltlizenzen angewiesen sind, wird deutlich, daß dieses im GetränkeverpackungsVO-Konzept vorgesehene Lizenzmodell entweder eine Berufszulassungsschranke ist oder jedenfalls wie eine solche wirkt[69]. Dabei handelt es sich jedenfalls für kleine neue Konkurrenten um eine objektive Berufszugangsregelung, da diese durch sehr hohe Lizenzpreise vom Markt ausgeschlossen werden[70].

Die angeblich oligopolistische Struktur des bestehenden Marktes von Einweg-Getränkeverpackungen kann hierbei nicht als Gegenargument angeführt werden. Zwar mag es sein, daß Produktion, Vertrieb und Abfüllung von Einweg-Getränkeverpackungen kapitalintensiv sind und ein hohes technisches know how erfordern. Selbst wenn es deshalb bislang nur sehr wenige Wettbewerber in diesem Bereich gibt[71], rechtfertigt dies aber keinesfalls eine zusätzliche Abschottung des bestehenden Marktes durch Umweltlizenzen. Darüber hinaus erscheint zweifelhaft, ob bei

---

68 Wie hier B. Huckestein, Effizienzbedingungen ökonomischer Instrumente in der EU-Umweltpolitik, 1996, S. 149 f.

69 Auf zusätzliche Vermögensvorteile derjenigen, die die Umwelt schon bislang in Anspruch nahmen, weist auch M. Kloepfer, Umweltrecht, 1989, § 4 Rdnr. 221 hin.

70 A. Schmidt, Die Anwendbarkeit der umweltökonomischen Lizenzlösung auf die Umweltbelastungen durch den zivilen Luftverkehr, 1994, S. 157 f.

71 Siehe hierzu die Marktbeschreibung bei G. Maier-Rigaud, Umweltpolitik mit Mengen und Märkten, 1994, S. 187 f.

derartig wenigen Wettbewerbern überhaupt ein funktionsfähiger Markt entstehen kann.

In der Literatur wird dementsprechend gefordert, daß nicht nur jeder, der bislang Einweg-Getränkeverpackungen in den Verkehr brachte, sondern auch jeder neue Wettbewerbsteilnehmer ausreichende Umweltlizenzen erwerben kann[72]. Ist dies – wie im vorliegenden Fall – nicht gewährleistet, ist das Lizenzmodell als Berufswahlregelung, nicht als bloße Berufsausübungsregelung zu qualifizieren.

(3) Umweltlizenzen als Berufsausübungsregelungen

Als bloße Berufsausübungsregelungen sind Lizenzmodelle – wie namentlich U. Di Fabio[73] meint – daher umgekehrt nur im Verhältnis zu den schon tätigen Herstellern, Vertreibern und Abfüllern und allein dann zu qualifizieren, wenn diese einen ihrer bisherigen Umweltnutzung entsprechenden Anteil kostenlos erhalten. Müssen auch diese die von ihnen zur Fortsetzung ihres Gewerbes erforderlichen Lizenzen entgeltlich erwerben, ist die Qualität des Eingriffs von der Höhe des hierfür erforderlichen finanziellen Aufwands, dessen Überwälzbarkeit und der tatsächlichen Erwerbsmöglichkeit der Lizenzen abhängig[74].

cc) Umweltabgaben

Ein ähnlicher Befund ergibt sich für Umweltabgaben als gegenüber Mehrwegquoten, Zwangspfand und Umweltlizenzen alternativem Instrument. Umweltabgaben sind, solange sie auf die Abnehmer übergewälzt werden können oder nur den Gewinn der Hersteller, Vertreiber bzw. Abfüller von Einweg Getränkeverpackungen mindern, aber nicht erdrosselnd oder konfiszierend wirken, als Berufsausübungsregelungen zu qualifizieren[75].

---

72 Vgl. z. B. Heister/Michaelis u. a., Umweltpolitik mit handelbaren Emissionsrechten, 1991, S. 207.

73 U. Di Fabio, Vereinbarkeit einer Lizenzregelung für ökologisch nachteilige Getränkeverpackungen mit Verfassungs- und Europarecht. Rechtsgutachten im Auftrag der Bundesministerin für Umwelt, Naturschutz und Reaktorsicherheit, 1996, S. 51 ff., der allerdings auch einräumt, „daß es für einzelne Verpackungshersteller vor allem mittelfristig zu Belastungssituationen kommen kann, die einer Einschränkung der Berufswahl nahekommen" (a. a. O., S. 56).

74 Hierzu sowie zum folgenden im Hinblick auf Umweltlizenzen ausführlich E. Rehbinder, in: Endres/Rehbinder/Schwarze, Umweltzertifikate und Kompensationslösungen aus ökonomischer und juristischer Sicht, 1994, S. 92 ff., 116 ff.

75 Vgl. dazu ausführlich K. Konrad, BayVBl. 1997, 353 (356 f.); ders., BB 1995, 1109 (1118).

c) Verfassungsrechtliche Anforderungen an objektive Zulassungsvoraussetzungen

Folgt man der hiesigen Einstufung der Mehrwegquoten und des sie sanktionierenden Zwangspfandes sowie der Umweltlizenzen als Berufsausübungsregelungen, die wie objektive Berufswahlregelungen wirken, sind an ihre verfassungsrechtliche Rechtfertigung höchste Anforderungen zu stellen. Objektive Zulassungsvoraussetzungen sind nämlich das schärfste der dem Gesetz- und Verordnungsgeber zur Verfügung stehenden Mittel. An ihren Einsatz sind daher besonders strenge Anforderungen zu stellen.

Diesen können – wie sich sogleich zeigen wird – die Mehrwegquoten und das sie sanktionierende Zwangspfand ebensowenig gerecht werden wie die Umweltlizenzen.

aa) Gemeinwohlzweck

Objektive Zulassungsvoraussetzungen sind nur bei Vorliegen eines überragend wichtigen Gemeinschaftsguts gerechtfertigt.

Die Bestimmung des mit dem Zwangspfand, den Mehrwegquoten und den Umweltlizenzen angestrebten Zwecks ist dabei insbesondere deshalb von besonderer Bedeutung, weil durch dessen Festlegung der Bezugspunkt für die Zweck-Mittel-Prüfung definiert wird. Entscheidend ist dabei der vom Gesetz- und Verordnungsgeber mit dem Zwangspfand, den Mehrwegquoten und den Umweltlizenzen verfolgte Zweck.

(1) Mehrwegquoten und Zwangspfand

Ausweislich der Amtlichen Begründung des Regierungsentwurfs zu § 9 VerpackV[76] der VerpackV a.F. sollen die Mehrwegquoten und damit auch das sie sanktionierende Zwangspfand gewährleisten, daß die in der Bundesrepublik Deutschland bestehenden Mehrwegsysteme für Massengetränke nicht über die Einrichtung dualer Systeme destabilisiert werden. Hierdurch sollen die in § 1 VerpackV a.F. festgelegten abfallwirtschaftlichen Ziele realisiert und insbesondere Abfälle aus Verpackungen vermieden werden (§ 1 II VerpackV a.F.). Ziel der Mehrwegquoten und des Zwangspfandes ist zudem die Vermeidung oder Verringerung von Abfallmengen oder deren umweltverträgliche Entsorgung; allein zur Verfolgung dieser Zwecke ermächtigt § 14 II 3 AbfG nämlich zum Verordnungserlaß. Das AbfG seinerseits bezweckt den Umweltschutz.

Die mit den Mehrwegquoten und dem Zwangspfand verfolgten Zwecke erweisen sich damit als prinzipiell verfassungslegitim[77].

---

76 Abgedruckt z. B. bei Strecker / Berndt, Kommentar zur Verpackungsverordnung, 1992, S. 119.

(2) Umweltlizenzen und Umweltabgaben

Eben dieser Befund ergibt sich auch für Umweltlizenzen und Umweltabgaben. Umweltlizenzen bezwecken ausweislich I.1. GetränkeverpackungsVO-Konzept, „die Auswirkungen von Getränkeverpackungen auf die Umwelt zu verringern. Hierzu werden Maßnahmen vorgeschrieben, die darauf abzielen, ökologisch vorteilhafte Getränkeverpackungen zu fördern, indem die Menge anderer Getränkeverpackungen begrenzt wird".

bb) Zweck-Mittel-Relation

Die Mehrwegquoten und das sie sanktionierende Zwangspfand erweisen sich trotz der dem Gesetz- und Verordnungsgeber insoweit zukommenden Einschätzungs- und Prognoseprärogative ebenso wie die Umweltlizenzen weder als geeignet noch als erforderlich zur Verfolgung dieser Gemeinwohlzwecke; überdies sind die Mehrwegquoten, das Zwangspfand und die Umweltlizenzen nicht verhältnismäßig i.e.S.

(1) Geeignetheit

Mehrwegquoten und Zwangspfand sind zur Erreichung des mit ihnen verfolgten Gemeinwohlzwecks ebensowenig geeignet wie die Umweltlizenzen. Ein Eingriff in den Schutzbereich eines Grundrechts ist nämlich nur dann geeignet, wenn er zur Förderung des verfolgten Gemeinwohlzweckes prinzipiell in der Lage ist.

(a) Mehrwegquote

Die Mehrwegquoten sind in mehrfacher Hinsicht nicht zur Erfüllung des mit ihnen verfolgten Zwecks geeignet.

(aa) Definition der Mehrwegverpackungen – § 3 III VerpackV a.F. / n.F.

Den Anforderungen der Geeignetheit wird schon die Definition von Mehrwegverpackungen in § 3 III VerpackV a.F. wie n.F., denenzufolge nur Behältnisse, die nach Gebrauch einer mehrfachen erneuten Verwendung zum gleichen Zweck zugeführt werden, Mehrwegverpackungen i. S. d. VerpackV a.F. bzw. n.F. sind, nicht gerecht. § 3 III VerpackV a.F. wie n.F. qualifizieren damit Verpackungen, die – z. B. aus hygienischen Gründen – nur einmal wiederbefüllt werden können und dürfen, als Einweg-Verpackungen und diskriminieren sie. Andererseits sind nach § 3 III VerpackV a.F. / n.F. alle Verpackungen, die zweimal oder öfter wiederbefüllt werden, Mehrwegverpackungen. Dabei wird nicht beachtet, daß Mehrwegverpackun-

77 Ebenso H.-J. Papier, VerwArch 84 (1993), 417 (431). Zu dem von der VerpackV verfolgten Zweck vgl. S. M. Hirschfeld, Staatlich initiierte Monopole und Verfassungsrecht – das Beispiel Verpackungsverordnung, 1997, S. 116 ff.

gen nicht per se ökologischer als Einweg-Verpackungen sind, sondern daß dieser Befund u. a. an die Zahl der Umläufe und die Transportentfernungen anknüpft[78].

Schließlich genügt es nach § 3 III VerpackV a.F. nicht, daß eine Verpackung mehrfach wiederbefüllt werden kann und / oder soll; erforderlich ist vielmehr, daß sie mehrfach wiederbefüllt wird.

§ 3 III VerpackV n.F. läßt hierfür ebenso wie I. 3. Spiegelstrich 2 GetränkeverpackungsVO-Konzept richtigerweise eine Bestimmung zur Wiederverwendung genügen.

(bb) Kein genereller ökologischer Vorrang von Mehrwegverpackungen gegenüber Einwegverpackungen

Die mit den Mehrwegquoten der VerpackV a.F. und n.F. einhergehende Diskriminierung der Einweg-Getränkeverpackungen und gleichzeitige Privilegierung der Mehrweg-Getränkeverpackungen ist in verfassungsrechtlicher Hinsicht nicht gerechtfertigt. Mehrweg-Getränkeverpackungen sind Einweg-Getränkeverpackungen in ökologischer Hinsicht nämlich weder generell noch typischerweise vorzuziehen. Zahlreiche Gutachten über die ökologischen Auswirkungen von Getränkeverpackungen haben ergeben, daß die Gleichsetzung von „Einweg" als umweltfeindlich und „Mehrweg" als umweltfreundlich ebenso ungerechtfertigt wie unrichtig ist. Die ökologischen Folgen einer Getränkeverpackung hängen nicht (allein) davon ab, ob es sich um eine Ein- oder um eine Mehrwegverpackung handelt. Es gibt ebenso Konstellationen, in denen sich Einweg-Getränkeverpackungen als umweltfreundlicher, Mehrweg-Getränkeverpackungen hingegen als umweltfeindlicher erweisen[79]. Erforderlich ist daher mindestens eine differenziertere Betrachtungsweise.

Dies hat auch die „Ökobilanz für Getränkeverpackungen" mehr als deutlich bestätigt, so daß sogar § 9 II 5 VerpackV n.F. eine Gleichstellung wenigstens der Schlauchbeutel-Verpackungen aus Polyethylen für pasteurisierte Konsummilch vorsieht.

Rechtsnormen, die Einweg-Getränkeverpackungen unter ökologischen Aspekten generell diskriminieren, sind daher ungeeignet[80].

(cc) Ökologisch ungerechtfertigte Differenzierung zwischen Einwegverpackungen über und solchen unter den Mehrwegquoten

Die Mehrwegquoten der VerpackV a.F. wie n.F. benachteiligen aber nicht nur Einweg- im Verhältnis zu Mehrweg-Getränkeverpackungen; vielmehr differenzie-

---

78 Zum Verhältnis von Einweg- und Mehrwegverpackungen unter ökologischen Aspekten vgl. bereits oben im Text sub 3. Teil. D.

79 Vgl. dazu bereits oben im Text sub 3. Teil. D. – Aus der Literatur siehe z. B. E. Bojkow, Getränkeverpackungen und Umwelt, 1989, S. 327; M. Franke, Umweltauswirkungen durch Getränkeverpackungen, 1984 (Neudruck 1989), S. 147; N. Sturm, Fruchtsaftverpackungen im ökologischen Vergleich, o.J., S. 39.

80 Siehe ebenso H.-J. Papier, VerwArch 84 (1993), 417 (431 ff.).

ren sie auch innerhalb der Einweg-Getränkeverpackungen in gleichheitswidriger Weise: Einweg-Getränkeverpackungen, durch die die Mehrwegquoten nicht unterschritten werden, werden privilegiert, die übrigen diskriminiert.

Zwischen Einweg-Getränkeverpackungen, durch die die Mehrwegquoten unterschritten werden, und den übrigen, sie unberührt lassenden, besteht unter ökologischen Gesichtspunkten keinerlei Differenz.

Die Mehrwegquoten der VerpackV erweisen sich daher auch unter diesem Aspekt als ungeeignet.

(dd) Fehlende Vollziehbarkeit der Mehrwegquoten

Die in § 9 II VerpackV a.F. wie n.F. angeordneten Mehrwegquoten sind für die Verfolgung der angestrebten Ziele insbesondere deshalb ungeeignet, weil ihre Einhaltung durch den einzelnen Hersteller oder Vertreiber von Einweg-Getränkeverpackungen nicht gewährleistet werden kann.

§ 9 II VerpackV a.F. / n.F. knüpft die Befreiung von der Pfanderhebungspflicht an das vom einzelnen Hersteller oder Vertreiber nicht beeinflußbare Verhalten seiner Konkurrenten. Ein Vertreiber, der selbst seine Mehrwegquote nachhaltig erhöht, kann trotzdem der Pfanderhebungspflicht für seine noch angebotenen Einwegverpackungen unterfallen, wenn seine Konkurrenten den Anteil der Mehrwegverpackungen verringern und die Mehrwegquote insgesamt daher sinkt[81].

(ee) Mehrwegquoten als Durchschnittsquoten

Die Eignung der in § 9 II 1 VerpackV a.F. und n.F. vorgesehenen Mehrwegquoten ist auch deshalb zu verneinen, weil § 9 II 1 VerpackV a.F. / n.F. nur eine Durchschnittsquote vorsieht, der stark unterschiedliche Quoten in den einzelnen Getränkesegmenten zugrunde liegen. Dabei zeichnen sich Getränkesegmente mit hohem Mengenaufkommen durch eine schon bestehende hohe Mehrwegquote aus, Getränkesegmente mit niedrigem Mengenaufkommen dagegen durch eine bislang nur geringe Mehrwegquote.

(b) Zwangspfand

Das in der VerpackV a.F. wie n.F. vorgeschriebene Zwangspfand ist ungeeignet.

(aa) Zwangspfand ohne Rücknahmepflicht

Die VerpackV a.F. und n.F. regeln das Verhältnis zwischen Rücknahme- und Pfanderhebungspflicht so, daß die Vertreiber von Einweg-Getränkeverpackungen durch § 7 S. 1 VerpackV a.F. bzw. § 8 I 1 VerpackV n.F. einer Pfanderhebungs- und

---

81 Vgl. dazu das Beispiel oben im Text sub 4. Teil. A. III.

bei Rücknahme der Einweg-Getränkeverpackung nach § 7 S. 4 VerpackV a.F. bzw. § 8 I 3 VerpackV n.F. einer Pfanderstattungspflicht unterworfen werden. Die – die Pfanderstattungspflicht überhaupt erst auslösende – Rücknahme ist indessen dann nicht vorgeschrieben, wenn sich der Vertreiber einer Einweg-Getränkeverpackung an einem System i. S. d. § 6 III VerpackV a.F. wie n.F. beteiligt und das Zwangspfand nur durch das Unterschreiten der in § 9 II VerpackV a.F. wie n.F. festgelegten Mehrwegquoten ausgelöst wird.

Die §§ 7, 9 VerpackV a.F. bzw. §§ 8 I, 9 VerpackV n.F. kreieren keine eigene Rücknahmepflicht für Einweg-Getränkeverpackungen, sondern knüpfen das Zwangspfand an die von § 6 I, II VerpackV a.F. wie n.F. begründete an.

Die Überschrift des Abschnittes III der VerpackV a.F. („Rücknahme- und Pfanderhebungspflichten ...“) deutet zwar ebenso wie die ausdrücklichen Bezugnahmen auf § 6 VerpackV a.F. / n.F. in § 7 I 4 VerpackV a.F. bzw. § 8 I 3 VerpackV n.F. und in § 9 I, II VerpackV a.F. wie n.F. auf eine durch die §§ 7, 9 VerpackV a.F. bzw. §§ 8 I, 9 VerpackV n.F. begründete eigenständige Rücknahmepflicht hin. Eine solche kann aber im Ergebnis gleichwohl schon deshalb nicht angenommen werden, weil die §§ 7 ff. VerpackV a.F. bzw. die §§ 8 ff. VerpackV n.F. eine selbständige Rücknahmepflicht weder ausdrücklich anordnen noch – wollte man ein konkludentes Rücknahmegebot annehmen – gesondert ihren Umfang bestimmen. Die §§ 7 ff. VerpackV a.F. bzw. § 8 ff. VerpackV n.F. enthalten insbesondere keine dem § 6 II VerpackV a.F. wie n.F. vergleichbare Regelung über eine erneute Verwendung oder stoffliche Verwertung der zurückgenommenen Einweg-Getränkeverpackungen. Die Bezugnahme in § 7 I 4 VerpackV a.F. bzw. § 8 I 3 VerpackV n.F. weist aus diesem Blickwinkel nur deklaratorisch auf die in den §§ 6 I, II VerpackV a.F. / n.F. geregelten Modalitäten der Rücknahme hin. Der Hinweis in § 9 I VerpackV a.F. wie n.F. auf § 6 VerpackV a.F. / n.F. erstreckt die Entscheidungen über das Vorliegen eines Systems i. S. d. § 6 III VerpackV a.F. / n.F. auf die Pfanderhebungspflicht.

Bei dieser – der Meinung des Verordnungsgebers[82] entsprechenden Betrachtung – entsteht eine Pfanderhebungspflicht ohne Rücknahmepflicht, wenn die Rücknahmepflichten nach § 6 I, II VerpackV a.F. / n.F. gemäß § 6 III VerpackV a.F. bzw. n.F. entfallen, aber die Mehrwegquote in § 9 II 1 VerpackV a.F. wie n.F. unterschritten wird.

(bb) Höhe des Pfandes

Die von § 7 S. 1, 2 VerpackV a.F. bzw. § 8 I 1 VerpackV n.F. vorgeschriebene Höhe des Zwangspfandes ist ebenfalls nicht zur Verfolgung der Ziele geeignet. Die festgesetzten Beträge orientieren sich ausschließlich an der Größe der Verpackungen.

---

82 Vgl. die Amtliche Begründung der Regierungsvorlage zu § 7 VerpackV, abgedruckt bei Strecker / Berndt, Kommentar zur Verpackungsverordnung, 1992, S. 108 f. – Die Begründung zur VerpackV n.F. verhält sich hierzu nicht.

Ausweislich der Amtlichen Begründung der Regierungsvorlage und der Änderungen des Bundesrats zu § 7 VerpackV a.F.[83] sollen die Mindestbeträge für das Pfand eine hohe Rücklaufquote sichern. Die Differenzierung der Mindestbeträge nach der Verpackungsgröße soll ein angemessenes Verhältnis zwischen Kaufpreis und Pfandhöhe gewährleisten. Indessen, warum dann nicht unmittelbar der Kaufpreis als Bezugsgröße gewählt wird, ist ebensowenig einsichtig wie die Annahme, ein Pfand in Höhe 0,50 DM bzw. 1,00 DM würde als Motivation für eine Rückgabe ausreichen. Die Entscheidung des Endverbrauchers hängt mit Sicherheit bzw. auch von zahlreichen anderen Faktoren ab, z. B. Entfernung, Verwendungshäufigkeit dieses Produkts etc. Zudem läge es schon prinzipiell näher, die Pfandhöhe nach dem Grad der Umweltschädlichkeit zu differenzieren.

(cc) „Duales System" und Zwangspfand – § 9 I VerpackV a.F.

Das Zwangspfand erscheint überdies ungeeignet, weil es nach § 9 I VerpackV a.F. dann entfällt, wenn im Einzugsgebiet des letzten Vertreibers ein System nach § 6 III VerpackV a.F. eingerichtet ist. Im Gegensatz zu § 6 III VerpackV a.F. knüpft die Freistellung von der Pfanderhebungspflicht des § 7 VerpackV a.F. damit nicht an die Beteiligung an einem System i. S. d. § 6 III VerpackV a.F. sondern an dessen bloße Existenz an.

Dies ist in zweifacher Hinsicht bedenklich: Zum einen widerspricht § 9 I VerpackV a.F. damit § 6 III VerpackV a.F., der für eine Freistellung von der Rücknahme- und Verwertungspflicht nicht das bloße Bestehen eines Systems i. S. d. § 6 III VerpackV a.F. genügen läßt, sondern eine Beteiligung hieran verlangt. Ein sachlicher Grund für diese Divergenz ist nicht ersichtlich.

Zum anderen führt § 9 I VerpackV a.F. dazu, daß die Existenz und die Beteiligung an einem System i. S. d. § 6 III VerpackV a.F. fremdnützig wirken. Allein das Bestehen und die Beteiligung anderer an einem System i. S. d. 6 III VerpackV a.F. befreit nämlich alle Vertreiber von Einwegverpackungen von der Pfanderhebungspflicht des § 7 VerpackV a.F.

Die Ausgestaltung des Zwangspfandes insbesondere durch § 9 I VerpackV a.F. ist daher im Hinblick auf die Zwecksetzung der VerpackV insgesamt kontraproduktiv. Indem § 9 I VerpackV die Freistellung vom Zwangspfand unabhängig von einer Beteiligung insbesondere an der Duales System Deutschland AG gewährt, schwächt es diese und schadet damit der Umsetzung des Gesamtkonzepts der VerpackV a.F.

§ 9 I VerpackV n.F. trägt diesen Bedenken Rechnung und stellt für die Freistellung vom Zwangspfand darauf ab, ob sich der Hersteller oder Vertreiber an einem System nach § 6 III VerpackV n.F. beteiligt.

---

83 Abgedruckt z. B. bei Strecker / Berndt, Kommentar zur Verpackungsverordnung, 1992, S. 108 f. – Die VerpackV n.F. schließt sich hieran an.

Weitere Gründe für die Ungeeignetheit des Zwangspfandes ergeben sich aus dessen unerwünschten Nebenwirkungen[84].

(c) Umweltlizenzen

Das diskutierte Lizenzmodell kann – je nach seiner Ausgestaltung im Einzelfall – einzelne der gegen die Geeignetheit der Mehrwegquoten und des Zwangspfands angeführten Aspekte vermeiden. Einige der bereits aufgezeigten, der Eignung von Zwangspfand und Mehrwegquoten widersprechenden Gesichtspunkte sind aber auch hier anzuführen. Darüber hinaus wird sich das Lizenzmodell namentlich in seiner im GetränkeverpackungsVO-Konzept vorgesehenen Ausgestaltung aus anderen Gründen als ungeeignet erweisen.

(aa) Definition von Mehrweg-Getränkeverpackungen

Im einzelnen begegnet I. 3. Spiegelstrich 2 GetränkeverpackungsVO-Konzept wie auch § 3 III VerpackV n.F. dem Einwand, daß es – im Gegensatz zur Formulierung des § 3 III VerpackV a.F. – nicht auf die tatsächliche mehrfache Verwendung, sondern nur auf die Bestimmung der Verpackung hierzu ankommen kann.

(bb) Aufrechterhaltung des Mehrweg-Privilegs in modifizierter Form

Darüber hinaus relativiert das GetränkeverpackungsVO-Konzept zwar das Mehrweg-Privileg, erhält es aber gleichwohl aufrecht.

Mehrwegverpackungen werden zwar nicht mehr durchgängig und per se als umweltfreundlich und Einwegverpackungen als umweltfeindlich eingestuft. Gleichwohl bleibt die Bevorzugung der Mehrweg-Systeme aufrecht erhalten, weil sie als Maßstab für die ökologische Beurteilung von Einweg-Getränkeverpackungen dienen. I. 3. Spiegelstrich 4 GetränkeverpackungsVO-Konzept qualifiziert Mehrweg-Getränkeverpackungen generell als „ökologisch vorteilhafte Getränkeverpackungen" und nimmt deren Umweltauswirkungen zudem als Maßstab für die ökologische Einstufung der Einweg-Getränkeverpackungen.

Dies ist in mehrfacher Hinsicht bedenklich und läßt das GetränkeverpackungsVO-Konzept im Ergebnis ungeeignet erscheinen:

(aaa) Zum einen bestehen nicht in allen Getränkebereichen funktionierende Mehrweg-Systeme. Die Heranziehung der Umweltauswirkungen eines Mehrweg-Systems als Maßstab für die ökologische Beurteilung von Einweg-Getränkeverpackungen greift in diesen Bereichen nicht.

(bbb) Darüber hinaus zieht das GetränkeverpackungsVO-Konzept jedes Mehrweg-System als Maßstab heran. Richtigerweise bedürfen aber auch Mehrweg-Sy-

---

84 Vgl. dazu bereits oben im Text sub 4. Teil. B. II.

steme der ökologischen Optimierung[85]. Die Aufforderung hierzu in I. 1. a.E. GetränkeverpackungsVO-Konzept weist zwar in diese Richtung, ist aber ungenügend. Es ist weder erkennbar, ab wann ein Mehrweg-System diesen Anforderungen genügt, noch ist eine Sanktion bei Nichtbeachten der Aufforderung vorgesehen.

Das GetränkeverpackungsVO-Konzept zieht auch ein Mehrweg-System als ökologischen Maßstab heran, bei dem ein z. B. in Garmisch ansässiger Abfüller seine Flensburger Kunden beliefert und das Leergut anschließend wieder von Flensburg nach Garmisch zurück transportiert.

(ccc) Die Aufrechterhaltung des Mehrweg-Privilegs in dieser Form steht darüber hinaus im Widerspruch zu den Ergebnissen der „Ökobilanz für Getränkeverpackungen", die noch in der VerpackV n.F. rezipiert werden sollten. Im Bereich der pasteurisierten Konsummilch hat sich nämlich die Schlauchbeutel-Verpackung aus Polyethylen in ökologischer Hinsicht Mehrweg-Systemen gegenüber als – je nach angenommenem Szenario[86] – mindestens ebenbürtig, wenn nicht umweltfreundlicher erwiesen. Richtiger Maßstab darf daher nicht – wie im GetränkeverpackungsVO-Konzept – irgendein ökologisch noch so ineffizient ausgestaltetes Mehrweg-System sein. Abzustellen ist vielmehr auf ein ökologisch optimales Getränkeverpackungs-System unabhängig davon, ob es ein Mehrweg- oder ein Einweg-System ist[87].

(cc) Differenzierung zwischen lizenzierten und unlizenzierten Einweg-Getränkeverpackungen in ökologischer Hinsicht

Die Lizenzmodelle und namentlich das GetränkeverpackungsVO-Konzept differenzieren zwischen Einweg-Getränkeverpackungen, für die die Abfüller eine Umweltlizenz besitzen, und solche, die nicht lizenziert sind. Dies ist in ökologischer Hinsicht ebenso ungerechtfertigt wie die Unterscheidung zwischen Einweg-Getränkeverpackungen, die sich innerhalb den Mehrwegquoten und solchen, die sich außerhalb derselben bewegen.

(dd) Vollziehbarkeitsschwächen des Lizenzmodells

Anders als die Mehrwegquoten sind Lizenzmodelle individualisiert und richten sich nicht an die Gemeinschaft der Hersteller, Vertreiber und Abfüller von Einweg-Getränkeverpackungen.

---

85 Vgl. dazu oben im Text sub 3. Teil. B. I. – Siehe hierzu auch die Änderungsanträge der Fraktion der SPD vom 20. 11. 1996, BT-Drs. 13/6518, S. 9.

86 Siehe dazu bereits oben im Text sub 3. Teil. C. I.

87 Fälschlicherweise werden Mehrweg-Systeme derzeit generell als ökologisch vorteilhafte Verpackungen bezeichnet, obwohl gleichzeitig eingeräumt wird, daß der PE-Schlauchbeutel als Einweg-Getränkeverpackung dieses Prädikat nach der „Ökobilanz für Getränkeverpackungen" mindestens ebenso verdient. – Vgl. dazu z. B. auch Beschlußempfehlung und Bericht des Ausschusses für Umwelt, Naturschutz und Reaktorsicherheit, BT-Drs. 13/6518, S. 4.

Die Lizenzmodelle erfordern aber allgemein einen hohen Vollzugsaufwand. Das GetränkeverpackungsVO-Konzept versucht zwar, den Staat hiervon zu entlasten und die „beteiligten Wirtschaftskreise" hierfür in die Pflicht zu nehmen. Es muß aber bezweifelt werden, ob dies rechtlich zulässig ist; darüber hinaus ist nicht ersichtlich, wie die „beteiligten Wirtschaftskreise" die ihnen aufgebürdeten Aufgaben erledigen sollen.

(ee) Umweltlizenzen als Prämie für die Unterlassung von Umweltverschmutzungen

Die Umweltlizenzen räumen dem einzelnen Inhaber darüber hinaus ein subjektives öffentliches Recht ein, die Umwelt im von der Lizenz vorgegebenen Rahmen zu verschmutzen[88]. Die Inanspruchnahme der Umwelt durch die Industrie wird damit nicht mehr nur – wie bislang – geduldet und im Hinblick auf die Vorteile der industriellen Produktion in Kauf genommen. Die Einräumung eines Rechts zur Umweltverschmutzung an den einzelnen vermittelt vielmehr einen diesbezüglichen individuellen Anspruch.

Dieses Recht reicht soweit, daß bei einer Betriebseinstellung durch den Inhaber dieser sein Recht gegen Entgelt weiter veräußern kann. Damit wird das Verhältnis zwischen Schonung und Verschmutzung der Umwelt auf den Kopf gestellt: Umweltverschmutzung wird vom vereinzelt zu tolerierenden Ausnahmefall zum Regelfall umgemünzt.

Die vordem der Allgemeinheit und dem Staat zuzuweisende Umwelt wird durch Lizenzmodelle gleichsam privatisiert[89].

(ff) Fixierung der gegenwärtigen Ein- / Mehrweganteile

Schließlich werden durch Lizenzmodelle, namentlich durch das im GetränkeverpackungsVO-Konzept vorgeschlagene, die bestehenden Ein- / Mehrweganteile dauerhaft von der technischen und ökologischen Entwicklung abgekoppelt und fixiert. Innovationsanreize werden vernichtet[90]. Einmal erteilte Umweltlizenzen können nämlich nicht bzw. nur noch unter erheblichen Problemen entzogen werden[91].

---

88 Vgl. zu einem „Recht auf Umweltverschmutzung" C. Enders, Kompensationsregelungen im Immissionsschutzrecht, 1996, S. 63 ff.

89 Kritisch zur Kommerzialisierung und Privatisierung von Umweltgütern im Rahmen von Lizenzmodellen schon K. Meßerschmidt, Umweltabgaben als Rechtsproblem, 1986, S. 98 f.

90 Ähnlich K.-H. Ladeur, Das Umweltrecht der Wissensgesellschaft, 1995, S. 173 f.

91 Siehe insbesondere schon M. Kloepfer, JZ 1991, 737 (742); K. Meßerschmidt, Umweltabgaben als Rechtsproblem, 1986, S. 98 f.

(gg) Schutz vor Konkurrenz als Nebenwirkung

Die Umweltlizenzen entfalten einen nachhaltigen Schutz vor Konkurrenz. Neue Abfüller von Einweg-Getränkeverpackungen haben keine Möglichkeit mehr, tätig zu werden.

Das Motiv des Konkurrenzschutzes der bereits in einem Beruf Tätigen kann nicht nur niemals eine objektive Zulassungsvoraussetzung rechtfertigen, Konkurrenzschutz soll vielmehr auch als Nebenwirkung möglichst vermieden werden[92].

(hh) Bevorzugung der bisher schon als Hersteller, Vertreiber und Abfüller von Einweg-Getränkeverpackungen tätigen Unternehmen

Bei der Verteilung der Umweltlizenzen nach dem im GetränkeverpackungsVO-Konzept vorgesehenen Verfahren werden die Abfüller von Einweg-Getränkeverpackungen begünstigt: Wer bislang keine oder wenig Einweg-Getränkeverpackungen verwendet hat und sich damit – nach Ansicht der Verordnungsgeber – umweltfreundlich verhielt, wird jetzt durch die Zuteilung von keinen oder nur wenigen Umweltlizenzen „bestraft“[93].

(ii) Zwischenergebnis

Lizenzmodelle und namentlich das im GetränkeverpackungsVO-Konzept vorgesehene sind daher ungeeignet[94]. Das GetränkeverpackungsVO-Konzept erweist sich insbesondere im Hinblick auf den mit ihm einhergehenden Konkurrentenschutz als deutlich ungeeignet und damit verfassungswidrig[95].

(2) Erforderlichkeit

Mehrwegquoten und Zwangspfand sind zur Erreichung des mit ihnen verfolgten Gemeinwohlzwecks ebensowenig erforderlich wie Umweltlizenzen. Dem Grundsatz der Erforderlichkeit zufolge darf der Staat unter mehreren grundrechtsbeschränkenden Maßnahmen nur die mildeste wählen, die noch in der Lage ist, den intendierten Zweck wirksam zu erreichen.

---

92 M. Gubelt, in: v.Münch / Kunig (Hrsg.), Grundgesetz-Kommentar, Bd. 1, 4. Aufl. 1992, Art. 12 Rdnr. 66. Hierzu im Hinblick auf die VerpackV allgemein A. Finckh, Regulierte Selbstregulierung im Dualen System, 1998, S. 228 f.

93 Ähnlich K.-H. Ladeur, Das Umweltrecht der Wissensgesellschaft, 1995, S. 175; G. Feldhaus, DVBl. 1984, 552 (553 ff.).

94 A.A. U. Di Fabio, Vereinbarkeit einer Lizenzregelung für ökologisch nachteilige Getränkeverpackungen mit Verfassungs- und Europarecht. Rechtsgutachten im Auftrag der Bundesministerin für Umwelt, Naturschutz und Reaktorsicherheit, 1996, S. 59 ff.

95 Vgl. dazu allgemein BVerfGE 55, 28 (30); 38, 61 (72 ff.); 30, 250 (262 ff.); 23, 50 (58).

(a) Mehrwegquote

(aa) Mehrwegquoten ohne Differenzierung

Da zwischen Mehrweg- und Einweg-Getränkeverpackungen kein genereller Vorrang besteht, werden die nicht nach der einzelnen Getränkeverpackungsart differenzierenden Mehrwegquoten auch dem Grundsatz der Erforderlichkeit nicht gerecht. Unter ökologischen Aspekten ist ein Vorgehen allenfalls gegen einzelne Einweg-Getränkeverpackungen in bestimmten Konstellationen erforderlich; das pauschale Einschreiten gegen Einweg-Getränkeverpackungen als solche ist auch unter diesem Aspekt verfassungsrechtlich nicht zu rechtfertigen[96].

(bb) Möglichkeit zur Widerlegung des von der VerpackV a.F. wie n.F. angenommenen absoluten Vorrangs von Mehrweg-Getränkeverpackungen gegenüber Einweg-Getränkeverpackungen

Selbst wenn man entgegen hiesiger Ansicht die Einstufung der Mehrweg-Getränkeverpackungen im Vergleich mit den Einweg-Getränkeverpackungen für grundsätzlich umweltfreundlicher im Hinblick auf eine damit verbundene Typisierung des Verordnungsgebers und deshalb als (noch) zulässig erachten wollte, wäre der Grundsatz der Erforderlichkeit gleichwohl nicht eingehalten. Dann müßte dem durch diese Bevorzugung betroffenen Herstellern und Vertreibern von Einweg-Getränkeverpackungen nämlich jedenfalls die Möglichkeit des Gegenbeweises im jeweiligen Einzelfall eröffnet werden. Wenn Hersteller und Vertreiber dann darlegen würden, daß in dem konkreten Fall wegen zu hoher Transportentfernungen, zu geringer Umlaufzahlen, der Besonderheit des Füllguts etc. die Einweg-Getränkeverpackungen den Mehrweg-Getränkeverpackungen jedenfalls ökologisch gleichwertig sind, müßten diese aus der diskriminierenden Einstufung als angeblich umweltschädlichere Einwegverpackungen durch die VerpackV ausgenommen werden.

(cc) Progression der Mehrwegquoten

Die in § 9 II 2 VerpackV a.F. offen gehaltene Progression der Mehrwegquoten ist nicht erforderlich, um eine Destabilisierung der Mehrweg-Systeme durch die VerpackV a.F. zu verhindern.

§ 9 II 1 VerpackV a.F. wie n.F. schützt zunächst nur den schon vorhandenen Bestand der Mehrwegquote, indem er deren Absinken durch eine Pfanderhebungspflicht sanktioniert. Die Einführung eines Systems nach § 6 III VerpackV a.F. / n.F. soll bestehende Mehrwegsysteme nicht beeinträchtigen.

§ 9 II 2 VerpackV a.F. und der frühere Entwurf einer Getränkemehrweg-Verordnung sehen aber nicht nur die Einführung unterschiedlicher Mehrwegquoten für die einzelnen Getränkearten, sondern auch deren Progression vor.

---

96 Ebenso H.-J. Papier, VerwArch 84 (1993), 417 (434 f.).

Für den Zweck der Bestandserhaltung der Mehrweg-Systeme ist dies jedenfalls nicht erforderlich.

(b) Zwangspfand

§ 7 VerpackV a.F. bzw. § 8 I VerpackV n.F. schreiben ein mehrphasiges Pfand vor. Für die hierdurch dem Handel entstehenden zusätzlichen Kosten ist kein Grund ersichtlich; die Beschränkung der Pfanderhebungspflicht auf den letzten Vertreiber und den Endverbraucher hätte ausgereicht.

(c) Umweltlizenzen

Die durch das GetränkeverpackungsVO-Konzept (I. 1. Einleitungssatz) angezielte Verringerung der Auswirkungen von Getränkeverpackungen auf die Umwelt kann ebenso wirksam mit milderen Mitteln erreicht werden.

Die bisherigen Mehrwegquoten stellen dabei insofern mildere Mittel dar, als sie nur den Anteil der Einwegverpackungen an der Gesamtproduktion vorschreiben. Sie beinhalten nur eine relative, keine absolute Mengenbeschränkung.

Darüber hinaus können Umweltabgaben – je nach Ausgestaltung – ein gleich wirksames, aber milderes Mittel darstellen. Umweltabgaben sind flexibler, verschließen den Markt nicht für „Newcomer" und benachteiligen diese auch nicht. Sie erfordern überdies einen geringeren Verwaltungsaufwand. Darüber hinaus werden sie von der Wirtschaft eher akzeptiert als Umweltlizenzen.

(3) Verhältnismäßigkeit i.e.S.

Mehrwegquoten, Zwangspfand und Umweltlizenzen sind bezogen auf die durch sie verfolgten Zwecke nicht verhältnismäßig i.e.S.; diese Mittel und die Intensität ihres Eingriffs stehen außer Verhältnis zum mit ihnen verfolgten Zweck.

Dabei ist hier zwischen der grundrechtlich durch Art. 12 I GG geschützten Berufs- bzw. Gewerbefreiheit und dem neu in die Verfassung aufgenommenen Staatsziel Umweltschutz (Art. 20a GG) abzuwägen[97]. Dieser Veränderung der verfassungsrechtlichen Lage korrespondiert eine Fortentwicklung der den Staat legitimierenden Staatszwecke. Während sich der Staat historisch zunächst als Macht- und Friedenseinheit, sodann als Garant der Freiheitsrechte und in einer dritten Phase als Bürge für soziale und wirtschaftliche Sicherheit darstellt, sind nunmehr auch der Schutz und die Erhaltung der natürlichen Lebensgrundlagen des Menschen als Staatszweck aufgenommen[98].

---

97 R. Scholz, in: Maunz / Dürig, Komm. z. GG, Stand: 1996, Art. 20a Rdnrn. 1 ff.

98 Vgl. H.-J. Papier, UTR 26 (1993), 105 (106 ff.).

Damit vermittelt Art. 12 I GG einerseits einen subjektiv-rechtlichen Abwehranspruch; die verfassungsrechtliche Verankerung des Umweltschutzes eröffnet dem Gesetz- und Verordnungsgeber demgegenüber ein Gestaltungsrecht und einen Gestaltungsspielraum. Die hier kollidierenden Positionen – Art. 12 I GG einerseits und der Umweltschutz in seiner durch Art. 20a GG geschützten Form andererseits – stehen dabei weder in einem Verhältnis der Spezialität noch in dem einer Hierarchie. Zwischen beiden ist vielmehr ein möglichst schonender und damit kollisionslösender Ausgleich zu finden (Prinzip der praktischen Verfassungskonkordanz).

Auf dieser Grundlage sind sowohl die Mehrwegquoten und das Zwangspfand als auch die Umweltlizenzen unverhältnismäßig i.e.S., obwohl dem Umweltschutz nach derzeitiger Verfassungslage gesteigerte Bedeutung zukommt. Grundrechtsbeschränkende Maßnahmen wären im Hinblick auf diese gesteigerte Bedeutung des Umweltschutzes zwar prinzipiell gerechtfertigt. Die Mehrwegquoten, das Zwangspfand und die Umweltlizenzen haben sich hier aber schon als nicht erforderlich und nicht geeignet erwiesen. Sie können schon deshalb nicht verhältnismäßig i.e.S. sein.

Darüber hinaus erscheint bedenklich, daß der Gesetz- und Verordnungsgeber bislang noch nicht geklärt hat, welche negativen Umweltauswirkungen durch gebrauchte Verpackungen tatsächlich noch hinnehmbar wären. Erforderlich wäre hier eine Bestandsaufnahme über vorhandene Deponiekapazitäten und die bei einer Entsorgung gebrauchter Verpackungen höchstens tolerierbaren Umweltbelastungen (z. B. Luft-, Bodenverschmutzung etc.). Bei der hier auszugleichenden Gemengelage verfassungsgeschützter Interessen gewährt Art. 12 I GG nämlich ein subjektiv-öffentliches Recht auf eine grundsätzlich unbeschränkte Produktion und einen ebenso prinzipiell freien Vertrieb von Verpackungen. Zwischen dieser Position und den Belangen des Umweltschutzes kann nur abgewogen werden, wenn der Umfang der Umweltressourcen bestimmt oder doch hinlänglich bestimmbar ist[99].

(4) Zwischenergebnis

Sowohl die Mehrwegquoten und das Zwangspfand als auch die Umweltlizenzen sind mithin – zumindest in ihrer derzeit diskutierten Form – mit Art. 12 I GG unvereinbar.

d) Verfassungsrechtliche Anforderungen an objektive Berufsausübungsregelungen

Dieser Befund ergibt sich selbst dann, wenn man entgegen hiesiger Ansicht nur eine (bloße) Berufsausübungsregelung annehmen wollte. In diesem Fall sind zwar

99 Eine Bestimmung des theoretisch vorhandenen Deponieraumes und eine Beurteilung der Entwicklung im Hinblick auf die erforderliche Deponiekapazität fordert – allerdings im Zusammenhang mit § 14 II AbfG – auch H. C. Atzpodien, NVwZ 1989, 415 (420).

an den Gemeinwohlzweck nur geringere Anforderungen zu stellen. Berufsausübungsregelungen sind bereits bei Vorliegen vernünftiger Erwägungen des Gemeinwohls gerechtfertigt. Im Hinblick auf die Zweck-Mittel-Relation führt dies jedoch zu keinen relevanten Abweichungen.

C. Eigentumsgarantie (Art. 14 GG)

Die Mehrwegquoten, das Zwangspfand und die Umweltlizenzen verletzen neben Art. 12 I GG auch die Eigentumsgarantie (Art. 14 I GG).

I. Schutzbereich

Der Schutzbereich des Art. 14 I GG ist eröffnet. Herstellung, Vertrieb und Abfüllung von Einweg-Getränkeverpackungen fallen in den durch Art. 14 GG geschützten Lebensbereich.

1. Verhältnis zu Art. 12 I GG

Der Schutzbereich des Art. 12 I GG und der des Art. 14 GG sind hier gemeinsam eröffnet[100].

Nach herrschender, auch vom Bundesverfassungsgericht[101] vertretener Ansicht stehen Art. 12 I GG und Art. 14 GG alternativ zueinander: Art. 14 GG schützt das Erworbene, das Ergebnis der Betätigung, Art. 12 I GG dagegen den Erwerb, die Betätigung selbst. Letzterer ist personenbezogen und zukunftsgerichtet, ersterer demgegenüber objektbezogen und bestandsschützend.

Dem ist jedoch entgegen zu halten, daß zwischen Art. 12 I GG und Art. 14 GG tatbestandlich nur bedingt Gegensätze bestehen. Häufig geht es nur um einen zeitlich-phasenmäßigen Unterschied in der jeweiligen Freiheitsbetätigung, also nicht um einen auch qualitativen Rechtsunterschied.

Dem trägt auch das Bundesverfassungsgericht teilweise[102] Rechnung und nimmt an, daß Art. 12 I und 14 GG dann nebeneinander stehen, wenn die freie Nutzung eines Eigentumsrechts beruflichen Zwecken dient und in dieses Eigentumsrecht eingegriffen wird oder wenn in eine berufliche Tätigkeit eingegriffen wird, die

---

100 Zum folgenden R. Scholz, in: Maunz / Dürig, Komm. z. GG, Stand: 1996, Art. 12 Rdnrn. 138 ff. Auf das Verhältnis von VerpackV und Art. 14 GG allgemein geht A. Finckh, Regulierte Selbstregulierung im Dualen System, 1998, S. 215 ff. ein.

101 BVerfGE 30, 292 (344 f.).

102 BVerfGE 50, 290 (339 ff., 361 ff., 365).

funktionsnotwendig mit der Nutzung eines bestimmten Eigentumsrechts verbunden ist.

Eben dies ist hier zu bejahen, zumal gerade das – wie sich sogleich zeigen wird – hier betroffene Recht am eingerichteten und ausgeübten Gewerbebetrieb im Grenzbereich zwischen Art. 12 I GG und Art. 14 GG zu verorten ist. Überdies sind Mehrwegquoten und Zwangspfand gegenüber den Herstellern und Vertreibern von Einweg-Getränkeverpackungen auch gegenstands-, nicht nur tätigkeitsbezogen. Neben den Absatz- bzw. Erwerbschancen als zukünftigen Verdienstmöglichkeiten der Betroffenen, wird auch auf bestehende, mit dem Gewerbebetrieb verbundene geschäftliche Verbindungen eingewirkt. Hierzu zählen nämlich auch die vorhandenen geschäftlichen Verbindungen, Beziehungen und der Kundenstamm[103].

2. Wirkungsbereiche des Art. 14 GG

Art. 14 GG stellt nicht nur eine Instituts- oder Einrichtungsgarantie, eine objektive Wertentscheidung sowie eine Verfahrens- und Rechtsschutzgarantie, sondern überdies auch und vor allem ein subjektiv-öffentliches Abwehrrecht dar. Als subjektiv-öffentliches Abwehrrecht enthält Art. 14 GG sowohl eine Bestands- (Rechtsstellungsgarantie) – Art. 14 I GG – als auch eine Eigentumswertgarantie – Art. 14 III GG. Erstere schützt den konkreten Bestand, die individuelle Eigentümerposition; letztere unterwirft Eigentumsbeeinträchtigungen einer Entschädigungspflicht.

Hier ist Art. 14 GG in seiner Dimension als Abwehrrecht und Rechtsstellungsgarantie betroffen.

3. Eigentum i. S. d. Art. 14 GG

Die Mehrwegquoten und das Zwangspfand sowie die Umweltlizenzen beeinträchtigen das durch Art. 14 I GG geschützte Recht am eingerichteten und ausgeübten Gewerbebetrieb.

Der Eigentumsbegriff ist im Grundgesetz nicht abschließend definiert. Die konkrete Reichweite des Schutzes des Art. 14 I 1 GG ergibt sich erst aus der Bestimmung von Inhalt und Schranken des Eigentums, die nach Art. 14 I 2 GG Aufgabe des Gesetzgebers ist. Der Gesetzgeber muß hierbei Zweck und Funktion der Eigentumsgarantie unter Berücksichtigung ihrer Bedeutung im Gesamtgefüge der Verfassung beachten. Die Eigentumsgarantie soll einerseits dem Grundrechtsträger einen Freiraum im vermögensrechtlichen Bereich erhalten und die Entfaltung und eigenverantwortliche Gestaltung seines Lebens ermöglichen. Andererseits müssen der soziale Bezug und die soziale Funktion des Eigentums gewahrt werden. Die Einhaltung der objektiven Elemente des Art. 14 GG ist daher zwingend.

---

103 Vgl. näher hierzu unten im Text sub 7. Teil. C. I. 4.

Eigentum i. S. d. Art. 14 GG ist heute allgemein als die Gesamtheit der vorhandenen vermögenswerten Privatrechte (auch Forderungen) sowie vermögenswerten subjektiven öffentlichen Rechte, die Äquivalent einer eigenen Leistung oder eigenen Opfers sind, zu definieren[104].

Als Eigentum i.S.d. Art. 14 GG geschützt sind danach insbesondere alle vermögenswerten privaten Rechte, namentlich das Sacheigentum (§ 903 BGB), sonstige absolute gegenüber jedermann wirkende Rechtspositionen und sonstige vermögenswerte Rechte (Forderungen), die dem Berechtigten rechtlich so zugeordnet sind, daß er die damit verbundenen Befugnisse nach eigenverantwortlicher Entscheidung zu seinem privaten Nutzen ausüben darf. Obwohl der Schutzbereich des Art. 14 GG damit alle vermögenswerten Rechte erfaßt, resultiert hieraus kein absoluter Vermögensschutz; das Vermögen als solches ist nicht geschützt.

Seinem Umfang nach schützt Art. 14 GG sowohl den Bestand konkret vorhandener Vermögenswerte – nicht aber bloße Erwerbschancen, Gewinnmöglichkeiten, Erwartungen etc. – als auch die Nutzung des Eigentums, d. h. – positiv – die Freiheit des Eigentümers, sein Eigentum nicht nur zu behalten, sondern es auch zu verwenden, zu verbrauchen und zu veräußern und – negativ – die Freiheit, das Eigentum nicht zu nutzen.

4. Mehrwegquoten, Zwangspfand, Umweltlizenzen und die Eigentumsgarantie des Art. 14 GG im einzelnen

Die Mehrwegquoten, das Zwangspfand und die Umweltlizenzen[105] beeinträchtigen sowohl das Sacheigentum der Hersteller und Vertreiber von Einweg-Getränkeverpackungen als auch deren Recht am eingerichteten und ausgeübten Gewerbebetrieb.

a) Die Mehrwegquoten, das Zwangspfand und die Umweltlizenzen berühren das Sacheigentum. Die Betriebsgrundstücke und -räume, die Einrichtungsgegenstände und Warenvorräte bleiben den Herstellern, Vertreibern und Abfüllern von Einweg-Getränkeverpackungen zwar erhalten, ihre Verwendung wird durch die Mehrwegquoten, das Zwangspfand und die Umweltlizenzen jedoch in ihrem Umfang und in der Art und Weise ihrer Verwendung beschränkt.

Dies gilt insbesondere für Vorschläge, Lizenzmodelle durch Befristung, spätere Abwertung oder Entzug zu flexibilisieren und zu dynamisieren. Werden befristete Umweltlizenzen eingeführt, verletzen diese die Eigentumsgarantie jedenfalls dann,

---

104 Zum verfassungsrechtlichen Eigentumsbegriff z. B. W. Frotscher, Wirtschaftsverfassungs- und Wirtschaftsverwaltungsrecht, 2. Aufl. 1994, Rdnrn. 56 ff.

105 Zu den Umweltlizenzen vgl. in diesem Zusammenhang E. Rehbinder, in: Endres / Rehbinder / Schwarze, Umweltzertifikate und Kompensationslösungen aus ökonomischer und juristischer Sicht, 1994, S. 92 ff., 126 ff. sowie ausführlich G. Becker-Neetz, Rechtliche Probleme der Umweltzertifikatmodelle in der Luftreinhaltepolitik, 1988, S. 95 ff.

wenn die Frist kürzer als die normale Nutzungszeit der Maschinen bemessen wird. Abwertung und Entzug von Umweltlizenzen berühren das Eigentum der Abfüller und Produzenten von Einweg-Getränkeverpackungen unabhängig davon, ob man die Umweltlizenzen dem Privat- oder dem öffentlichen Recht zuordnet. Die letztere Anforderung ist jedenfalls erfüllt, wenn die Inhaber ihre Lizenzen entgeltlich – sei es vom Staat, sei es von Dritten – erworben haben. Darüber hinaus löst aber auch schon die im GetränkeverpackungsVO-Konzept vorgesehene Handelbarkeit der Lizenzen den verfassungsrechtlichen Eigentumsschutz aus. Selbst wenn die Erstverteilung unentgeltlich erfolgte, besteht der Eigentumsschutz, da im Hinblick auf die freie Handelbarkeit nicht zwischen vom Staat zugeteilten, noch beim Ersterwerber befindlichen Lizenzen und solchen, die später am Markt erworben wurden, differenziert werden kann[106].

b) Darüber hinaus beeinträchtigen die Mehrwegquoten und das Zwangspfand ebenso wie die Umweltlizenzen auch das durch Art. 14 I GG geschützte Recht am eingerichteten und ausgeübten Gewerbebetrieb.

Ob und ggf. in welchem Umfang das Recht am eingerichteten und ausgeübten Gewerbebetrieb Eigentum i. S. d. Art. 14 GG darstellt[107], ist zwar nicht unstreitig. Das einfach-gesetzliche Recht am eingerichteten und ausgeübten Gewerbebetrieb umfaßt nämlich nicht nur den eigentlichen Bestand des Betriebs, die Betriebsgrundstücke und -räume, die Einrichtungsgegenstände, Warenvorräte und Außenstände, sondern auch die geschäftlichen Verbindungen, Beziehungen und den Kundenstamm, also alles das, was in seiner Gesamtheit den wirtschaftlichen Wert des konkreten Betriebes ausmacht[108]. BVerwG, BGH und h.L. erstrecken den Schutz der verfassungsrechtlichen Eigentumsgarantie auch auf diesen einfach-gesetzlich geschützten eingerichteten und ausgeübten Gewerbebetrieb. Das BVerfG[109] meint demgegenüber, es sei die Frage, ob der Gewerbebetrieb als solcher die konstituierenden Merkmale des verfassungsrechtlichen Eigentumsbegriffs aufweist. Eigentumsrechtlich gesehen sei das Unternehmen die tatsächliche – nicht aber die rechtliche – Zusammenfassung der zu einem Vermögen gehörenden Sachen und Rechte, die an sich schon vor verfassungswidrigen Eingriffen geschützt sind.

Im Ergebnis muß aber der h.L. und der höchstrichterlichen Rechtsprechung der einfachen Gerichte gefolgt werden. Die vom Bundesverfassungsgericht geäußerten Zweifel drücken das Bestreben des Gerichts aus, einer zu weiten Ausdehnung des Eigentumsschutzes im Betriebsbereich gegenzusteuern. Die diesbzgl. Befürchtung ist indessen unbegründet. Die Eigentumsgarantie umfaßt nämlich auch beim Recht am eingerichteten und ausgeübten Gewerbebetrieb ebensowenig wie allgemein

106 Insoweit ähnlich sowie insgesamt zur Problematik E. Rehbinder, in: Endres / Rehbinder / Schwarze, Umweltzertifikate und Kompensationslösungen aus ökonomischer und juristischer Sicht, 1994, S. 92 ff., 126 und ders., a.a.O., 1994, S. 28 ff., 73 ff.

107 Dazu H.-J. Papier, in: Maunz / Dürig, Komm. z. GG, Stand: 1996, Art. 14 Rdnrn. 96 ff.

108 BGHZ 55, 261 (263); 45, 83 (87); 23, 157 (162 f.).

109 BVerfGE 51, 193 (221 f.).

bloße Interessen, Chancen, Hoffnungen und Erwartungen. Darüber hinaus wird das Recht am eingerichteten und ausgeübten Gewerbebetrieb in seiner umfassenden Ausgestaltung durch die einfachen Gerichte verfassungsrechtlich nicht nur durch Art. 14 GG, sondern auch durch Art. 12 I GG gewährleistet.

Danach kann hier von der Eröffnung des Schutzbereichs ausgegangen werden[110].

II. Eingriff

Mehrwegquoten und Zwangspfand stellen ebenso wie die Umweltlizenzen unabhängig davon, ob sie als Enteignungen oder als Inhalts- und Schrankenbestimmungen zu qualifizieren sind, jedenfalls einen Eingriff in den von Art. 14 I GG geschützten Lebensbereich dar[111].

III. Verfassungsrechtliche Rechtfertigung

Der Eingriff in den Schutzbereich des Art. 14 GG ist verfassungsrechtlich nicht gerechtfertigt. Zur Begründung sind die diesbezüglichen Ausführungen zu Art. 12 I GG weitgehendst zu wiederholen; hierauf kann verwiesen werden. Die Schranken des Art. 14 GG einerseits und die des Art. 12 GG andererseits sind nahezu identisch[112], zumal sich der Grundsatz der Verhältnismäßigkeit i.w.S. nicht nur aus den Grundrechten, sondern auch aus dem Rechtsstaatsprinzip ergibt.

IV. Zwischenergebnis

Die Eigentumsgarantie des Art. 14 GG ist ebenfalls verletzt[113].

---

110 In einem ähnlichen Fall ebenso H.-J. Papier, VerwArch 84 (1993), 417 (437 f.) sowie zur „PET-Verordnung" L.-A. Versteyl, NVwZ 1989, 126 (127).

111 Enteignung ist die vollständige oder teilweise Entziehung vermögenswerter Rechtspositionen i. S. d. Art. 14 I GG durch einen gezielten hoheitlichen Akt zur Erfüllung bestimmter öffentlicher Aufgaben. Inhalts- und Schrankenbestimmung ist demgegenüber die generelle und abstrakte Festlegung der Rechte und Pflichten des Eigentümers. Enteignungen sind konkret, individuell und entziehen das Eigentum; Inhalts- und Schrankenbestimmungen sind abstrakt, generell und verkürzen die Eigentümerbefugnisse.

112 BVerfGE 50, 290 (364 f.).

113 G. Meier, BB 1995, 2381 (2386).

D. Allgemeine Handlungsfreiheit (Art. 2 I GG)

Die durch Art. 2 I GG geschützte allgemeine Handlungsfreiheit ist nicht verletzt.

Die Literatur entnimmt Art. 2 I GG teilweise ein Grundrecht der Unternehmensfreiheit und beruft sich hierzu auf die Rechtsprechung des Bundesverfassungsgerichts, derzufolge Art. 2 I GG die allgemeine Handlungsfreiheit schützt[114].

Als subsidiäres Auffanggrundrecht kann Art. 2 I GG nach einhelliger Meinung indessen nur zur Anwendung kommen, wenn nicht ein spezielles Freiheitsgrundrecht – insbesondere Art. 12 I GG oder Art. 14 GG – betroffen ist. Um den spezifischen Gewährleistungszusammenhang von Berufsfreiheit und Eigentumsgarantie gruppieren sich die meisten wirtschaftlichen Freiheiten, so daß es des Rückgriffs auf das Hauptfreiheitsrecht des Art. 2 I GG regelmäßig nicht bedarf[115].

Auch hier ist keine Beeinträchtigung der Hersteller, Vertreiber und Abfüller von Einweg-Getränkeverpackungen ersichtlich, die nicht schon durch Art. 12 I GG oder Art. 14 GG erfaßt wäre, zumal auch Art. 12 I GG und Art. 14 GG ihrerseits die Unternehmensfreiheit schützen.

Art. 12 I GG und Art. 14 GG sind hier gegenüber Art. 2 I GG vorrangig; eine Verletzung des Art. 2 I GG scheidet somit aus.

E. Gleichheitsgarantie (Art. 3 I GG)

Mehrwegquoten, Zwangspfand und Umweltlizenzen verletzen Art. 3 I GG durch eine verfassungsrechtlich nicht gerechtfertigte Ungleichbehandlung von wesentlich Gleichem in mehrfacher Hinsicht und behandeln zudem wesentlich Ungleiches gleich[116].

I. Ungleichbehandlung von wesentlich Gleichem bzw. Gleichbehandlung von wesentlich Ungleichem

Die Mehrwegquoten und das sie sanktionierende Zwangspfand differenzieren zwischen Einweg- und Mehrweg-Getränkeverpackungen und innerhalb der Ein-

---

114 Hierzu sowie zum folgenden W. Frotscher, Wirtschaftsverfassungs- und Wirtschaftsverwaltungsrecht, 2. Aufl. 1994, Rdnrn. 48 ff.

115 R. Scholz, in: Maunz / Dürig, Komm. z. GG, Stand: 1996, Art. 12 Rdnrn. 114 ff. A. Finckh, Regulierte Selbstregulierung im Dualen System, 1998, S. 220, 233 ff.

116 A.A. zum folgenden A. Finckh, Regulierte Selbstregulierung im Dualen System, 1998, S. 286 ff. Für die Prüfung des Art. 3 I GG sind zwei Aufbau- und Argumentationsmöglichkeiten möglich: Wesentlich Gleiches kann ungleich oder wesentlich Ungleiches kann gleich behandelt werden. Nach der Rechtsprechung des Bundesverfassungsgerichts erfaßt Art. 3 I GG beide Varianten. Einer Mindermeinung zufolge schützt Art. 3 I GG nur gegen die erste Variante, die zweite kann aber so umformuliert werden, daß sie auch von Art. 3 I GG erfaßt wird.

weg-Getränkeverpackungen zwischen denjenigen, die zum Unterschreiten der Mehrwegquoten führen und solchen, die die Mehrwegquoten unberührt lassen. Eben dies gilt auch für die Umweltlizenzen im Hinblick auf Einwegverpackungen, für die eine Umweltlizenz erteilt wurde, und solchen, für die dies nicht gilt. Hierin liegen unmittelbare rechtliche Ungleichbehandlungen von wesentlich Gleichem.

Eine unmittelbare rechtliche Gleichbehandlung von wesentlich Ungleichem liegt zudem in der einheitlichen Anwendung von Mehrwegquoten und Zwangspfand auf die in ökologischer Hinsicht sehr unterschiedlichen Einweg-Getränkeverpackungen.

1. Ungleichbehandlung von Einweg- und Mehrweg-Getränkeverpackungen – Indienstnahme der Hersteller, Vertreiber und Abfüller von Einweg-Getränkeverpackungen

Die Mehrwegquoten, das Zwangspfand (§§ 7, 9 VerpackV a.F. bzw. §§ 8 I, 9 VerpackV n.F.) und die Umweltlizenzen behandeln wesentlich Gleiches ungleich indem sie zwischen Einweg- und Mehrweg-Getränkeverpackungen in ökologischer Hinsicht einseitig differenzieren bzw. die Hersteller und Vertreiber von ersteren im Gegensatz zu denjenigen von letzteren zur Erfüllung einer staatlichen Aufgabe in Dienst nehmen[117].

2. Quantitative Ungleichbehandlung von im wesentlichen gleichen Einweg-Getränkeverpackungen

Eine weitere Ungleichbehandlung von wesentlich Gleichem liegt in der mit den Mehrwegquoten und dem sie sanktionierenden Zwangspfand verbundenen – quantitativen – Ungleichbehandlung von Einweg-Getränkeverpackungen, die die Mehrwegquoten unberührt lassen und solchen, die zu ihrem Unterschreiten führen. Eben dies gilt auch für die Umweltlizenzen im Hinblick auf Einweg-Getränkeverpackungen, die sich im Rahmen der Umweltlizenz halten und solchen, die ihn überschreiten.

Innerhalb der Gesamtheit der Einweg-Getränkeverpackungen ist unter ökologischen Aspekten jedenfalls keine quantitative Differenzierung erkennbar. Die Umweltfreundlich- bzw. Umweltfeindlichkeit der Einweg-Getränkeverpackungen ist unabhängig von der Quantität und dem zahlenmäßigen Verhältnis von Einweg- und Mehrweg-Getränkeverpackungen.

---

117 Vgl. zur Indienstnahme der Hersteller und Vertreiber von Einweg-Getränkeverpackungen bereits oben im Text sub 7. Teil. A.

3. Qualitative Gleichbehandlung von im wesentlichen ungleichen Einweg-Getränkeverpackungen

In qualitativer Hinsicht liegt demgegenüber eine Gleichbehandlung von wesentlich Ungleichem durch Mehrwegquoten und Zwangspfand vor. Innerhalb der Gesamtheit der Einweg-Getränkeverpackungen ergeben sich nachhaltige Unterschiede im Hinblick auf die Umweltfreundlichkeit bzw. Umweltfeindlichkeit. So haben sich namentlich Einweg-Getränkekartonverpackungen und vielfach auch Einweg-Getränkedosen im Vergleich zu Einweg-Glasflaschen als deutlich umweltfreundlicher erwiesen[118].

II. Verfassungsrechtliche Rechtfertigung der Ungleichbehandlung von wesentlich Gleichem bzw. Gleichbehandlung von wesentlich Ungleichem

Diese Ungleichbehandlungen von wesentlich Gleichem und die Gleichbehandlung von wesentlich Ungleichem sind verfassungsrechtlich nicht gerechtfertigt. Dies gilt, obwohl dem Gesetz- und Verordnungsgeber hier ein Gestaltungsspielraum und eine Einschätzungs- und Beurteilungsprärogative zukommen, die in der unpräzisen Formulierung der Kriterien für eine verfassungsrechtliche Rechtfertigung Ausdruck finden. Die Ungleichbehandlung von wesentlich Gleichem bzw. die Gleichbehandlung von wesentlich Ungleichem gilt nämlich als verfassungsrechtlich gerechtfertigt, wenn sie – negativ formuliert – „nicht willkürlich" oder – positiv formuliert – von einem „sachlichen Grund" getragen ist.

Nach ständiger Rechtsprechung des Bundesverfassungsgerichts sind staatliche Privilegierungen oder Benachteiligungen konkurrierender Unternehmer nur dann im Hinblick auf Art. 3 I GG gerechtfertigt, wenn Unterschiede von solcher Art und solchem Gewicht bestehen, daß sie die ungleiche Behandlung rechtfertigen[119].

Eben dies ist hier – wie bereits im Rahmen der Erörterung zu Art. 12 I GG festgestellt wurde[120] – nicht der Fall. Die Ausführungen im Rahmen der Verhältnismäßigkeitsprüfung eines Freiheitsrechts können hier herangezogen werden, weil sich zum einen die Ausführungen zum Gleichheitssatz und zu den Freiheitsrechten in der hiesigen Fallkonstellation jedenfalls partiell überschneiden[121] und weil zum anderen zwischen dem allgemeinen Gleichheitssatz und den Freiheitsrechten als Eingriffsrechten eine strukturelle Parallelität besteht[122]. Eine Ungleichbehandlung

---

118 Vgl. hierzu bereits oben im Text sub 3. Teil.

119 BVerfGE 78, 232 (247); 75, 284 (300 f.); 63, 255 (262).

120 Vgl. hierzu oben im Text sub 7. Teil. B. III.

121 Siehe dazu bereits oben im Text sub 7. Teil. A. II.

122 S. Huster, JZ 1994, 541 ff.; S. Huster, AöR 118 (1993), 109 (117 m. Fußn. 40).

ist nämlich dann nicht willkürlich bzw. von einem sachlichen Grund getragen, wenn die mit ihr verbundene Differenzierung geeignet, erforderlich und angemessen ist.

III. Zwischenergebnis

Die Mehrwegquoten und das sie sanktionierende Zwangspfand verletzen ebenso wie die Umweltlizenzen Art. 3 I GG. Sie stellen eine verfassungsrechtlich nicht gerechtfertigte Gleichbehandlung von wesentlich Ungleichem und Ungleichbehandlungen von wesentlich Gleichem dar.

Achter Teil

Mehrwegquoten, Zwangspfand, Umweltlizenzen und europäisches Recht

Mehrwegquoten, Zwangspfand und Umweltlizenzen sind nicht nur aus den vorstehend angeführten ökologischen, ökonomischen, einfach- und verfassungsrechtlichen Gründen in Frage zu stellen; sie verstoßen vielmehr überdies – wie sich sogleich zeigen wird – gegen europäisches Primär- und Sekundärrecht[1].

A. EG-Verpackungsrichtlinie

Mehrwegquoten, Zwangspfand und Umweltlizenzen verstoßen gegen die Richtlinie des Europäischen Parlaments und des Rates über Verpackungen und Verpackungsabfälle vom 20. 12. 1994 (94/62/EG)[2]. Sie stehen im Widerspruch zu Art. 18 EG-Richtlinie 94/62/EG und sind weder als marktwirtschaftliche Instrumente nach Art. 15 EG-Richtlinie 94/62/EG noch als Förderung von Systemen zur Wiederverwendung von Verpackungen nach Art. 5 EG-Richtlinie 94/62/EG gerechtfertigt.

---

1 Vgl. für einen Kurzüberblick über die aktuellen Vorschriften des Gemeinschaftsrechts in diesem Zusammenhang und deren Entstehungsgeschichte A. Epiney, Umweltrecht in der Europäischen Union, 1997, S. 14 ff.; T. Emslander, Das duale Entsorgungssystem für Verpackungsabfall. Ein effizientes Regulierungsinstrument?, 1995, S. 58 ff. Allgemein zur VerpackV unter dem Blickwinkel europäischen Rechts A. Finckh, Regulierte Selbstregulierung im Dualen System, 1998, S. 301 ff.; K. Becker-Schwarze, Steuerungsmöglichkeiten des Kartellrechts bei umweltschützenden Unternehmenskooperationen, 1997, S. 30 ff.; Kursawa-Stucke/Liebert/Jensen, Der Grüne Punkt und die Recycling-Lüge, 1994, S. 231 ff. sowie zum Verhältnis von nationalem und europäischem Recht im Bereich der Kreislaufwirtschaft K. Wagner, Abfall- und Kreislaufwirtschaft, 1995, S. 2 ff., 159 ff.; A. Schreier, Die Auswirkungen des EG-Rechts auf die deutsche Abfallwirtschaft, 1994, S. 29 ff., 40 ff., 53 ff. Allgemein zu den Problemen der Europäisierung des deutschen Umweltrechts R. Steinberg, AöR 120 (1995), 549 ff.

2 Richtlinie 94/62/EG des Europäischen Parlaments und des Rates vom 20. 12. 1994 über Verpackungen und Verpackungsabfälle, ABl. Nr. L 365/10. – Vgl. dazu auch A. Finckh, Regulierte Selbstregulierung im Dualen System, 1998, S. 338 ff.; K. Becker-Schwarze, Steuerungsmöglichkeiten des Kartellrechts bei umweltschützenden Unternehmenskooperationen, 1997, S. 55 ff.; A. Epiney, Umweltrecht in der Europäischen Union, 1997, S. 280 f.; W. Frenz, Die Verwirklichung des Verursacherprinzips im Abfallrecht, 1996, S. 113 f.; noch zum Entwurf A. Schink, in: J. Kormann (Hrsg.), Abfallrecht und Abfallwirtschaft, 1993, S. 19 ff.; U. Schliessner, EuZW 1993, 52 ff.

I. Freiheit des Inverkehrbringens gem. Art. 18 EG-Richtlinie 94/62/EG

Nach Art. 18 EG-Richtlinie 94/62/EG dürfen die Mitgliedstaaten in ihrem Hoheitsgebiet das Inverkehrbringen von Verpackungen, die der Richtlinie entsprechen, nicht verbieten.

Daß die hier betroffenen Verpackungen der EG-Richtlinie 94/62/EG entsprechen, wird – soweit ersichtlich – allgemein, insbesondere auch von Literaturmeinungen, die im Ergebnis anderer Ansicht sind[3], angenommen.

Auch über das von Art. 18 EG-Richtlinie 94/62/EG verfolgte Ziel, den Marktzugang für alle Verpackungen zu gewährleisten[4], dürfte Konsens bestehen.

Nicht geteilt werden können jedoch Ansichten, Art. 18 EG-Richtlinie 94/62/EG stehe nur qualitativen Anforderungen an Verpackungen, nicht aber quantitativen Beschränkungen – wie den durch das Zwangspfand sanktionierten Mehrwegquoten und den Umweltlizenzen – entgegen[5]. Ein derartiges Verständnis steht zum einen mit dem Gesamtzusammenhang der EG-Richtlinie 94/62/EG im Widerspruch und ist darüber hinaus mit dem europäischen Primärrecht nicht in Einklang zu bringen[6].

Die EG-Richtlinie 94/62/EG trifft an anderer Stelle, namentlich im Bereich der Verwertung (Art. 6 I EG-Richtlinie 94/62/EG) quantitative Vorgaben; Mengenbeschränkungen sind ihr daher nicht fremd. Hätten auch die Einweg-Getränkeverpackungen mengenmäßigen Beschränkungen unterworfen werden sollen, wäre auch hierfür eine explizite Regelung zu erwarten gewesen. „Inverkehrbringen" wird zudem in der EG-Richtlinie 94/62/EG an anderer Stelle, namentlich und gerade in Art. 9 I EG-Richtlinie 94/62/EG, durchaus nicht nur qualitativ, sondern auch quantitativ verstanden.

Darüber hinaus widerspräche eine andere Interpretation dem Grundgedanken der Art. 30 ff. EGV, die mengenmäßige Beschränkungen prinzipiell als Ausnahmefälle verstehen.

Art. 9 EG-Richtlinie 94/62/EG läßt weder durch Zwangspfand sanktionierte Mehrwegquoten noch Umweltlizenzen für Einweg-Getränkeverpackungen zu. Ge-

---

3 U. Di Fabio, Vereinbarkeit einer Lizenzregelung für ökologisch nachteilige Getränkeverpackungen mit Verfassungs- und Europarecht. Rechtsgutachten im Auftrag der Bundesministerin für Umwelt, Naturschutz und Reaktorsicherheit, 1996, S. 99 f.

4 Ebenso U. Di Fabio, Vereinbarkeit einer Lizenzregelung für ökologisch nachteilige Getränkeverpackungen mit Verfassungs- und Europarecht. Rechtsgutachten im Auftrag der Bundesministerin für Umwelt, Naturschutz und Reaktorsicherheit, 1996, S. 100. Vgl. allgemein Dicke/Neu, Nationale Umweltpolitik im Konflikt mit dem Europäischen Binnenmarkt?, 1996, S. 118 ff.

5 So aber U. Di Fabio, Vereinbarkeit einer Lizenzregelung für ökologisch nachteilige Getränkeverpackungen mit Verfassungs- und Europarecht. Rechtsgutachten im Auftrag der Bundesministerin für Umwelt, Naturschutz und Reaktorsicherheit, 1996, S. 100 f.

6 Siehe hierzu jüngst EuGH, NJW 1997, 1627 (1629).

mäß Art. 9 II lit. a) EG-Richtlinie 94/62/EG erfüllen Verpackungen „alle grundlegenden Anforderungen dieser Richtlinie", wenn sie den einschlägigen harmonisierten europäischen Normen entsprechen. Auf einzelstaatliche Normen kommt es gemäß Art. 9 II lit. b), III EG-Richtlinie 94/62/EG nur an, wenn der fragliche Bereich nicht durch harmonisierte Normen geregelt ist.

Die EG-Richtlinie 94/62/EG regelt aber das Verhältnis von Ein- und Mehrweg-Getränkeverpackungen grundsätzlich. Ein- und Mehrweg-Systeme sind namentlich in Art. 3 Ziff. 5 EG-Richtlinie 94/62/EG und Art. 5 EG-Richtlinie 94/62/EG angesprochen.

Entscheidend ist daher, ob die Mitgliedstaaten Mehrwegquoten, Zwangspfand oder Umweltlizenzen nach der EG-Richtlinie 94/62/EG einführen können. Hierbei sind namentlich Art. 5 EG-Richtlinie 94/62/EG und Art. 15 EG-Richtlinie 94/62/EG zu prüfen. Eine Einstufung von Mehrwegquoten, Zwangspfand und Umweltlizenzen als Umsetzungsmaßnahmen nach Art. 6, insb. Art. 6 VI oder Art. 7 EG-Richtlinie 94/62/EG scheidet von vorneherein aus, zumal die EG-Richtlinie 94/62/EG klar zwischen Verwertung und Wiederverwendung differenziert[7].

II. Marktwirtschaftliche Instrumente, Art. 15 EG-Richtlinie 94/62/EG

Art. 15 EG-Richtlinie 94/62/EG läßt marktwirtschaftliche Instrumente zu. Die hier zu beurteilenden Mehrwegquoten, das Zwangspfand und die Umweltlizenzen wurden aber als Maßnahmen der Gefahrenabwehr und Wirtschaftsaufsicht qualifiziert[8].

Unabhängig hiervon läßt Art. 15 EG-Richtlinie 94/62/EG ebenso wie Art. 5 EG-Richtlinie 94/62/EG, auf den sogleich einzugehen ist[9], Maßnahmen nur unter Beachtung des EGV zu. In der 18. Erwägung der EG-Richtlinie 94/62/EG wird überdies nochmals ausdrücklich betont, daß Rücknahme-, Sammel- und Verwertungssysteme in den Mitgliedstaaten so beschaffen sein müssen, daß Importprodukte keine Benachteiligung erfahren und gemäß dem Vertrag keine Handelshemmnisse oder Wettbewerbsverzerrungen entstehen. Mehrwegquoten, Zwangs-

---

7 Ebenso U. Di Fabio, Vereinbarkeit einer Lizenzregelung für ökologisch nachteilige Getränkeverpackungen mit Verfassungs- und Europarecht. Rechtsgutachten im Auftrag der Bundesministerin für Umwelt, Naturschutz und Reaktorsicherheit, 1996, S. 83 ff. Ausführlich zur Zulässigkeit abweichender nationaler Regelungen jetzt A. Finckh, Regulierte Selbstregulierung im Dualen System, 1998, S. 349 ff.; Dicke/Neu, Nationale Umweltpolitik im Konflikt mit dem Europäischen Binnenmarkt?, 1996, S. 121 ff.;

8 Vgl. dazu oben im Text sub 5. Teil. – A.A. U. Di Fabio, Vereinbarkeit einer Lizenzregelung für ökologisch nachteilige Getränkeverpackungen mit Verfassungs- und Europarecht. Rechtsgutachten im Auftrag der Bundesministerin für Umwelt, Naturschutz und Reaktorsicherheit, 1996, S. 96 ff.

9 Vgl. dazu unten im Text sub 8. Teil. A. III.

pfand und Umweltlizenzen verstoßen aber – wie sich noch zeigen wird[10] – gegen den EGV.

III. Wiederverwendung, Art. 5 EG-Richtlinie 94/62/EG

Mehrwegquoten, Zwangspfand und Umweltlizenzen könnten zwar grundsätzlich als Maßnahmen zur Förderung der Wiederverwendung von Verpackungen zulässig sein.

Dabei ist allerdings schon mehr als zweifelhaft, ob Mehrwegquoten, Zwangspfand und Umweltlizenzen die tatbestandsmäßigen Voraussetzungen erfüllen: Zum einen sieht sich der Anwendungsbereich des Art. 5 EG-Richtlinie 94/62/EG einer fortschreitenden Einschränkung ausgesetzt, wenn sich immer mehr Einwegverpackungen im Verhältnis zu Mehrwegverpackungen als umweltfreundlicher oder ökologisch gleichwertig erweisen[11]. Zum anderen stellen Mehrwegquoten, Zwangspfand und Umweltlizenzen keine nach Art. 5 EG-Richtlinie 94/62/EG allein zulässige Förderung von Mehrweg dar. Mehrwegquoten, Zwangspfand und Umweltlizenzen beschränken nämlich vielmehr umgekehrt nur den Einweganteil und schreiben den status quo fest.

Unabhängig hiervon scheidet Art. 5 EG-Richtlinie 94/62/EG aber ebenso wie Art. 15 EG-Richtlinie 94/62/EG schon deshalb aus, weil Mehrwegquoten, Zwangspfand und Umweltlizenzen dem EGV widersprechen.

B. EG-Vertrag

Mehrwegquoten, Zwangspfand und Umweltlizenzen verstoßen in mehrfacher Hinsicht auch gegen den EGV.

I. Art. 30 EGV

Mehrwegquoten und Zwangspfand verstoßen gegen Art. 30 EGV[12]. Dies ergibt sich insbesondere auch aus dem Schreiben der EG-Kommission vom Dezember

---

10 Siehe hierzu unten im Text sub 8. Teil. B.

11 Vgl. dazu U. Di Fabio, Vereinbarkeit einer Lizenzregelung für ökologisch nachteilige Getränkeverpackungen mit Verfassungs- und Europarecht. Rechtsgutachten im Auftrag der Bundesministerin für Umwelt, Naturschutz und Reaktorsicherheit, 1996, S. 92 f.

12 Zur Maßstabsfunktion des Art. 30 EGV für nationale umweltpolitische Maßnahmen A. Epiney, ZUR 1995, 24 ff. Aus dem Blickwinkel des nationalen Wettbewerbs und Kartellrechts wird die VerpackV von A. Finckh, Regulierte Selbstregulierung im Dualen System, 1998, S. 139 ff.; K. Becker-Schwarze, Steuerungsmöglichkeiten des Kartellrechts bei umweltschützenden Unternehmenskooperationen, 1997, S. 148 ff.; M. Selmayr, UPR 1998, 99 (100 ff.) beleuchtet.

1995[13] an die Bundesrepublik Deutschland, mit dem ein Vertragsverletzungsverfahren nach Art. 169 EGV eröffnet wurde[14]. Die EU-Kommission hat sich auch gegen den im Bundesrat gescheiterten ersten Entwurf einer Novelle der VerpackV ausgesprochen. Im Zentrum dieser Kritik stehen die Mehrwegquoten und das Zwangspfand, die für ausländische Hersteller, Vertreiber und Abfüller den Zugang zum deutschen Markt behindern[15]. Für Umweltlizenzen ist der gleiche Befund zu stellen, zumal diese ebenso wie die Mehrwegquoten eine Mengenbeschränkung beinhalten und dabei im Verhältnis zu den Mehrwegquoten, die allein relative Mengenbeschränkungen darstellen, als absolute Mengenbeschränkungen sogar noch den weitergehenden Eingriff beinhalten[16].

1. Handelshemmnis

Die in der VerpackV a.F. wie n.F. vorgeschriebenen Mehrwegquoten und das Zwangspfand gelten ebenso wie die Lizenzpflicht sowohl für inländische als auch für Verpackungen aus den Mitgliedstaaten. Sie stellen eine Handelsregelung dar, die geeignet ist, den innergemeinschaftlichen Handel unmittelbar oder mittelbar, tatsächlich oder potentiell zu behindern. Herstellern, Vertreibern und Abfüllern von Einweg-Getränkeverpackungen können hierdurch zusätzliche Kosten entstehen, die den innergemeinschaftlichen Warenverkehr behindern. Mehrwegquoten, Zwangspfand und Umweltlizenzen beschränken die Verwendung von Verpackungen, in denen Füllgut im Ursprungs-Mitgliedstaat rechtmäßig in den Verkehr gebracht werden, oder schließen sie sogar aus.

2. Keine Rechtfertigung der Handelshemmnisse

Die mithin als Handelshemmnisse zu qualifizierenden Mehrwegquoten, das Zwangspfand und die Umweltlizenzen sind überdies auch nicht gerechtfertigt[17], zumal sie sich bereits als unverhältnismäßig erwiesen haben[18].

---

13 Schreiben der Europäischen Kommission an die Bundesrepublik Deutschland vom 12. 12. 1995, Az. 91 / 4489 SG (95) D.

14 Vgl. z. B. den Hinweis hierauf in EuZW 1996, 132.

15 Vgl. Frankfurter Allgemeine Zeitung vom 27. 3. 1997, S. 17.

16 Siehe hierzu auch W. Frenz, Die Verwirklichung des Verursacherprinzips im Abfallrecht, 1996, S. 108 ff.; Öko-Institut e.V., Jenseits vom „Grünen Punkt", 1995, S. 150 ff.

17 Wie hier das Schreiben der Europäischen Kommission an die Bundesrepublik Deutschland vom 12. 12. 1995, Az. 91 / 4489 SG (95) D. Ausführlich zu Art. 30 EGV und der VerpackV jetzt A. Finckh, Regulierte Selbstregulierung im Dualen System, 1998, S. 302 ff.

18 Vgl. dazu bereits oben im Text sub 7. Teil. B. III. 3. c. bb. (3).

II. Art. 85, 86 EGV

Ein entsprechender Befund ergibt sich für Mehrwegquoten, Zwangspfand und Umweltlizenzen im Hinblick auf Art. 85, 86 EGV[19].

Mehrwegquoten, Zwangspfand und Umweltlizenzen veranlassen Unternehmen zur gegenseitigen Abstimmung und in deren Gefolge zur Ausnutzung einer marktbeherrschenden Stellung. Dabei fällt Firmen aus den Mitgliedstaaten die Beachtung der Mehrwegquoten, des Zwangspfandes und der Umweltlizenzen schwerer als Inländern, da sich Mehrweg-Systeme mit zunehmender Distributionsentfernung als nicht nur ökologisch, sondern auch ökonomisch problematisch erwiesen haben[20].

III. Art. 100, 100a EGV

Die EG-Richtlinie 94/62/EG fußt – ausweislich ihres Einleitungssatzes – auf den sog. Binnenmarktartikeln des Art. 100, 100a EGV, insbesondere auf Art. 100a EGV, nicht aber auf den sog. Umweltartikeln, den Artt. 130r-t EGV. Art. 130t EGV scheidet dementsprechend auch als Grundlage für weitergehende Regelungen der Mitgliedstaaten aus[21].

Weitergehende einzelstaatliche Bestimmungen werden auch durch Art. 100a IV EGV nicht zugelassen. Hierfür fehlen sowohl die formellen als auch die materiellen Voraussetzungen. Denn die Mehrwegquoten, das Zwangspfand und die Umweltlizenzen sind – wie bereits dargelegt wurde[22] – jedenfalls in mehrfacher Hinsicht unverhältnismäßig.

---

19 Vgl. dazu insb. M. Schmidt-Preuß, in: Niederleithinger / Werner / Wiedemann (Hrsg.), Festschrift für Otfried Lieberknecht, 1997, S. 549 ff., 567 ff.

20 Siehe hierzu bereits oben im Text sub 3. und 4. Teil. – Insbesondere zu Art. 85, 86 EGV in diesem Zusammenhang ausführlich jüngst A. Finckh, Regulierte Selbstregulierung im Dualen System, 1998, S. 315 ff.; K. Becker-Schwarze, Steuerungsmöglichkeiten des Kartellrechts bei umweltschützenden Unternehmenskooperationen, 1997, S. 228 ff.; W. Frenz, Nationalstaatlicher Umweltschutz und EG-Wettbewerbsfreiheit, 1997, S. 21 ff., 47 ff.

21 A. Renner, ZAU 8 (1995), 180 (184 f.); S. Thomé-Kozmiensky, Die Verpackungsverordnung. Rechtmäßigkeit, „Duales System", Europarecht, 1994, S. 140 ff.; Bünemann / Rachut, Der Grüne Punkt. Eine Versuchung der Wirtschaft, 1993, S. 176 f.

22 Vgl. hierzu bereits oben im Text sub 7. Teil. B. III. 3. c. bb. (3). A. Finckh, Regulierte Selbstregulierung im Dualen System, 1998, S. 352 ff. hält die VerpackV demgegenüber für rechtfertigungsfähig.

C. EG-Verpackungsrichtlinie und Gemeinschaftsgrundrechte

Die Unvereinbarkeit von Mehrwegquoten, Zwangspfand und Umweltlizenzen mit europäischem Primär- und Sekundärrecht kann auch nicht etwa durch eine Änderung der EG-Richtlinie ausgeräumt werden.

Eine ansich mögliche Modifikation der EG-Richtlinie, nach der auch Mehrwegquoten, Zwangspfand und Umweltlizenzen denkbar wären, würde nämlich mit den EG-rechtlichen Grundfreiheiten und Grundrechten kollidieren. Diese entsprechen materiell den deutschen Grundrechten; die für jene angestellten Erwägungen sind daher im wesentlichen identisch.

Namentlich die gemeinschaftsrechtliche Berufsfreiheit und die Eigentumsgarantie waren, der zunächst wirtschaftlichen Ausrichtung der EG entsprechend, bereits frühzeitig anerkannt und konturiert. Sowohl die Berufsfreiheit als auch die Eigentumsgarantie wurden vom EuGH dabei mit einem mit der Rechtslage nach dem deutschen Grundgesetz vergleichbaren Ergebnis konkretisiert. Nach der Rechtsprechung des EuGH stehen insbesondere die gemeinschaftsrechtliche Berufsfreiheit einerseits und die EG-rechtliche Eigentumsgarantie andererseits in einer dem Verhältnis von Art. 12 I GG und Art. 14 I GG entsprechenden Beziehung[23]. Darüber hinaus verlangt der EuGH – insoweit ebenfalls der deutschen Rechtslage entsprechend – auch für die gemeinschaftsrechtliche Berufsfreiheit und Eigentumsgarantie die Beachtung des Verhältnismäßigkeitsprinzips[24].

Dieser Befund gilt in entsprechender Weise auch für die allgemeine Handlungsfreiheit[25] und für den Gleichheitssatz[26].

Die im Zusammenhang mit dem europäischen Grundrechtsschutz anzuführenden Erwägungen entsprechen daher den Ausführungen im Zusammenhang mit den deutschen Grundrechten[27].

---

23 Vgl. dazu bereits ausführlich oben im Text sub 7. Teil. C. I. 1.

24 Siehe hierzu schon Scholz/Langer, Europäischer Binnenmarkt und Energiepolitik, 1992, S. 253 ff. m.w.N.

25 H.-W. Rengeling, Grundrechtsschutz in der Europäischen Gemeinschaft, 1993, S. 135 ff.

26 Vgl. dazu sowie allgemein z. B. E. Chwolik-Lanfermann, Grundrechtsschutz in der Europäischen Union, 1994, S. 69 m. Fußn. 204.

27 Vgl. dazu bereits oben im Text sub 7. Teil. B. – E.

Neunter Teil

Zusammenfassung

Die in § 9 II VerpackV a.F. wie n.F. vorgeschriebenen Mehrwegquoten und das sie sanktionierende Zwangspfand nach § 7 VerpackV a.F. bzw. § 8 I VerpackV n.F. sind weder ökologisch noch ökonomisch hinlänglich fundiert bzw. sinnvoll. Sie sind in der gegebenen bzw. diskutierten Form weder mit nationalem einfachen Recht sowie Verfassungsrecht noch mit europäischem Gemeinschaftsrecht zu vereinbaren. Eben dieser Befund ergibt sich auch für die Einführung von Umweltlizenzen, namentlich in der vom GetränkeverpackungsVO-Konzept vorgesehenen Form.

1. Ökologische Gründe rechtfertigen weder in quantitativer noch in qualitativer Hinsicht die mit den Mehrwegquoten, dem Zwangspfand und den Umweltlizenzen verbundenen Restriktionen der Einweg-Getränkeverpackungen.

a) Quantitativ nehmen Einweg-Getränkeverpackungen zum einen einen nur minimalen Anteil am Gesamtmüllaufkommen ein; zum anderen sind die Anteile von Einweg- und Mehrweg-Getränkeverpackungen in den letzten Jahren konstant geblieben oder haben sich sogar zu Gunsten der Mehrweg-Systeme entwickelt.

b) In qualitativer Hinsicht ist die verbreitete Annahme eines generellen ökologischen Vorteils für Mehrweg-Getränkeverpackungen widerlegt. Die Umweltauswirkungen der Mehrweg-Systeme hängen insbesondere von den jeweiligen Transportentfernungen und der Umlaufhäufigkeit ab. Überdies bedürfen die Mehrweg-Systeme ihrerseits der ökologischen Optimierung.

c) Sowohl die VerpackV n.F. als auch das GetränkeverpackungsVO-Konzept lassen erste Zweifel an der früher apodiktischen Einstufung von Mehrweg-Systemen als ökologisch wertvoll und Einweg-Getränkeverpackungen als umweltfeindlich erkennen. Dennoch halten aber sowohl das GetränkeverpackungsVO-Konzept als auch die VerpackV n.F. an dem prinzipiellen ökologischen Vorrang von Mehrweg-Systemen fest, obwohl dieser auch mit der EG-Richtlinie 94/62/EG unvereinbar ist.

d) Die „Ökobilanz für Getränkeverpackungen“ konnte den ökologischen Vorrang von Mehrweg-Systemen gegenüber Einweg-Getränkeverpackungen nicht bestätigen, obwohl sie hierfür fälschlicherweise häufig in Anspruch genommen wird.

Sie hat vielmehr gezeigt, daß die Umweltauswirkungen von Getränkeverpackungen maßgeblich von den Distributionsentfernungen, den Umlaufzahlen bei Mehrweg-Systemen und der Entsorgungssituation abhängen.

aa) Mangels empirischer Untersuchungen über Distributionsentfernungen und Umlaufzahlen trifft die „Ökobilanz für Getränkeverpackungen“ ihre ökologische Beurteilung auf der Grundlage nicht hinlänglich gesicherten Tatsachenmaterials. Das von der „Ökobilanz für Getränkeverpackungen“ unterstellte Hauptszenario erweist sich dabei ebensowenig als hinreichend verifiziert wie die Variationen. Die im Hauptszenario der „Ökobilanz für Getränkeverpackungen“ zugrunde gelegten Verhältnisse sind für die Bundesrepublik Deutschland nicht repräsenativ.

bb) Dabei erstaunt es zudem, daß die „Ökobilanz für Getränkeverpackungen“ in ihren Variationen immer nur einen von drei Parametern modifiziert und schon hierbei signifikante Veränderungen der ökologischen Einschätzung feststellt. Dies läßt erwarten, daß sich diese Abweichungen bei Veränderung mehrerer Parameter multiplizieren, wenn nicht potenzieren und die in der „Ökobilanz für Getränkeverpackungen“ ausgewiesenen Ergebnisse in deren Gegenteil verkehren.

cc) Die „Ökobilanz für Getränkeverpackungen“ selbst erhebt nicht den Anspruch der Unangreifbarkeit ihres Ergebnisses. Sie betont vielmehr, daß das in der öffentlichen Diskussion jeweils allein zugrunde gelegte Resümee auf wertenden Annahmen beruht, aber in tatsächlicher Hinsicht nicht (voll bzw. hinlänglich) objektivierbar ist.

dd) Bedenklich erscheint das Ergebnis der „Ökobilanz für Getränkeverpackungen“ auch deshalb, weil Einweg-PE-Schlauchbeutel zwar bei pasteurisierter Konsummilch als umweltfreundlich eingestuft werden, nicht aber etwa bei Bier als Füllgut.

ee) Überdies kommt den Ergebnissen der „Ökobilanz für Getränkeverpackungen“ allein retrospektiv Bedeutung zu, da sie neue Getränkeverpackungen, wie namentlich PET-Flaschen – sowohl als Ein- wie auch als Mehrweg-System – außer Acht lassen.

d) Eine sinnvolle Bewertung der Vor- und Nachteile von Einweg-Getränkeverpackungen und Mehrweg-Systemen ist nur anhand von Produktlinienanalysen möglich. Gesetz- und Verordnungsgeber sind daher aufgerufen, ihre Mehrwegpräferenz aufzugeben und stattdessen auf die ökologischen Auswirkungen von Verpackungen unter den jeweiligen konkreten Bedingungen abzustellen. Erforderlich sind daher Vorschriften über die Erstellung und Bewertung von Produktlinienanalysen und hieran anknüpfende Regelungen.

2. Eine wirtschaftswissenschaftliche Betrachtung bestätigt und ergänzt den unter ökologischen Aspekten ermittelten Befund. Unter ökonomischen Aspekten ergab sich für Mehrwegquoten, Zwangspfand, Umweltlizenzen und Umweltabgaben folgendes:

a) Mehrwegquoten

aa) Die Erfassungs-, Sortier- und Verwertungsquoten einerseits und die Mehrwegquoten andererseits sind verschiedenen Quotierungsmodellen zuzuordnen: Die

Mehrwegquoten sind absolute Entscheidungsquoten; die Erfassungs-, Sortier- und Verwertungsquoten stellen sich demgegenüber als relative Ziel- oder Ergebnisquoten dar.

bb) Quotierungen sind wirtschaftswissenschaftlich unerwünscht; als nichttarifäre eigendynamische Instrumente zur Beeinflussung der Wirtschaft vereiteln sie die umfassende Ausgleichsfunktion des Preises und führen zu weiterer staatlicher Reglementierung bzw. Bilaterialisierung des Marktes.

cc) Darüber hinaus wirken die Mehrwegquoten in mehrfacher Hinsicht ambivalent: Sie benachteiligen zum einen Einweg-Getränkeverpackungen und privilegieren Mehrweg-Systeme; zum anderen differenzieren sie auch zwischen Einweg-Getränkeverpackungen, bevorzugen solche innerhalb der Quote und benachteiligen die übrigen.

dd) Die Mehrwegquoten markieren innerhalb der VerpackV a.F. / n.F. auch im Verhältnis zu den Erfassungs-, Sortier- und Verwertungsquoten einen „Systembruch". Während die VerpackV eine selbststeuernde Internalisierung externer Kosten durch Monetarisierung anstrebt, verkörpern die Mehrwegquoten direkte staatliche Eingriffe. Die Mehrwegquoten stellen daher im Verhältnis zu den Erfassungs-, Sortier- und Verwertungsquoten ein aliud dar. Letztere werden – im Gegensatz zu ersteren – flexibel vollzogen, sollen die Selbststeuerung initiieren, geben nur einen „Rahmen" vor und sind temporalisiert.

ee) Die Hersteller und Vertreiber von Einweg-Getränkeverpackungen werden grundlos doppelt – sowohl durch die Rücknahme- und Verwertungspflichten als auch durch die Mehrwegquoten und das sie sanktionierende Zwangspfand – belastet. Zudem ist dem einzelnen Hersteller und Vertreiber von Einweg-Getränkeverpackungen die Einhaltung der Mehrwegquoten unmöglich; diese knüpfen nämlich an das Verhalten der ganzen Gruppe an, ohne daß innerhalb dieser ein rechtlich meßbarer bzw. juristisch operationalisierbarer Verantwortungsverbund bestünde.

ff) Schließlich bewirken die Mehrwegquoten eine Schwächung der Duales System Deutschland AG.

b) Zwangspfand

aa) Die Zwangsbepfandung wird zur Substitution der Einweg-Getränkeverpackungen durch die Mehrweg-Getränkeverpackungen führen. Bei einer Zwangsbepfandung bieten Mehrweg-Getränkeverpackungen nämlich einen eindeutigen Preisvorteil, zumal das Pfandgeld für Mehrweg-Systeme niedriger und den Herstellern und Vertreibern von Mehrweg-Getränkeverpackungen überdies weder die Höhe des Pfandes noch die Bepfandung an sich vorgeschrieben ist.

bb) Darüber hinaus würde das Zwangspfand auf Einweg-Getränkeverpackungen die Konzentration im Einzelhandel fördern, den Getränkehandel umstrukturieren und die Umlaufzahlen bei den Mehrweg-Systemen reduzieren.

cc) Die von der VerpackV vorgeschriebene mehrphasige Zwangsbepfandung wirkt dabei zudem zielwidrig, weil sie zur Auslösung der Pfandgelder zum Rücktransport gebrauchter Einweg-Getränkeverpackungen entlang der Distributionskette zwingt, obwohl die jeweiligen Verpackungen auch vor Ort recycelt werden könnten.

c) Umweltlizenzen

aa) Umweltlizenzen oder Umweltzertifikate sind verbriefte, handelbare Rechte, Umweltressourcen in einem jeweils genau definierten Umfang zu nutzen.

bb) Umweltlizenzen können unterschiedlich ausgestaltet werden. Sie können zum einen zeitlich unbefristet oder befristet erteilt werden. Darüber hinaus und zum anderen können sie unentgeltlich oder entgeltlich – durch Verkauf oder Versteigerung – vergeben werden.

cc) Unabhängig vom Vergabemodus der Umweltlizenzen sind diese problematisch, weil sie

- eine autoritative Festsetzung der zulässigen Umweltnutzung durch den Staat voraussetzen,
- das Unterlassen von Umweltverschmutzungen, das eigentlich eine Selbstverständlichkeit sein sollte, prämiieren,
- Herstellern, Vertreibern und Abfüllern von Einweg-Getränkeverpackungen die erforderliche Planungssicherheit entziehen,
- hohe Vollzugskosten nach sich ziehen,
- Mißbrauchs- und Manipulationsmöglichkeiten eröffnen und zudem
- (jedenfalls in der derzeit diskutierten Form) die Umweltnutzungsrechte nur an die gegenwärtige Generation verteilen, nicht aber für zukünftige sichern.

dd) Bei einer entgeltlichen Vergabe der Umweltlizenzen wird darüber hinaus der Staatsanteil erhöht, bisherige Investitionen werden entwertet und bei einem Verkauf muß der Staat nicht nur den Umfang der zulässigen Umweltnutzung, sondern auch noch den Preis hierfür vorgeben.

ee) Eine unentgeltliche Abgabe der Umweltlizenzen hingegen schließt neue Hersteller, Vertreiber und Abfüller von Einweg-Getränkeverpackungen vom Marktzutritt aus bzw. erschwert diesen jedenfalls nachhaltig. Darüber hinaus werden bei einer kostenfreien Vergabe an die bisherigen Hersteller, Vertreiber und Abfüller von Einweg-Getränkeverpackungen diejenigen begünstigt, die bisher einen hohen Einweganteil hatten, während diejenigen, die schon bislang vorrangig Mehrweg-Getränkeverpackungen herstellten, vertrieben oder abfüllten, für ihr – aus der Perspektive der Mehrweg-Befürworter – vermeintlich besonders umweltfreundliches Verhalten benachteiligt werden.

ff) Bei Erteilung unbefristeter Umweltlizenzen droht zudem eine Stagnation des Umweltschutzniveaus. Will der Staat nämlich die verteilte Gesamtmenge reduzieren, muß er selbst Umweltlizenzen am Markt aufkaufen. Befristete Umweltlizenzen gewährleisten demgegenüber keine hinreichende Planungssicherheit für die Hersteller, Vertreiber und Abfüller von Einweg-Getränkeverpackungen und sind überdies kurz vor Ablauf erheblichen Preisschwankungen unterworfen.

gg) Schließlich droht bei Einführung von Umweltlizenzen ein Konflikt zwischen diesen und ordnungsrechtlichen Anforderungen. Dies gilt insbesondere dann, wenn das Ordnungsrecht dynamisiert ist und z. B. eine zunehmende Mehrwegquote vorschreibt.

d) Umweltabgaben

Die gegen Mehrwegquoten und Umweltlizenzen sprechenden Einwände sind zwar vielfach auch gegenüber Umweltabgaben zu erheben. Umweltabgaben zeichnen sich bei einer Gesamtbewertung aber gleichwohl auch durch einige Vorteile aus.

Umweltabgaben sind – im Gegensatz zu Mehrwegquoten und Umweltlizenzen – ein tarifäres Instrument und überlassen es den Herstellern, Vertreibern und Abfüllern von Einweg-Getränkeverpackungen, ob sie die Produktion, den Vertrieb und die Abfüllung von Einweg-Getränkeverpackungen fortsetzen wollen oder nicht. Darüber hinaus sind Umweltabgaben vergleichsweise flexibel und vollzugsfreundlich.

3. Auch im Rechtssystem sind die durch das Zwangspfand sanktionierten Mehrwegquoten ebenso wie die diskutierten Umweltlizenzen im Verhältnis zur VerpackV a.F. bzw. n.F. im übrigen als „systemwidrig“ zu beurteilen.

a) In den Kontinuen zwischen Wirtschaftsaufsicht und Wirtschaftslenkung einerseits und der Gefahrenabwehr und Gefahrenvorsorge andererseits nähern sich die Mehrwegquoten jeweils den ersteren, die VerpackV a.F. wie n.F. im übrigen und insbesondere die Erfassungs-, Sortier- und Verwertungsquoten jeweils den letzteren an. Die Umweltlizenzen stehen hierbei der Wirtschaftsaufsicht und Gefahrenabwehr sogar noch näher als die Mehrwegquoten. Die Umweltabgaben hingegen sind der Wirtschaftslenkung und Gefahrenvorsorge zuzuordnen.

Die in den Bereichen Wirtschaftsaufsicht / Wirtschaftslenkung und Gefahrenabwehr / Gefahrenvorsorge gefundene Diskrepanz zwischen der VerpackV a.F. wie n.F. als solcher einerseits und den Mehrwegquoten, dem Zwangspfand und den Umweltlizenzen andererseits fußt auf deren unterschiedlicher Verortung im Verhältnis von Staat und Gesellschaft allgemein. Während die VerpackV a.F. / n.F. die gesellschaftliche Selbstregulierung initiieren will, markieren Mehrwegquoten, Zwangspfand und Umweltlizenzen einen Rückfall in das überkommene Ordnungsrecht

Die Erfassungs-, Sortier- und Verwertungsquoten sind zukunftsbezogene dynamische Rahmenregelungen und erfüllen damit die Kriterien der Gefahrenvorsorge als einer prospektiven umfassenden Risikosteuerung.

Die Mehrwegquoten statuieren demgegenüber vergangenheitsbezogene statische Detailregelungen.

Für die Umweltlizenzen gilt dies erst recht, zumal sie nicht nur – wie die Mehrwegquoten – auf einer relativen, sondern auf einer absoluten Mengenbeschränkung beruhen.

b) Diese Qualifizierung der Mehrwegquoten und Umweltlizenzen einerseits und der VerpackV a.F. wie n.F. im übrigen andererseits hat gewichtige Folgen:

aa) Zum einen bringt die VerpackV a.F. / n.F. in den Erfassungs-, Sortier- und Verwertungsquoten die Erwartung zum Ausdruck, daß bei ihrer Einhaltung Herstellung, Vertrieb und Abfüllung von Einweg-Getränkeverpackungen die Schwelle der noch hinnehmbaren ökologischen Folgekosten nicht überschreiten und die Umweltressourcen nicht überbeanspruchen werden. Die Mehrwegquoten und die Umweltlizenzen geraten zu den von den Erfassungs-, Sortier- und Verwertungsquoten begründeten Entwicklungserwartungen in Widerspruch, indem sie an deren Stelle eigene und teilweise gegensätzliche Entwicklungserwartungen statuieren.

bb) Hieraus folgt zum anderen zwangsläufig, daß die Mehrwegquoten ebenso wie die Umweltlizenzen, wenn sich die ihnen zugrunde liegende Erwartung – namentlich der generelle ökologische Vorteil der Mehrweg-Systeme – nicht erfüllt, geändert werden müssen. Eben dies läßt das GetränkeverpackungsVO-Konzept aber gerade nicht zu.

4. Dem Bund kommt für die Mehrwegquoten, das Zwangspfand (§§ 7, 9 VerpackV a.F. bzw. §§ 8 I, 9 VerpackV n.F.) und die Einführung von Umweltlizenzen zwar die Gesetzgebungskompetenz zu (Art. 74 I Nr. 24 bzw. Nr. 11 GG); die entsprechenden gesetzlichen Regelungen sind jedoch sowohl formell als auch materiell angreifbar.

a) Die Bundesregierung hat die einschlägigen §§ 7, 9 VerpackV a.F. erlassen, ohne den Ablauf der in einer vorausgegangenen Zielfestlegung gemäß § 14 II 1 AbfG gesetzten Frist abzuwarten und ohne zu prüfen, ob die in der Zielfestlegung geforderten Mehrwegquoten erreicht worden waren.

b) Mit § 14 II 3 Ziff. 3 AbfG besteht nur eine Ermächtigungsgrundlage für das Zwangspfand, nicht aber für die Mehrwegquoten oder Umweltlizenzen. Das KrW- / AbfG verändert diesen Befund nicht.

aa) AbfG

(1) § 14 II 3 Ziff. 2, 3 AbfG ermächtigt nämlich zum einen nur zu Vorsorgemaßnahmen; zum anderen wird die Abfallentsorgung durch Mehrweg-Getränkeverpackungen im Vergleich mit Einweg-Getränkeverpackungen nicht durchgängig „spürbar entlastet".

(2) Überdies stellt die Quotierung einen spezifischen Eingriff und keine bloße Regelung der Art und Weise des Inverkehrbringens von Verpackungen dar.

(3) § 14 II 3 Ziff. 3 AbfG erlaubt schließlich nur Regelungen über eine Rücknahmepflicht nach Gebrauch.

(4) Auch müssen Verordnungen auf der Grundlage des § 14 II AbfG die Verringerung des durch die Abfallmengen bedingten Deponie- und Landschaftsverbrauchs als Ziel verfolgen.

bb) KrW- / AbfG

(1) Das KrW- / AbfG enthält ebensowenig wie das AbfG eine Ermächtigungsgrundlage für den mit Mehrwegquoten oder Umweltlizenzen verbundenen spezifischen Eingriff. Mehrwegquoten und Umweltlizenzen ordnen nämlich für identische Einweg-Getränkeverpackungen unterschiedliche Rechtsfolgen an. Einweg-Getränkeverpackungen, die sich innerhalb der Mehrwegquoten bewegen bzw. lizenziert sind, dürfen anders als Einweg-Getränkeverpackungen, die außerhalb der Mehrwegquote liegen bzw. nicht lizenziert sind, ohne Einschränkungen produziert werden.

(2) Darüber hinaus begegnen die im KrW- / AbfG vorgesehenen „Änderungsverordnungen" verfassungsrechtlichen Bedenken.

c) Wollte man in § 14 II 3 Ziff. 2, 3 AbfG bzw. im KrW- / AbfG entgegen hiesiger Ansicht eine Ermächtigungsgrundlage auch für die Mehrwegquoten und die Umweltlizenzen erblicken, würde eine derartige Auslegung gegen Art. 80 I 2 GG verstoßen.

5. Unabhängig hiervon kollidieren die Mehrwegquoten, das Zwangspfand und die Umweltlizenzen in ihrer gegebenen bzw. diskutierten Form mit den grundrechtlichen Wertentscheidungen aus Art. 12 I, 14, 3 I GG.

a) Mehrwegquoten, Zwangspfand und Umweltlizenzen stellen eine Indienstnahme der „beteiligten Wirtschaftskreise", d. h. namentlich der Hersteller, Vertreiber und Abfüller von Einweg-Getränkeverpackungen dar.

Die verfassungsrechtliche Zulässigkeit dieser Indienstnahme ist sowohl an den Freiheitsrechten als auch am Gleichheitssatz zu messen. Die Prüfung der Art. 12 I, 14 GG einerseits und die des Art. 3 I GG andererseits überschneiden sich hier partiell; dabei kommt den Anforderungen des Gleichheitssatzes auch und schon innerhalb der Freiheitsrechte entscheidende Bedeutung zu.

Unabhängig hiervon ist die Indienstnahme der „beteiligten Wirtschaftskreise" zum Vollzug der Mehrwegquoten, des Zwangspfands und der Umweltlizenzen schon deshalb verfassungswidrig, weil die Abgrenzung der „beteiligten Wirtschaftskreise" nicht hinreichend bestimmt ist, den „beteiligten Wirtschaftskreisen" die Durchsetzung der Mehrwegquoten und einer verfassungskonformen Vergabe der Umweltlizenzen mangels entsprechender Befugnisse rechtlich unmöglich ist und keine Entschädigung für diese Organisationsleistung vorgesehen ist.

b) Die Mehrwegquoten, das Zwangspfand und die Umweltlizenzen greifen in den Schutzbereich des Art. 12 I GG in verfassungsrechtlich nicht zu rechtfertigender Weise ein.

aa) Dabei stellen Herstellung, Vertrieb und Abfüllung von Einweg-Getränkeverpackungen einerseits und Produktion und Absatz von Mehrweg-Getränkeverpackungen andererseits eigenständige Berufe i. S. d. Art. 12 I GG dar.

bb) Die Eingriffsqualität ergibt sich aus den schon gefundenen Wirkungen der Mehrwegquoten, der Zwangsbepfandung, der Umweltlizenzen und auch der Umweltabgaben.

cc) Im Gegensatz zu dem auf § 14 II 3 Ziff. 3 AbfG beruhenden Zwangspfand halten die Mehrwegquoten den Vorbehalt des formellen Gesetzes ebensowenig ein wie die Umweltlizenzen.

dd) Die Mehrwegquoten verstoßen zudem, ebenso wie das Zwangspfand und die Umweltlizenzen, wenn sie in der im GetränkeverpackungsVO-Konzept vorgesehenen Form verwirklicht werden sollten, gegen das grundrechtliche und rechtsstaatliche Bestimmtheitsgebot.

(1) Bzgl. der Mehrwegquoten ist deren Bezug auf das Jahr 1991 und das Verfahren nach § 9 III VerpackV a.F. bzw. § 9 II 2 - 4 VerpackV n.F. zu unbestimmt. Darüber hinaus legt § 9 II VerpackV a.F. wie n.F. nicht fest, nach welchen Kriterien die nach den Mehrwegquoten ohne Zwangspfand „zulässigen" Einweg-Getränkeverpackungen auf die einzelnen Hersteller, Vertreiber und Abfüller zu verteilen sind, obwohl hier eine staatliche (Verteilungs-)Verantwortung besteht.

(2) Das Zwangspfand kann weder die Anforderungen des allgemeinen Bestimmtheitsgebot noch die des Art. 103 II GG erfüllen. Zu beanstanden sind hier die unzureichende Bestimmtheit der Pfandhöhe und der zivilrechtlichen Ausgestaltung des Zwangspfandes sowie die fehlende Regelung über die Verwaltung der und den Verbleib nicht eingelöster Pfandgelder.

(3) Das GetränkeverpackungsVO-Konzept, das eine Einführung von Umweltlizenzen für Einweg-Getränkeverpackungen vorsieht, erweist sich ebenfalls als zu unbestimmt: Es ist weder hinreichend klar erkennbar, wer die zur Umsetzung herangezogenen „beteiligten Wirtschaftskreise" sind noch wie die „Getränkebereiche", für die die Umweltlizenzen jeweils getrennt zu vergeben sind, bestimmt werden können. Ebenfalls offen ist damit, wie die „lizenzpflichtigen Getränkeverpackungen" zu ermitteln sind, zumal nicht in allen Getränkebereichen „vergleichbare Mehrweg-Getränkeverpackungen" existieren.

ee) Die Stufenzuordnung im Rahmen des Art. 12 I GG ergibt folgendes:

(1) Die Mehrwegquoten und das sie sanktionierende Zwangspfand stellen Berufsausübungsregelungen dar, die tatsächlich aber wie eine objektive Berufswahlregelung wirken und im Hinblick auf die mit ihnen verfolgten Zwecke – Verringe-

rung der erforderlichen Deponiekapazität, Abfallvermeidung, Umweltschutz – trotz der dem Gesetz- und Verordnungsgeber insoweit zukommenden Einschätzungs- und Prognoseprärogative weder geeignet noch erforderlich oder verhältnismäßig i.e.S. sind.

(2) Die Einstufung von Umweltlizenzen hängt von deren Ausgestaltung und den jeweiligen Marktverhältnissen ab.

Werden Umweltlizenzen nur entgeltlich vergeben, sind sie im Verhältnis zu schon tätigen Herstellern, Vertreibern und Abfüllern von Einweg-Getränkeverpackungen als Berufsausübungsregelung zu qualifizieren, wenn diese eine ausreichende Zahl von Umweltlizenzen am Markt erwerben können. Andernfalls liegt nur formal eine Berufsausübungsregelung vor, die materiell aber wie eine Berufswahlregelung wirkt.

Werden – wie dies das GetränkeverpackungsVO-Konzept vorsieht – Umweltlizenzen unentgeltlich an die bisherigen Hersteller, Vertreiber und Abfüller von Einweg-Getränkeverpackungen vergeben, mag die Lizenzpflicht diesen gegenüber nur wie eine Berufsausübungsregelung wirken. Neuen Wettbewerbern gegenüber liegt, namentlich bei der durch das GetränkeverpackungsVO-Konzept vorgesehenen Ausgestaltung, aber eine objektive Berufszulassungsregel oder eine Berufsausübungsregel, die wie eine solche wirkt, vor.

Darüber hinaus können die Umweltlizenzen die weiteren Anforderungen der Geeignetheit, Erforderlichkeit und Verhältnismäßigkeit i.e.S. ebensowenig erfüllen wie die Mehrwegquoten und das Zwangspfand.

(3) Bei den Umweltabgaben ist die jeweilige Ausgestaltung entscheidend.

ff) Die Mehrwegquoten sind aus folgenden Gründen ungeeignet:

- Die Definition der Mehrwegverpackungen in § 3 III VerpackV a.F. ist untauglich, weil sie alle Verpackungen, die – aus welchen (z. B. hygienischen) Gründen auch immer – nach Gebrauch nicht (tatsächlich) mehrfach wiederverwendet werden, als Einwegverpackungen diskriminiert.
- Mehrweg-Systemen kommt gegenüber Einweg-Getränkeverpackungen kein genereller ökologischer Vorteil zu.
- Die Mehrwegquoten differenzieren innerhalb (ökologisch) identischer Einweg-Getränkeverpackungen zwischen jenen unterhalb und solchen über der Mehrwegquote.
- Wegen der offenen Zahl und Verteilung der Einwegkontingente an die konkurrierenden Hersteller und Vertreiber von Einweg-Getränkeverpackungen sind die Mehrwegquoten nicht vollziehbar.
- Die Mehrwegquoten differenzieren nicht nach den bestehenden, stark unterschiedlichen Verhältnissen zwischen Ein- und Mehrwegverpackungen bei den einzelnen Getränkearten.

gg) Das Zwangspfand erweist sich mit folgender Begründung als ungeeignet:

- Die VerpackV knüpft die Zwangsbepfandung an die ihrerseits ungeeigneten Mehrwegquoten an.
- Die Höhe des vorgeschriebenen Pfandgeldes ist unabhängig vom Kaufpreis des verpackten Produkts, ohne Bezug zur (stark divergierenden) Umweltrelevanz der Getränkeverpackungsarten und liegt über dem Pfand für Mehrweg-Getränkeverpackungen.
- Die VerpackV ordnet ein Zwangspfand und die Pfanderstattung bei Rücknahme an, begründet aber keine generelle korrespondierende Rücknahmepflicht.
- § 9 I VerpackV a.F. und n.F. schwächt die Duales System Deutschland AG, weil er für die Freistellung vom Zwangspfand das bloße Bestehen, nicht aber eine Beteiligung der Hersteller und Vertreiber von Einweg-Getränkeverpackungen an einem System i. S. d. § 6 III VerpackV verlangt.

hh) Umweltlizenzen ist ebenfalls und grundsätzlich die Eignung abzusprechen:

- Das GetränkeverpackungsVO-Konzept relativiert die Mehrweg-Präferenz zwar, schafft sie aber nicht ab, zumal Mehrweg-Getränkeverpackungen Maßstab für ökologisch vorteilhafte Verpackungen sind (sein sollen). Dies ist umso mehr deshalb bedenklich, als nicht in allen Getränkebereichen überhaupt Mehrweg-Systeme existieren, das GetränkeverpackungsVO-Konzept jedes Mehrweg-System aber unabhängig von dessen Optimierungsgrad als ökologischen Maßstab heranzieht und diese Mehrweg-Präferenz im Widerspruch zu den Ergebnissen der „Ökobilanz für Getränkeverpackungen" steht.
- Die Umweltlizenzen differenzieren ebenso wie die Mehrwegquoten innerhalb identischer Einweg-Getränkeverpackungen in ökologischer Hinsicht danach, ob eine Lizenz vorliegt oder nicht.
- Lizenzmodelle erfordern einen hohen Vollzugsaufwand. Die vom GetränkeverpackungsVO-Konzept versuchte Überbürdung des Vollzugs auf die „beteiligten Wirtschaftskreise" bleibt ohne Erfolg.
- Lizenzmodelle prämiieren die Unterlassung von Umweltverschmutzungen und machen umweltfeindliches Verhalten zum Regel-, Umweltschonung hingegen zum Ausnahmefall.
- Namentlich das im GetränkeverpackungsVO-Konzept vorgesehene Lizenzmodell führt zu einer Stagnation des Umweltschutzes, da erteilte und unbefristete Lizenzen nicht mehr entzogen werden können.
- Bei einer kostenlosen Vergabe aller oder nahezu aller Umweltlizenzen an bereits tätige Hersteller, Vertreiber und Abfüller von Einweg-Getränkeverpackungen – wie sie insbesondere das GetränkeverpackungsVO-Konzept vorsieht – entfalten Lizenzmodelle überdies einen nachhaltigen, weder ökologisch noch ökonomisch zu rechtfertigenden Konkurrenzschutz.

Bei einer Verwirklichung des GetränkeverpackungsVO-Konzepts werden überdies die bisherigen Hersteller, Vertreiber und Abfüller von Einweg-Getränkeverpackungen begünstigt und diejenigen von Mehrweg-Getränkeverpackungen benachteiligt, da erstere weiterhin Einweg-Getränkeverpackungen produzieren, vertreiben und abfüllen dürfen, während letzteren dieses verunmöglicht wird.

ii) Mehrwegquoten, Zwangspfand und Umweltlizenzen genügen überdies nicht (hinlänglich) den Anforderungen des Grundsatzes der Erforderlichkeit.

(1) Im Hinblick auf die Mehrwegquoten existieren mit Quoten, die nur einzelne Einweg-Getränkeverpackungsarten erfassen, und der Möglichkeit einer Widerlegung der generellen Einstufung von Einweg-Getränkeverpackungen als umweltfeindlich in konkreten Konstellationen Mittel, die im Vergleich zu den Mehrwegquoten milder sind.

(2) Im Hinblick auf die Pfanderhebungspflicht stellt ein einphasiges ein gegenüber dem von der VerpackV a.F. wie n.F. angeordneten mehrphasigen Zwangspfand milderes Mittel dar.

(3) Im Verhältnis zu den Umweltlizenzen erweisen sich schon die Mehrwegquoten als mildere Mittel, zumal letztere relative, erstere aber absolute Mengenbeschränkungen beinhalten.

Schließlich stehen mit den Umweltabgaben im Verhältnis sowohl zu den Mehrwegquoten als auch zum Zwangspfand und den Umweltlizenzen mildere und zudem von der Wirtschaft eher zu tragende Gestaltungsmittel zur Verfügung.

jj) Mehrwegquoten, Zwangspfand und Umweltlizenzen sind schon aus diesen Gründen auch nicht verhältnismäßig i.e.S.; ein Ausgleich zwischen den abzuwägenden Belangen setzt zudem voraus, daß zunächst der Umfang der für Verpackungen zur Verfügung stehenden Umweltressourcen bestimmt wird.

kk) Die angeführten Mängel führen auch dann zur Verfassungswidrigkeit der Mehrwegquoten, des Zwangspfandes und der Umweltlizenzen, wenn und soweit man entgegen hiesiger Ansicht sie als bloße Berufsausübungsregelung qualifizieren wollte.

c) Gegen Art. 14 GG können die Mehrwegquoten und das Zwangspfand ebenso wie die Umweltlizenzen verstoßen, weil sie sowohl in das Sacheigentum als auch in das Recht am eingerichteten und ausgeübten Gewerbebetrieb in verfassungsrechtlich nicht gerechtfertigter Weise einzugreifen imstande sind. Zur Begründung kann hierbei auf die Ausführungen zu Art. 12 I GG verwiesen werden, da die Schranken des Art. 14 GG und diejenigen des Art. 12 I GG nahezu identisch sind.

d) Mehrwegquoten, Zwangspfand und Umweltlizenzen stehen schließlich im Widerspruch zu Art. 3 I GG.

Sie behandeln nicht nur die in ökologischer Hinsicht wesentlich gleichen Ein- und Mehrweg-Getränkeverpackungen ungleich, sondern differenzieren auch zwischen den völlig identischen Einweg-Getränkeverpackungen, durch die die Mehrwegquoten unterschritten werden bzw. für die keine Umweltlizenzen vorliegen einerseits und denjenigen, die die Mehrwegquoten unberührt lassen bzw. für die der Hersteller, Vertreiber oder Abfüller eine Lizenz besitzt, andererseits.

Darüber hinaus beziehen sich die Mehrwegquoten und das Zwangspfand undifferenziert auf die ökologisch stark differierenden Einweg-Getränkeverpackungen und behandeln damit wesentlich Ungleiches gleich.

6. Schließlich entsprechen das Zwangspfand, die Mehrwegquoten und die Umweltlizenzen nicht den Vorgaben des europäischen Gemeinschaftsrechts.

a) Mehrwegquoten, Zwangspfand und Umweltlizenzen stehen im Widerspruch zur EG-Richtlinie 94/62/EG. Sie sind weder nach Art. 5 oder 15 EG-Richtlinie 94/62/EG gerechtfertigt noch kann Art. 9 oder 6 bzw. 7 EG-Richtlinie 94/62/EG ihre Zulässigkeit begründen. Art. 5 und 15 EG-Richtlinie 94/62/EG scheiden hierbei zum einen mangels Tatbestandsmäßigkeit der Mehrwegquoten, des Zwangspfandes und der Umweltlizenzen aus. Darüber hinaus können sie aber auch deshalb nicht herangezogen werden, weil Mehrwegquoten, Zwangspfand und Umweltlizenzen gegen den EGV verstoßen.

b) Mehrwegquoten, Zwangspfand und Umweltlizenzen stehen im Widerspruch zu Art. 30 EGV. Für erstere hat dies auch die EG-Kommission im Rahmen eines Vertragsverletzungsverfahrens festgestellt.

Ein entsprechender Befund ergibt sich im Hinblick auf Art. 85, 86 EGV.

c) Weitergehende einzelstaatliche Regelungen sind in diesem Bereich ausgeschlossen.

d) Darüber hinaus kollidieren Mehrwegquoten, Zwangspfand und Umweltlizenzen mit den europäischen Gemeinschaftsgrundrechten.

Literaturverzeichnis

Alber, S., Ökoprofile von Verpackungen, Forum Ware 1-2/1985, S. 47 ff.

Amt für amtliche Veröffentlichungen der Europäischen Gemeinschaften, Gemeinschaftsrecht im Bereich des Umweltschutzes, Bd. 6: Abfall, Bonn 1996.

Arbeitskreis Recht und Umwelt in der REWE-Zentrale (Hrsg.), EU-Verpackungsrichtlinie und deutsche Verpackungsverordnung. Zur Umsetzungsbedürftigkeit der EU-Richtlinie über Verpackungen und Verpackungsabfälle und Änderung der deutschen Verpackungsverordnung, Köln 1996.

Arndt/Köhler, Rechtspflicht des Verbrauchers zur Nutzung des „Dualen Systems"? Zur Frage des Entsorgungsausschlusses von Verkaufsverpackungen durch kommunale Satzungen, NJW 1993, 1945 ff.

Atzpodien, H. C., Geltung und Grenzen des Vorsorgeprinzips im Abfallrecht, NVwZ 1989, 415 ff.

– Maßnahmen gegen Verpackungen nach dem Abfallgesetz im Lichte des Übermaßverbotes, DB 1987, 727 ff.

– Zielvorgaben zur Vermeidung und Verminderung von Abfallmengen nach § 14 Abfallgesetz als Ausprägung des Kooperationsprinzips, UPR 1990, 7 ff.

Aulehner, J., Einweg – Mehrweg – Irrweg. Mehrwegquote und Zwangspfand in der VerpackV, BB-Beil. 3 zu Heft 12/1995, S. 1 ff.

Backes, C., Das neue Abfallgesetz des Bundes und seine Entstehung, DVBl. 1987, 333 ff.

Badura, P., Wirtschaftsverwaltungsrecht, in: Schmidt-Aßmann (Hrsg.), Besonderes Verwaltungsrecht, 10. Auflage, Berlin/New York 1995, S. 201 ff.

Bartels, E., Abfallrecht. Eine systematische Darstellung, Köln 1987.

Bartling, H., Grüner Punkt: Reformbedarf wettbewerblicher Rahmenbedingungen, WuW 1995, 183 ff.

Becker, J., Informales Verwaltungshandeln zur Steuerung wirtschaftlicher Prozesse im Zeichen der Deregulierung, DÖV 1985, 1003 ff.

Becker-Neetz, G., Rechtliche Probleme der Umweltzertifikatmodelle in der Luftreinhaltepolitik, Frankfurt a.M./Bern/New York/Paris 1988.

Becker-Schwarze, K., Steuerungsmöglichkeiten des Kartellrechts bei umweltschützenden Unternehmenskooperationen. Das Beispiel Verpackungsverordnung, Baden-Baden 1997.

Beckmann, M., Produktverantwortung. Grundsätze und zulässige Reichweite, UPR 1996, 41 ff.

– Rechtsprobleme der Rücknahme- und Rückgabepflichten, DVBl. 1995, 313 ff.

Berg, W., Die Verwaltung des Mangels, Der Staat 15 (1976), 1 ff.

– Mehrwegverpackungs-Pools und Eigentum an umlaufenden Verpackungen, WiB 1995, 935 ff.

Binswanger / Bonus / Timmermann, Wirtschaft und Umwelt, Stuttgart / Berlin / Köln / Mainz 1981.

Blankenagel, A., Umweltzertifikate – Die rechtliche Problematik, in: Wenz / Issing / Hofmann (Hrsg.), Ökologie, Ökonomie und Jurisprudenz, München 1987, S. 71 ff.

Bock, M., Entsorgung von Verkaufsverpackungen und Kartellrecht, WiVerw. 1996, 187 ff.

Boeckle, U., Modelle von Verpackungssystemen. Lebenszyklusorientierte Untersuchung, Wiesbaden 1994.

Boesch, M., Gesamtsystem Verpackung. Grundlage für optimale, integrierte Verpackungsentscheidungen, St. Gallen 1989.

Bohne, E., Informales Verwaltungs- und Regierungshandeln als Instrument des Umweltschutzes, VerwArch 75 (1984), 343 ff.

Bojkow, E., Getränkeverpackung und Umwelt. Auswirkungen der Verpackung von Getränken und flüssigen Molkereiprodukten auf die Umwelt. Daten und Fakten zur Verpackungsdiskussion, Wien / New York 1989.

Bojkow / Schlair, Zur Umweltdiskussion über Einweg-Getränkeverpackungen, 2. Aufl., Wien / New York 1985.

Bonus, H., Instrumente einer ökologieverträglichen Wirtschaftspolitik, in: Binswanger / Bonus / Timmermann, Wirtschaft und Umwelt, Stuttgart / Berlin / Köln / Mainz 1981.

– Marktwirtschaftliche Konzepte im Umweltschutz. Auswertung amerikanischer Erfahrungen im Auftrag des Landes Baden-Württemberg, Stuttgart 1984.

– Wirtschaftswachstum, Umweltressourcen und umweltpolitische Instrumente, in: L. Wegehenkel (Hrsg.), Symposium Umweltprobleme als Herausforderung der Marktwirtschaft – Neue Ideen jenseits des Dirigismus, Köln 1983, S. 19 ff.

Bothe, M., Rechtliche Voraussetzungen für den Einsatz von handelbaren Emissionszertifikaten am Beispiel von SO_2, NVwZ 1995, 937 ff.

Breitenacher / Grefermann / Wurzbacher, Wettbewerbliche Auswirkungen möglicher staatlicher Eingriffe in den Markt für Getränkeverpackungen, München 1986.

Brenck / Rutkowsky u. a., Entsorgungslogistik. Auswirkungen des Kreislaufwirtschafts- und Abfallgesetzes auf logistische Entscheidungen, Göttingen 1996.

Breuer, R., Entwicklungen des europäischen Umweltrechts – Ziele, Wege, Irrwege, Berlin 1993.

– in: Isensee / Kirchhof (Hrsg.), Handbuch des Staatsrechts, Bd. VI, Heidelberg 1989, § 147.

– Strukturen und Tendenzen des Umweltschutzrechts, Der Staat 1981, 393 ff.

Breuer / Faßbender, Kommunale Abfallgebühren und Sortierreste des Dualen Systems der Entsorgung, WiVerw 1995, 1 ff.

Budde, Neuerungen des Kreislaufwirtschaft- und Abfallgesetzes, JA 1993, 613 ff.

Bumke U., Art. 3 GG in der aktuellen Verfassungsreformdiskussion: Zur ergänzenden Änderung des Art. 3 Abs. 2 Grundgesetz, Der Staat 32 (1993), 117 ff.

Bundesministerium für Umweltschutz, Naturschutz und Reaktorsicherheit (BMU), Pressemitteilung 52/93 vom 21. 9. 1993, Bonn 1993.

Bünemann/Rachut, Der Grüne Punkt. Eine Versuchung der Wirtschaft, Heidelberg 1993.

Cansier, D., Gefahrenabwehr und Risikovorsorge im Umweltschutz und der Spielraum für ökonomische Instrumente. Beurteilung aus ökonomischer Sicht, NVwZ 1994, 642 ff.

Carlowitz, C. v., Eine gemeinsame Umweltordnungspolitik für Ost- und Westeuropa. Konzeption eines auf Umweltlizenzen basierenden Policy-Mix-Instrumentariums zur Regulierung von Luftschadstoffen zum Schutz gemeinsamer Umweltressourcen, Frankfurt a.M./Berlin/Bern/New York/Paris/Wien 1997.

Castro/Rösler, Abfallwirtschaft, München 1992.

Chwolik-Lanfermann, E., Grundrechtsschutz in der Europäischen Union, Frankfurt a.M., 1994.

Costa/Franke, Handelsunternehmen im Spannungsfeld umweltpolitischer Anforderungen. Der Weg von der Abfall- zur Kreislaufwirtschaft in der Distribution, München 1995.

Cremer, W., Art. 80 Abs. 1 S. 2 GG und Parlamentsvorbehalt – Dogmatische Unstimmigkeiten in der Rechtsprechung des Bundesverfassungsgerichts, AöR 122 (1997), 248 ff.

Deike, K., Auswirkungen der Umweltschutzpolitik auf die industrielle Produktion, Lohmar 1993.

Dicke/Neu, Nationale Umweltpolitik im Konflikt mit dem Europäischen Binnenmarkt? Das Beispiel der deutschen Verpackungsgesetzgebung, Kiel 1996.

Di Fabio, U., Die Verfassungskontrolle indirekter Umweltpolitik am Beispiel der Verpackungsverordnung, NVwZ 1995, 1 ff.

– Vereinbarkeit einer Lizenzregelung für ökologisch nachteilige Getränkeverpackungen mit Verfassungs- und Europarecht. Rechtsgutachten im Auftrag der Bundesministerin für Umwelt, Naturschutz und Reaktorsicherheit, Trier 1996.

– Verwaltung und Verwaltungsrecht zwischen gesellschaftlicher Selbstregulierung und staatlicher Steuerung, VVDStRL 56 (1997), 235 ff.

Dutz, E., Die Logisitik der Produktverwertung, München 1996.

Eckardt, N., Zeitfragen zur Verpackung. Ökologie-Bilanz zum Thema Einweg-Mehrweg, Dortmund 1989.

Eckert, R. P., Reform des Abfallrechts, NVwZ 1986, 898 ff.

Emslander, T., Das duale Entsorgungssystem für Verpackungsabfall. Ein effizientes Regulierungsinstrument?, Wiesbaden 1995.

Enders, C., Kompensationsregelungen im Immissionsschutzrecht. Zur gesetzlichen Begründung von Emmissionsrechten und ihrer Übertragung nach den Kompensationsregeln des Bundes-Immissionsschutzgesetzes im Bereich der Luftreinhaltung, Berlin 1996.

Endres, A., Umwelt- und Ressourcenökonomie, Darmstadt 1985.

– Umweltzertifikate – die marktwirtschaftliche Lösung?, in: Wenz / Issing / Hofmann (Hrsg.), Ökologie, Ökonomie und Jurisprudenz, München 1987, S. 57 ff.

– Umweltzertifikate: Eine marktwirtschaftliche Alternative im Widerstreit, in: ders. / Rehbinder / Schwarze, Umweltzertifikate und Kompensationslösungen aus ökonomischer und juristischer Sicht, Bonn 1994, S. 1 ff.

Endres / Rehbinder / Schwarze, Umweltzertifikate und Kompensationslösungen aus ökonomischer und juristischer Sicht, Bonn 1994.

Epiney, A., Die Maßstabsfunktion des Art. 30 EGV für nationale umweltpolitische Maßnahmen. Zu den Rückwirkungen der neueren Rechtsprechung des EuGH zu Art. 30 EGV im Bereich des Umweltrechts, ZUR 1995, 24 ff.

– Umweltrecht in der Europäischen Union. Primärrechtliche Grundlagen. Gemeinschaftrechtliches Sekundärrecht, Köln / Berlin / Bonn / München 1997.

EWI Gesellschaft für Europäische Wirtschaftsinformation mbH (Hrsg.), (Mehr) Wege aus der Verpackungskrise. Experten packen aus, o.J.

Ewringmann, D., Zur Effizienz eines Zwangspfandes auf ausgewählte Einweg-Getränkeverpackungen, Köln / Berlin / Bonn / München 1986.

Feess-Dörr / Steger / Weihrauch, Muß Verpackung Abfall sein?, Strategien zur Reduktion der Umweltbelastungen durch Einwegverpackungen, Wiesbaden 1991.

Feldhaus, G., Der Vorsorgegrundsatz des Bundes-Immissionsschutzgesetzes, DVBl. 1980, 133 ff.

– Marktwirtschaft und Luftreinhaltung, DVBl. 1984, 552 ff.

Fikentscher, W., Wirtschaftsrecht, Bd. 2: Deutsches Wirtschaftsrecht, München 1983.

Finckh, A., Regulierte Selbstregulierung im Dualen System. Die Verpackungsverordnung als Instrument staatlicher Steuerung, Baden-Baden 1998.

Fischer / Freytag (Hrsg.), Österreich und das Umweltrecht der Europäischen Union, Wien 1995.

Flanderka, F., Struktur und Ausgestaltung des Dualen Systems in der Bundesrepublik Deutschland, BB 1996, 649 ff.

Forsthoff, E., Zur verfassungsrechtlichen Problematik der Investitionshilfe, BB 1953, 421 ff.

Franke, B., Die UBA-Ökobilanz-Studie für Milchverpackungen, Berlin 1993.

– Umweltprofile von Verpackungen: Was können und was sollten sie leisten?, in: EWI Gesellschaft für Europäische Wirtschaftsinformation mbH (Hrsg.), (Mehr) Wege aus der Verpackungskrise. Experten packen aus, o.J., S. 41 ff.

Franke, M., Umweltauswirkungen durch Getränkeverpackungen, Systematik zur Ermittlung der Umweltauswirkungen von komplexen Prozessen am Beispiel von Einweg- und Mehrweg-Getränkebehältern, Berlin 1984 (Neudruck 1989).

Frenz, W., Das Duale System zwischen öffentlichem und privatem Recht, GewArch 1994, 145 ff.

– Die Abfalleigenschaft von Verpackungen, DÖV 1994, 421 ff.

– Die Verwirklichung des Verursacherprinzips im Abfallrecht, 1996.

– Kreislaufwirtschafts- und Abfallgesetz. Kommentar, Köln / Berlin / Bonn / München 1996.

– Nationalstaatlicher Umweltschutz und EG-Wettbewerbsfreiheit, Köln / Berlin / Bonn / München 1997.

– Verordnungen zum Kreislaufwirtschafts- und Abfallgesetz, Köln / Berlin / Bonn / München 1996.

Frey, R. L., Umweltschutz mit Marktwirtschaft, in: M. Lendi (Hrsg.) Umweltpolitik. Strukturelemente in einem dynamischen Prozeß, Zürich 1991, S. 43 ff.

Frotscher, W., Wirtschaftsverfassungs- und Wirtschaftsverwaltungsrecht, 2. Aufl., München 1994.

Füllgraff, G., Stoffstrommanagement: Perspektiven für einen nachhaltigen Umgang mit Stoff- und Materialströmen, in: Kreibich / Atmatzidis / Behrendt (Hrsg.), Wirtschaften in Kreisläufen. Ökologisches Produktmanagement, Weinheim / Basel 1996, S. 29 ff.

Fußer / Golding, Das unverpackte Warenhaus – BUND-Shop-Check Verpackung bei Hertie, in: Golding / Fußer (Hrsg.), Verpackungen. Umweltbelastungen und Strategien zur Vermeidung, Heidelberg 1992, S. 169 ff.

Gawel, E., Ökonomie der Umwelt – ein Überblick über neuere Entwicklungen, ZAU 1994, 37 ff.

Gawel, E., Umweltpolitik durch gemischten Instrumenteneinsatz. Allokative Effekte instrumentell diversifizierter Lenkungsstrategien für Umweltgüter, Berlin 1991.

Gethmann, C. F., Ethische Probleme der Verteilungsgerechtigkeit im Umweltstaat, in: Gethmann / Kloepfer / Reinert, Verteilungsgerechtigkeit im Umweltstaat, Bonn 1995, S. 1 ff.

Gethmann / Kloepfer / Reinert, Verteilungsgerechtigkeit im Umweltstaat, Bonn 1995.

Gick, W., Zertifikate – ein geeigneter Weg in der Umweltpolitik?, München 1996.

Giesberts, L., Rücknahmepflichten für gebrauchte Produkte, BB 1993, 1376 ff.

Golding, A., Umweltauswirkungen durch Verbundverpackungen für Milch und Fruchtsäfte, in: ders. / Fußer (Hrsg.), Verpackungen. Umweltbelastungen und Strategien zur Vermeidung, Heidelberg 1992.

Golding / Fußer (Hrsg.), Verpackungen. Umweltbelastungen und Strategien zur Vermeidung, Heidelberg 1992

Görlitz / Voigt, Rechtspolitologie – eine Einführung, München 1985.

Grimm, D. (Hrsg.), Staatsaufgaben, Baden-Baden 1994.

Groeben, v. d. / Thiesing / Ehlermann, Kommentar zum EWG-Vertrag, Bd. 3, 4. Aufl. Baden-Baden, 1991.

Gröschner, R., Das Überwachungsrechtsverhältnis. Wirtschaftsüberwachung in gewerbepolizeirechtlicher Tradition und wirtschaftsverwaltungsrechtlichem Wandel, Tübingen 1992.

Gubelt, M., in: v. Münch / Kunig (Hrsg.), Grundgesetz-Kommentar, Bd. 1, 4. Aufl. München 1992, Art. 12

Hagemeister, A. v., Die Privatisierung öffentlicher Aufgaben, Eine verfassungs- und verwaltungsrechtliche Abhandlung unter Zugrundelegung des Verfassungs- und Verwaltungsrechts der Republik Österreich und der Bundesrepublik Deutschland, München 1992

Hansen-Dix, F., Die Gefahr im Polizeirecht, im Ordnungsrecht und im Technischen Sicherheitsrecht, Köln / Berlin / Bonn / München 1982.

Hansmeyer, K.-H., Abgaben und steuerliche Instrumente der Umweltpolitik – Wirkungsweise, Erfahrungen, Möglichkeiten, ZfU 1987, 251 ff.

Hansmeyer / Schneider, Umweltpolitik. Ihre Fortentwicklung unter marktsteuernden Aspekten, 2. Aufl. Göttingen 1992.

Häußler, G., Das Vorsorge- / Präventionsprinzip in der umweltpolitischen Praxis unter besonderer Berücksichtigung der Produktlinienanalyse, Frankfurt a.M. 1994.

Heimburg, S. v., Verwaltungsaufgaben und Private, Berlin 1982.

Heister / Michaelis u. a., Umweltpolitik mit handelbaren Emissionsrechten, Möglichkeiten zur Verringerung der Kohlendioxid- und Stickoxidemissionen, Tübingen 1991.

Henderson / Quandt, Mikroökonomische Theorie, 3. Aufl. München 1973.

Hirschfeld, S. M., Staatlich initiierte Monopole und Verfassungsrecht – das Beispiel Verpackungsverordnung, Baden-Baden 1997.

Hochreiter, W., Streitobjekt Verpackungsverordnung. Mehr Umweltschutz durch Deregulierung und Privatisierung öffentlicher Aufgaben?, Wien / New York 1995.

Hoffmann, M., Verfassungsrechtliche Anforderungen an Rechtsverordnungen zur Produktverantwortung nach dem Kreislaufwirtschaft- und Abfallgesetz, DVBl. 1996, 347 ff.

Hoffmann-Riem, W., Ermöglichung von Flexibilität und Innovationsoffenheit im Verwaltungsrecht, in: ders. / Schmidt-Aßmann (Hrsg.) Innovation und Flexibilität des Verwaltungshandelns, Baden-Baden 1994, S. 9 ff.

– Verwaltungsreform – Ansätze am Beispiel des Umweltschutzes, in: ders. / Schmidt-Aßmann / Schuppert (Hrsg.), Reform des Allgemeinen Verwaltungsrechts. Grundlagen, Baden-Baden 1993, S. 115 ff.

Hoffmann-Riem / Schmidt-Aßmann (Hrsg.), Innovation und Flexibilität des Verwaltungshandelns, Baden-Baden 1994.

Hoffmann-Riem / Schmidt-Aßmann / Schuppert (Hrsg.), Reform des Allgemeinen Verwaltungsrechts. Grundlagen, Baden-Baden 1993.

Hölscher, F., Öffentliche und private Abfallentsorgung. Ihre Stellung nach dem Abfallgesetz und dem Kreislaufwirtschaftsgesetz, ZUR 1995, 176 ff.

Hösel / v. Lersner, Recht der Abfallbeseitigung des Bundes, der Länder und der Europäischen Union. Kommentar zum Kreislaufwirtschafts- und Abfallgesetz, Nebengesetze und sonstige Vorschriften, Loseblattausgabe, Berlin, Stand: 1997.

Huckestein, B., Effizienzbedingungen ökonomischer Instrumente in der EU-Umweltpolitik, Voraussetzungen für den Einsatz von Umweltabgaben und -lizenzen auf Gemeinschaftsebene, Berlin 1996.

Hulpke/Koch/Wagner (Hrsg.), Römpp Lexikon Umwelt, Stuttgart 1993.

Huster, S., Frauenförderung zwischen individueller Gerechtigkeit und Gruppenparität, AöR 118 (1993), 109 ff.

Huster, S., Gleichheit und Verhältnismäßigkeit, JZ 1994, 541 ff.

ifo-Institut, Förderung ökologisch sinnvoller Getränkeverpackungen, München 1996.

Isensee/Kirchhof (Hrsg.), Handbuch des Staatsrechts, Bd. III, Heidelberg 1988.

– Handbuch des Staatsrechts, Bd. VI, Heidelberg 1989.

Jani, M., Die partielle Inpflichtnahme Privater zu Handlungs- und Leistungspflicht. Eine Untersuchung von Aufgabenüberbürdungen insbesondere im Kommunalrecht unter besonderer Berücksichtigung der Rechtslage in Schleswig-Holstein, Pfaffenweiler 1992.

Jarass, H. D., in: ders./Pieroth, Kommentar zum Grundgesetz, 3. Aufl. München 1995, Art. 20.

– Wirtschaftsverwaltungsrecht und Wirtschaftsverfassungsrecht, 2. Aufl. Neuwied 1984.

Jarass/Pieroth, Kommentar zum Grundgesetz, 3. Aufl. München 1995.

Jekewitz, J., Regelungstechnische Ungereimtheiten des neuen Abfallrechts, ZG 1995, 40 ff.

– Zielfestlegungen nach § 14 Abs. 2 Abfallgesetz – ein Regelungsinstrument mit fraglichem Rechtscharakter, DÖV 1990, 51 ff.

Kahl, W., Die Privatisierung der Entsorgungsordnung nach dem Kreislaufwirtschafts- und Abfallgesetz, DVBl. 1995, 1327 ff.

Kemper, M., Das Umweltproblem in der Marktwirtschaft, 2. Aufl., Berlin, 1993.

Kersting, A., Das Kreislaufwirtschafts- und Abfallgesetz – eine Chance?, DVBl. 1994, 273 ff.

Kiethe/Sproll, Die Privatisierung der Abfallentsorgung am Beispiel der Verpackungsverordnung, ZIP 1994, 275 ff.

Klages, C. Rechtliche Instrumente zur Abfallvermeidung, NVwZ 1988, 481 ff.

Klöckner, H., Verpackung – Fluch oder Segen?, Gladenbach 1992.

Kloepfer, M., Die Belastung von Endverbrauchern aufgrund der Verpackungsverordnung als Verfassungsproblem. Zur Verfassungsmäßigkeit der mittelbaren Kostenbelastung der Endverbraucher aufgrund der Einführung flächendeckender Entsorgungssysteme nach § 6 Abs. 3 VerpackV, Rechtsgutachten, 1993, Typoskript.

– Umweltrecht, München 1989.

– Zu den neuen umweltrechtlichen Handlungsformen des Staates, JZ 1991, 737 ff.

Kloepfer/Reinert, Umweltprobleme als Verteilungsprobleme in rechtlicher Sicht, in: Gethmann/Kloepfer/Reinert, Verteilungsgerechtigkeit im Umweltstaat, Bonn 1995, S. 23 ff.

– Zuteilungsgerechtigkeit im Umweltstaat aus juristischer Sicht, in: Gethmann/Kloepfer/Reinert, Verteilungsgerechtigkeit im Umweltstaat, Bonn 1995, S. 47 ff.

Kloepfer/Wimmer, Die Belastung von Endverbrauchern aufgrund der Verpackungsverordnung als Verfassungsproblem, UPR 1993, 409 ff.

Koenig, C., Die öffentlich-rechtliche Verteilungslenkung, Berlin 1994.

– Möglichkeiten und Grenzen von Zertifikatsmärkten als Steuerungsmedien im Umweltrecht, DÖV 1996, 943 ff.

Konrad, K., Kommunale Verpackungssteuern – Ausweg oder Irrweg der Abfallpolitik?, BayVBl. 1997, 353 ff.

Konrad, K., Verfassungsfragen kommunaler Verpackungssteuersatzungen, BB 1995, 1109 ff.

– Das Duale Entsorgungssystem als Streßfaktor für die Verpackungswirtschaft, München 1994.

Konzak, Die Änderungsvorbehaltsverordnung als neue Mitwirkungsform des Bundestages beim Erlaß von Rechtsverordnungen, DVBl. 1994, 1107 ff.

Kormann, J. (Hrsg.), Abfallrecht und Abfallwirtschaft. Expertenbeiträge aus rechtlicher und wirtschaftlicher Sicht, München 1993.

Krahnefeld, L., Die abfallrechtlichen Entsorgungspflichten – Eine vergleichende Betrachtung der Regelungen über die Entsorgungspflicht des Abfallgesetzes und des neuen Kreislaufwirtschafts- und Abfallgesetzes –, NuR 1996, 269 ff.

Krämer, L. in: v.d.Groeben / Thiesing / Ehlermann, Kommentar zum EWG-Vertrag, Bd. 3, 4. Aufl. Baden-Baden 1991, vor Art. 130r – Art. 130t.

Kreibich, R., Wirtschaften in Kreisläufen: Voraussetzung für eine zukunftsfähige Wirtschaft, in: ders. / Atmatzidis / Behrendt (Hrsg.), Wirtschaften in Kreisläufen. Ökologisches Produktmanagement, Weinheim / Basel 1996, S. 13 ff.

Kreibich / Atmatzidis / Behrendt (Hrsg.), Wirtschaften in Kreisläufen. Ökologisches Produktmanagement, Weinheim / Basel 1996.

Krendlesberger, W., Handelbare Belastungsrechte in der Umweltpolitik. Theorieorientierte Untersuchung mit Schwerpunkt Österreich, Wien 1996.

Kruse, A., Verfassungsmäßigkeit von Frauenquoten im öffentlichen Dienst, DÖV 1991, 1002 ff.

Kunig, P., Von der Wegwerfgesellschaft zur Kreislaufwirtschaft: Überlegungen zum Stoffstromrecht, UTR 1994, 277 ff.

Kunig / Schwermer / Versteyl, Abfallgesetz. Kommentar, 2. Aufl. München 1992.

Kursawa-Stucke / Liebert / Jensen, Der Grüne Punkt und die Recycling-Lüge. Abfallwirtschaft in der Krise, München 1994.

Ladeur, K.-H., Das Umweltrecht der Wissensgesellschaft. Von der Gefahrenabwehr zum Risikomanagement, Berlin 1995.

Lange, K., Quote ohne Gesetz? – Zur Quotenentscheidung des OVG NW, NVwZ 1990, 135 ff.

Langer, S., Ansprüche aus Freiheitsrechten als Appell zur politischen Verantwortung?, NJW 1990, 1328 ff.

– Strukturfragen der Berufsfreiheit, JuS 1993, 203 ff.

Langer, T., Monopole als Handlungsinstrumente der öffentlichen Hand, Berlin 1998.

Lübbe-Wolff, G., Modernisierung des Umweltordnungsrechts. Vollziehbarkeit – Deregulierung – Effizienz, Bonn 1996.

Lundholm / Sundström, Ressourcen- und Umweltbeeinflussung Tetrabrik Aseptic Kartonverpackungen sowie Pfandflaschen und Einwegflaschen aus Glas, 1985.

– Tetrabrik Aseptic Umweltprofil, 1985.

Lendi, M. (Hrsg.), Umweltpolitik. Strukturelemente in einem dynamischen Prozeß, Zürich 1991.

Lüder, K. (Hrsg.), Staat und Verwaltung. Fünfzig Jahre Hochschule für Verwaltungswissenschaften Speyer, Berlin 1997.

Maidowski, U., Umgekehrte Diskriminierung, Berlin 1989.

Maier-Rigaud, G., Umweltpolitik mit Mengen und Märkten, Marburg 1994.

Mangoldt v. / Klein / Starck, Das Bonner Grundgesetz, Bd. 1, 3. Aufl. München 1985.

Martens, W., Grundrechte im Leistungsstaat, VVDStRL 30 (1972), 7 ff.

Martinek, M., Das Flaschenpfand als Rechtsproblem, JuS 1987, 514 ff.

Maunz / Dürig, Kommentar zum Grundgesetz, München, Stand: 1996.

Meier, G., Der deutsche Einzelhändler – Müllmann der Nation? Zur Verfassungswidrigkeit der §§ 6 - 8 der VerpackVO, BB 1995, 2381 ff.

Meinecke, I., Die deutsche Verpackungsverordnung und die mittelständische Verpackungsindustrie – Auswirkungen und strategische Reaktionsmöglichkeiten, Bamberg 1995.

Merkel, A., Grundzüge der geplanten Novelle der Verpackungsverordnung, BayHbm. 1997, 132 ff.

Meßerschmidt, K., Umweltabgaben als Rechtsproblem, Berlin 1986.

Mevissen, K., Mehrwegsysteme für Verpackungen. Probleme und Gestaltungsansätze in der Konsumgüterwirtschaft, Wiesbaden 1996.

Meyer, S., Gebühren für die Nutzung von Umweltressourcen. Unzulässiger Preis für Freiheitsausübung oder zulässiges Bewirtschaftungsinstrument?, Berlin 1995.

Michaelis, P., Ökonomische Aspekte der Abfallgesetzgebung, Tübingen 1993.

Müller / Holst, Raumordnung und Abfallbeseitigung, München 1987.

Münch, v. / Kunig (Hrsg.), Grundgesetz-Kommentar, Bd. 1, 4. Aufl. München, 1992.

Murswiek, D., Die Ressourcennutzungsgebühr – Zur rechtlichen Problematik des Umweltschutzes durch Abgaben –, NuR, 1994, 170 ff.

Murswiek, D., Die staatliche Verantwortung für die Risiken der Technik, Berlin 1985.

Mußgnug, R., Die Rechtsverordnung zwischen Regierung und Parlament – Drei Fälle aus dem Umfeld des Art. 80 GG, JuS 1993, 291 ff.

Niederleithinger / Werner / Wiedemann (Hrsg.), Festschrift für Otfried Lieberknecht zum 70. Geburtstag, München 1997.

Oebbecke, J., Die staatliche Mitwirkung an gesetzesabwendenden Vereinbarungen, DVBl. 1986, 793 ff.

Öko-Institut e.V., Jenseits vom „Grünen Punkt". Alternativen zu Verpackungsverordnung und Grünem Punkt, Darmstadt 1995.

Ossenbühl, F., Die Erfüllung von Verwaltungsaufgaben durch Private, VVDStRL 29 (1971), 137 ff.

– in: Isensee / Kirchhof (Hrsg.), Handbuch des Staatsrechts, Bd. III, Heidelberg 1988, § 64.

Papier, H.-J., in: Maunz / Dürig, Kommentar zum Grundgesetz, München Stand: 1996, Art. 14.

– Mehrwegkampagnen der Kommunen in öffentlich-rechtlicher Beurteilung, VerwArch 84 (1993), 417 ff.

– Umweltschutz und technische Sicherheit im Unternehmen als Aufgabe des Staates, UTR 26 (1993), 105 ff.

Papier / Möller, Das Bestimmtheitsgebot und seine Durchsetzung, AöR 122 (1997), 177 ff.

Petersen / Rid, Das neue Kreislaufwirtschafts- und Abfallgesetz, NJW 1995, 7 ff.

Petersen / Stöhr / Kracht, Das untergesetzliche Regelwerk zum Kreislaufwirtschafts- und Abfallgesetz, DVBl. 1996, 1161 ff.

Pfarr / Fuchsloch, Verfassungsrechtliche Beurteilung von Frauenquoten, NJW 1988, 2201 ff.

Philipp, A., Duales System, Rücknahmepflicht und Pfandregelung, Mainz 1993.

Pieroth / Schlink, Grundrechte. Staatsrecht II, 12. Aufl., Heidelberg 1996.

Pitschas, R., Verwaltungsverantwortung und Verwaltungsverfahren, München 1990.

– Duale Umweltverantwortung von Staat und Wirtschaft, in: K. Lüder (Hrsg.), Staat und Verwaltung, Berlin 1997, 269 ff.

Pöll / Schneider, Einweg-Mehrweg-Verpackungsdiskussion, Ökonomische und abfallwirtschaftliche Beurteilung von Mehrweg-Quoten am Beispiel Fruchtsaft, Wien 1992.

Preuß, U. K. in: D. Grimm (Hrsg.), Staatsaufgaben, Baden-Baden 1994, S. 523 ff.

Püchert, H., Ein Ansatz zur strategischen Planung von Kreislaufwirtschaftssystemen. Dargestellt für das Altautorecycling und die Eisen- und Stahlindustrie, Wiesbaden 1996.

Rehbinder, E., Übertragbare Emissionsrechte aus juristischer Sicht Teil I: Herkömmliche Kompensationen im Bereich der Luftreinhaltung, in: Endres / Rehbinder / Schwarze, Umweltzertifikate und Kompensationslösungen aus ökonomischer und juristischer Sicht, Bonn 1994, S. 28 ff.

– Übertragbare Emissionsrechte aus juristischer Sicht Teil II: Umweltlizenzen (Zertifikate) im Bereich der Luftreinhaltung, in: Endres / Rehbinder / Schwarze, Umweltzertifikate und Kompensationslösungen aus ökonomischer und juristischer Sicht, Bonn 1994, S. 92 ff.

– Übertragbare Emissionsrechte aus juristischer Sicht Teil III: Kompensationen und Umweltlizenzen (Zertifikate) außerhalb des Bereichs der Luftreinhaltung, in: Endres / Rehbinder / Schwarze, Umweltzertifikate und Kompensationslösungen aus ökonomischer und juristischer Sicht, Bonn 1994, S. 216 ff.

Rengeling, H.-W., Die immissionsschutzrechtliche Vorsorge als Genehmigungsvoraussetzung, DVBl. 1982, 622 ff.

– Grundrechtsschutz in der Europäischen Gemeinschaft. Bestandsaufnahme und Analyse der Rechtsprechung des Europäischen Gerichtshofes zum Schutz der Grundrechte als allgemeine Rechtsgrundsätze, München 1993.

Renner, A., Verpackungspolitik zwischen Harmonisierung und Systemwettbewerb. Das Duale System im Wettbewerb nationaler Verpackungspolitiken unter den Rahmenbedingungen der EU-Verpackungsrichtlinie vom 20. Dezember 1994, ZAU 8 (1995), 180 ff.

Rieckmann, K., Ökobilanzen. Studien und Faltblätter über Getränkeverpackungen im Vergleich, 1990.

Riesenkampff, A., Die private Abfallentsorgung und das Kartellrecht, BB 1995, 833 ff.

Rodi, M., Umweltsteuern. Das Steuerrecht als Instrument der Umweltpolitik, Baden-Baden 1993.

Römer, A. U., Weg von der Wegwerfgesellschaft? Einige Anmerkungen zur Verpackungsverordnung und zum Dualen System, ZfU 1994, 75 ff.

Roth, G., Die Gefahrenvorsorge im sozialen Rechtsstaat, Berlin 1968.

Rottmann, F., Der Vorbehalt des Gesetzes und die grundrechtlichen Gesetzesvorbehalte, EuGRZ 1985, 277.

Rubik, Ein Überblick: Ökologische Produktbilanzierung, in: K. Westermann (Hrsg.), Verpackung aus nachwachsenden Rohstoffen, 1992.

Rupp, H. H., Rechtsverordnungsbefugnis des Deutschen Bundestages?, NVwZ 1993, 756 ff.

Schäfers, M., Grünes Bild mit groben Rastern, Frankfurter Allgemeine Zeitung vom 29. 3. 1997, S. 13

Scheelhaase, J., Abgaben und Zertifikate als Instrumente zur CO_2-Reduktion in der EG – Ausgestaltung und regionalwirtschaftliche Wirkungen, München 1994.

Schink, A., Auswirkungen des Kreislaufwirtschafts- und Abfallgesetzes auf die Entsorgungsstrukturen, DÖV 1995, 881 ff.

– Der Entwurf der EG-Richtlinie über Verpackungen und Verpackungsabfälle – reif für ein Recycling?, in: J. Kormann (Hrsg.), Abfallrecht und Abfallwirtschaft. Expertenbeiträge aus rechtlicher und wirtschaftlicher Sicht, München 1993, S. 19 ff.

– Öffentliche und private Entsorgung, NVwZ 1997, 435 ff.

– Von den Schwierigkeiten der Kommunen mit dem Kreislaufwirtschafts- und Abfallgesetz, ZG 1996, 97 ff.

Schliessner, U., Entwurf einer EG-Richtlinie über Verpackungen und Verpackungsabfall und mögliche Auswirkungen auf die deutsche Verpackungsverordnung, EuZW 1993, 52 ff.

Schmidt, A., Die Anwendbarkeit der umweltökonomischen Lizenzlösung auf die Umweltbelastungen durch den zivilen Luftverkehr, Frankfurt a.M. 1994.

Schmidt, R., Öffentliches Wirtschaftsrecht – Allgemeiner Teil, Berlin 1990.

Schmidt-Aßmann, E., (Hrsg.), Besonderes Verwaltungsrecht, 10. Auflage, Berlin / New York 1995.

Schmidt-Aßmann, E., Flexibilität und Innovationsoffenheit als Entwicklungsperspektiven des Verwaltungsrechts, in: Hoffmann-Riem / Schmidt-Aßmann (Hrsg.) Innovation und Flexibilität des Verwaltungshandelns, Baden-Baden 1994, S. 407 ff.

Schmidt-Preuß, M., Verpackungsverordnung und Kartellrecht, in: Niederleithinger / Werner / Wiedemann (Hrsg.), Festschrift für Otfried Lieberknecht zum 70. Geburtstag, München 1997, S. 549 ff.

– Verwaltung und Verwaltungsrecht zwischen gesellschaftlicher Selbstregulierung und staatlicher Steuerung, VVDStRL 56 (1997), 160 ff.

Schmitt Glaeser, W., Abbau des tatsächlichen Gleichberechtigungsdefizits der Frauen durch gesetzliche Quotenregelungen, München 1982.

Schmitz / Oels / Tiedemann, Ökobilanz für Getränkeverpackungen, Berlin 1995.

Schnapp, F. E., in: v. Münch / Kunig, GG, Bd. 1, 4. Aufl. München 1992.

Scholz, R., Das Wesen und die Entwicklung der gemeindlichen öffentlichen Einrichtungen, Berlin 1967.

– in: Maunz / Dürig, Kommentar zum Grundgesetz, München, Stand: 1996, Art. 12.

– in: Maunz / Dürig, Kommentar zum Grundgesetz, München, Stand: 1996, Art. 20a.

– Wettbewerbsregeln und öffentliche Hand, ZHR 132 (1969), 97 ff.

– Wirtschaftsaufsicht und subjektiver Konkurrentenschutz, Berlin 1971.

Scholz / Aulehner, Grundfragen zum Dualen System. Verfassungsprobleme und Erneuerung, BB 1993, 2250 ff.

Scholz / Bismark, in: Schule im Rechtsstaat, Bd. II, Gutachten für die Kommission Schulrecht des DJT, München 1980, S. 73 ff.

Scholz / Langer, Europäischer Binnenmarkt und Energiepolitik, Berlin 1992.

Schreier, A., Die Auswirkungen des EG-Rechts auf die deutsche Abfallwirtschaft. Umsetzungsdefizite und gesetzgeberischer Handlungsbedarf, Berlin 1994.

Schuppert, G. F., Die Erfüllung öffentlicher Aufgaben durch verselbständigte Verwaltungseinheiten, Göttingen 1981.

Schutt, W., Die Anhörung vor abfallgesetzlichen Zielvorgaben und Rechtsverordnungen, NVwZ 1991, 10 ff.

Selke, S., Verpackung und Umwelt. Alternativen, Trends, Lösungen, Hamburg 1992.

Selmayr, M., Wettbewerbswidrige Praktiken bei der Entsorgung von Verkaufsverpackungen im Rahmen des „Dualen Systems“, UPR 1998, 99 ff.

Sellner, D., Zum Vorsorgegrundsatz im Bundesimmissionsschutzgesetz, NJW 1980, 1255 ff.

Sommermann, K.-P., Verordnungsermächtigung und Demokratieprinzip. Verfassungsrechtliche Grenzen parlamentarischer Änderungsvorbehalte, JZ 1997, 434 ff.

Spies, R., Von der Kooperation in der Abfallpolitik zur staatlich flankierten Selbstorganisation: Das Duale System, in: Staatswissenschaften und Staatspraxis 5 (1994), 267 ff.

Stahl, M., Das Problem der Regionalisierung im Konzept marktwirtschaftlicher Umweltpolitik mit Schadstoffzertifikaten, Köln 1989.

Stähler, F., Kollektive Umweltnutzungen und individuelle Bewertung, Heidelberg 1991.

Starck, C., in: v.Mangoldt / Klein / Starck, Das Bonner Grundgesetz, Bd. 1, 3. Aufl. München 1985.

Steger / Feess-Dörr, Strategien zur Stabilisierung und Ausweitung der Mehrwegsysteme in der Getränkedistribution, Wiesbaden 1988.

Stein, E., Die Wirtschaftsaufsicht, Tübingen 1967.

Steinberg, R., Probleme der Europäisierung des deutschen Umweltrechts, AöR 120 (1995), 549 ff.

Strecker / Berndt, Kommentar zur Verpackungsverordnung, Heidelberg 1992.

Studenroth, Einflußnahme des Bundestages auf Erlaß, Inhalt und Bestand von Rechtsverordnungen, DÖV 1995, 525 ff.

Sturm, N., Fruchtsaftverpackungen im ökologischen Vergleich. Ein Diskussionsbeitrag aus der Sicht des Abfüllers, o.J.

Sturm, N., Zur Umweltverträglichkeit von Getränkeverpackungen, Eine Studie aus der Sicht eines Fruchtsaftherstellers, Hamburg 1992.

Suter, M., Ökobilanzen von Getränkeverpackungen, Getränketechnik 1986, 14 ff.

Teichmann, H., Rechtsprobleme bei Mehrwegverpackungen, Berlin 1990.

Tettinger, P., Rechtsanwendung und gerichtliche Kontrolle im Wirtschaftsverwaltungsrecht, 1980.

Thomé-Kozmiensky, S., Die Verpackungsverordnung. Rechtmäßigkeit, „Duales System“, Europarecht, Berlin 1994.

Thomé-Kozmiensky / Gottwald, Vergleichende Untersuchung über die Umweltauswirkungen durch Verpackungssysteme für Bier und CO_2-freie Erfrischungsgetränke, Berlin 1985.

Tomuschat, C., Güterverteilung als rechtliches Problem, Der Staat 12 (1973), 433 ff.

Versteyl, L.-A., Die PET-Verordnung: Pfand und Rücknahmepflicht als Weg von der Entsorgung zur Vermeidung, NVwZ 1989, 126 ff.

– in: Kunig / Schwermer / Versteyl, Abfallgesetz. Kommentar, 2. Aufl. München 1992.

Versteyl / Wendenburg, Änderungen des Abfallrechts. Anmerkungen zum Kreislaufwirtschafts- und Abfallgesetz sowie den Gesetzen zu dem Basler Übereinkommen, NVwZ 1994, 833 ff.

Voigtländer, A., Kompensationslösungen in der Luftreinhaltung. Untersuchung der Kompensationsmaßnahmen im Immissionsschutz in Nordrhein-Westfalen, in Hessen und in Rheinland-Pfalz, Bonn 1995.

Wagner, K., Abfall- und Kreislaufwirtschaft. Erläuterungen zu deutschen und europäischen Regelwerken, Düsseldorf 1995.

Wegehenkel, L. (Hrsg.), Symposium Umweltprobleme als Herausforderung der Marktwirtschaft – Neue Ideen jenseits des Dirigismus, Köln 1983.

Weidemann, C., Umweltschutz durch Abfallrecht. Eine kritische Bewertung des neuen Kreislaufwirtschafts- und Abfallgesetzes, NVwZ 1995, 631 ff.

Weiland, R., Mehrweglogistik, in: Brenck / Rutkowsky u. a., Entsorgungslogistik. Auswirkungen des Kreislaufwirtschafts- und Abfallgesetzes auf logistische Entscheidungen, Göttingen 1996, S. 261 ff.

Weimar / Schimikowski, Grundzüge des Wirtschaftsrechts, 2. Aufl. München 1993.

Wenz / Issing / Hofmann (Hrsg.), Ökologie, Ökonomie und Jurisprudenz, München 1987.

Westermann, H K. (Hrsg.), Verpackung aus nachwachsenden Rohstoffen, 1992.

Wiesch, G., Abfallreduzierung durch Recycling und Vermarktung? Entstehungsbedingungen und strukturelle Spezifika von Sekundärrohstoffmärkten, Regensburg 1996.

Wolff / Bachof, Verwaltungsrecht I, 9. Aufl. München 1974.

Zwierlein / Isenmann, Ökologischer Strukturwandel und Kreislaufökonomie. Wege zu einer umweltorientierten Materialwirtschaft, Idstein 1995.

Sachwortverzeichnis